复旦大学985三期整体推进社会科学研究重大项目
"维护社会公平正义的司法制度建设研究"阶段性成果

民事程序法论丛

Civil Procedure Series

诉审商谈主义
基于商谈理性的民事诉讼构造观

段厚省 /著

图书在版编目(CIP)数据

诉审商谈主义:基于商谈理性的民事诉讼构造观/段厚省著.—北京:北京大学出版社,2013.3
(民事程序法论丛)
ISBN 978-7-301-22256-0

Ⅰ.①诉… Ⅱ.①段… Ⅲ.①民事诉讼-研究 Ⅳ.①D915.204

中国版本图书馆 CIP 数据核字(2013)第 040863 号

| 书　　　　名：诉审商谈主义——基于商谈理性的民事诉讼构造观
| 著作责任者：段厚省 著
| 责 任 编 辑：李 铎
| 标 准 书 号：ISBN 978-7-301-22256-0/D·3288
| 出 版 发 行：北京大学出版社
| 地　　　　址：北京市海淀区成府路 205 号　100871
| 网　　　　址：http://www.pup.cn
| 新 浪 微 博：@北京大学出版社
| 电 子 信 箱：law@pup.pku.edu.cn
| 电　　　　话：邮购部 62752015　发行部 62750672　编辑部 62752027
|　　　　　　　　出版部 62754962
| 印 刷 者：北京大学印刷厂
| 经 销 者：新华书店
|　　　　　　965 毫米×1300 毫米　16 开本　16.5 印张　258 千字
|　　　　　　2013 年 3 月第 1 版　2013 年 3 月第 1 次印刷
| 定　　　价：35.00 元

未经许可,不得以任何方式复制或抄袭本书之部分或全部内容。
版权所有,侵权必究
举报电话:010-62752024　电子信箱:fd@pup.pku.edu.cn

论丛总序

本丛书的宗旨在于:大胆假设,小心求证;专注制度,推动立法。

2008年4月1日开始实施的修正后的《中华人民共和国民事诉讼法》之所以仅仅是局部性的,而非全面性的;之所以未达预期的效果,而难免令人有失望之感,究其缘故,固然有诸多或种种,然而深层次上的原因,不能不被认为是,学术研究未能跟上立法之需求也。

反观我国的民事诉讼法学研究,起初营营碌碌于注释法学,后来迅速遭到诟病,认为这种研究长此以往,难脱原地踏步之嫌;于是乎,取而代之的乃是所谓的理论法学,以抽象思维见长的学者们,纷纷登台发表高见,短时间内,竟一扫注释法学之积弊,法学研究的面貌因之而焕然一新。然而,时间稍长,人们便发现,坐而论道原本是一件更为轻松的事,难点还在于,将放飞的思绪从辽阔的天空中收回,平心静气地进行艰苦卓绝的制度构建。

具体的制度构建全然有别于潇洒的理论畅想,它需要有透彻的理论把握,敏锐的时代触感,宽阔的学术视野,务实的精心构筑,以及弥漫于全书中的价值说服力。这样的理论研究,显而易见,是多了一份枯燥,少了一份浪漫。然而,这样的理论研究,同样显而易见的,乃是真正的理论升华,培植了真正的学术之根。

德国学者海德格尔通过对"真理"一词的词源学考察表明,真理的古希腊语是aletheia,原意是"无蔽"。可见,真理的本质就在于无蔽,而无蔽就是敞亮,敞亮就是本真。我们这套丛书,就是试图将我们各位作者本真的制度构想——无论是全面的抑或局部的,敞亮开来,达至无蔽,然而同时还要绝对地说:我们距离真理很远。

因为我们距离真理很远,所以我们欢迎批评;因为我们贡献的是本真,所以我们能够收获真诚的争鸣——正是在争鸣中,民事诉讼法才能在妥协性的智慧中,扬帆远航。

此为序。

目 录

导论 ……………………………………………………………… （1）
　一、研究的意义 ………………………………………………… （1）
　二、研究的目的 ……………………………………………… （11）
　三、研究的范式 ……………………………………………… （23）
　四、研究的体例 ……………………………………………… （29）

第一章　对既有民事诉讼构造观的回顾与反思 ……………… （33）
　第一节　概念的辨析与统一 …………………………………… （34）
　　一、民事诉讼构造 …………………………………………… （34）
　　二、民事诉讼模式 …………………………………………… （35）
　　三、民事诉讼体制 …………………………………………… （39）
　第二节　既有民事诉讼构造观概览 …………………………… （40）
　　一、既有民事诉讼构造观的两个发展阶段 ………………… （40）
　　二、第一阶段的民事诉讼构造观 …………………………… （41）
　　三、第二阶段的民事诉讼构造观 …………………………… （52）
　　四、小结 ……………………………………………………… （58）
　第三节　既有民事诉讼构造观的价值困惑 …………………… （59）
　　一、既有民事诉讼构造观的价值取向 ……………………… （59）
　　二、既有民事诉讼构造观的价值困惑 ……………………… （65）
　第四节　既有民事诉讼构造观的路径困扰 …………………… （69）
　　一、既有民事诉讼构造观的路径解析 ……………………… （69）
　　二、既有民事诉讼构造观的路径困扰 ……………………… （79）

第二章　商谈正义观与民事诉讼构造的价值选择 (94)

第一节　概述 (94)
第二节　正义观的历史变迁 (97)
　　一、蒙昧时代的正义观:来源于自然的正义 (98)
　　二、权威时代的正义观:来源于历史的正义 (101)
　　三、启蒙时代的正义观:来源于自然法、功利主义与直觉
　　　　观念的正义 (104)
　　四、法治时代的正义观:来源于法律规范的正义 (108)
　　五、反思时代的正义观:来源于商谈的正义 (112)
第三节　我国民事诉讼构造应当追求的正义观 (118)
　　一、我国当下的正义观 (118)
　　二、我国民事诉讼构造应当以商谈的正义作为价值目标 (121)
　　三、商谈正义观下的程序正义与实体正义 (125)

第三章　法律商谈理论与民事诉讼构造的路径选择 (130)

第一节　从抽象契约理论到法律商谈理论 (131)
　　一、罗尔斯的抽象契约理论 (131)
　　二、哈贝马斯的法律商谈理论 (145)
第二节　司法裁判中的法律商谈问题 (155)
　　一、裁判的确定性与合理性之间存在张力 (156)
　　二、先于法律商谈理论的四种解决方案 (159)
　　三、法律商谈理论的解决方案 (163)
第三节　诉审商谈主义的提出 (168)
　　一、法律商谈理论的补强 (170)
　　二、诉审商谈主义的提出 (173)

第四章　诉审商谈主义的民事诉讼构造观 (178)

第一节　诉审商谈主义的程序品格 (179)
　　一、平等 (180)
　　二、自由 (183)
　　三、理性 (186)

四、自治 (191)
　第二节　诉审商谈主义的程序要义 (193)
　　一、程序建制之于诉审商谈的意义 (193)
　　二、诉审商谈的形态划分 (196)
　　三、不同商谈形态对言语行为有效性的要求 (200)
　　四、交往行为的促成与策略行为的制止 (205)
　　五、作为商谈成果的可预测性裁判 (214)

第五章　诉审商谈主义的中国境遇 (216)
　第一节　既有程序建制与诉审商谈主义 (216)
　　一、既有程序建制的构造变迁 (217)
　　二、民事审判方式改革中的商谈因素 (218)
　　三、既有程序建制内的商谈空间 (221)
　　四、以诉审商谈主义改造既有程序建制 (224)
　第二节　人民法院高度组织化与诉审商谈主义 (227)
　　一、人民法院的高度组织化 (227)
　　二、人民法院高度组织化对诉审商谈的阻碍 (241)
　　三、诉审商谈主义对人民法院高度组织化的消解 (244)
　第三节　司法场域的资本交易与诉审商谈主义 (246)
　　一、司法场域的资本交易 (246)
　　二、司法场域资本交易对诉审商谈的阻碍 (250)
　　三、诉审商谈主义对司法场域资本交易的消解 (251)

参考文献 (253)

致谢 (258)

导论

一、研究的意义

（一）程序之于法治事业的意义

程序之于法治事业的意义，已为各法治发达国家的历史所证明。在英美法系国家，源自英国《大宪章》的"正当程序"之宪政精神，在美国上升为正式的宪法条款。早在启蒙时期，爱德华·柯克爵士在重述英国法时就说过："'王国的法律'就意味着普通法，而普通法则要求'正当程序'。"[①]1791年，继受了英国法中正当程序精神的美国联邦宪法第五修正案规定："未经正当法律程序，不得剥夺任何人的生命、自由或者财产。"1868年，第十四修正案将这一要求扩大适用于各州。[②] 在大陆法系主要国家中，德国《民事诉讼法典》于1877年颁布，而《民法典》则于近20年后的1896年才颁布。第二次世界大战后的1947年，日本宪法将属于程序权利的诉权上升为宪法权利，在第32条明确规定："任何人在法院接受审判的权利不得剥夺。"[③]日本学者谷口安平则公开宣称："程序是实体之母，或程序法是实体法之母。"[④]以上体现程序之于法治意义的比较法资料，可谓比比皆是，学者可信手拈来。可见，程序以及程序法作为现代法

[①] 〔英〕爱德华·柯克：《英国法律总论》，伦敦，1648年版，第250页。转引自〔美〕约翰·V.奥尔特：《正当法律程序简史》，杨明成、陈霜玲译，商务印书馆2006年版，第6页。

[②] 〔美〕约翰·V.奥尔特：《正当法律程序简史》，杨明成、陈霜玲译，商务印书馆2006年版，第70—71页。

[③] 转引自刘敏：《裁判请求权研究——民事诉讼的宪法思考》，中国人民大学出版社2003年版，第76页。

[④] 〔日〕谷口安平：《程序的正义与诉讼》，王亚新、刘荣军译，中国政法大学出版社1996年版，第8页。

治事业的核心或者基石,已为各法治发达国家的历史经验和当下现实所证实,乃是各国法治意识的共同结构。对于法学者来说,已经成为常识。

而在我国漫长的法制历史中,虽亦有程序制度,但程序制度可为掌权者随意更改变通;虽偶有程序意识,但从未形成正当程序的观念;清末民初的法制变革,虽欲引进法治发达国家的经验,进行法治建设,然而种种因素所致,未竟其功。1949年以后之数十年,法治建设事业命运多舛,各种斗争和运动交替登场,国民人性之恶一度淋漓展现,既有之道德规范尚且不能自保,又何来法治一说。直到近三十年来,法律以及权利意识才渐渐在国人心中成长。而法治亦在有识者艰辛努力之下,逐渐成为国人所追求的事业。然而即使如此,重权力而轻权利,重刑事而轻民事,重实体而轻程序的观念,作为一种历史传统,在国人法律意识中的惯性存在远未消除。即使在法学者中,对于程序法的认识也不统一。一些程序法学者对于程序意义的强调,多少带有学科本位的色彩;而一些实体法学者对于程序的认识,还停留在工具理性的水平。但即使在这种对于法律和法治的意识环境中,程序之于我国法治事业的意义,也早已为部分有识者洞察。例如,季卫东教授著有《法律程序的意义——对中国法制建设的另一种思考》,认为程序乃是制度化的基石[1];孙笑侠教授则著有《程序的法理》一书,宣称:"当代中国法的现代化实际上就是中国法的形式化或称制度化的过程。当今中国正在进行的推行法治的运动,实际上就是中国法形式化或制度化的过程。中国法形式化或制度化的突破口则是中国法的程序化。"[2]可见,程序之于我国法治事业的意义,并非无人能识。而在有识者的努力下,对于程序法的建设,虽然难以速成,但毕竟有期可待。至于我们当下所能做以及所应做的,恐怕仍然是对我国程序法建设的路径探寻。一方面,我国学界当下之研究,尚未成熟。例如,前引法社会学和法理学者,虽对于程序法的意义和内在精神有所洞察,但对于程序法的机体建构则仅大略言及,一些主要的问题,还待探讨。而一些研究程序法的学者,对于我国建构程序法制的路径问题,尚无统一认识。各人分别从

---

[1] 季卫东:《法律程序的意义——对中国法制建设的另一种思考》,中国法制出版社2004年版,序言。

[2] 孙笑侠:《程序的法理》,商务印书馆2005年版,第11页。

比较法学的视角、历史的视角、文化传统的视角、社会学的视角以及经济学的视角等展开自己的论述,所得结论自然也千差万别。这些结论相互之间尚有争论,又如何能够担当起引领程序法制建设的重任?另一方面,我国当下程序法制建设的实践,因少有理性引领,故既有之做法,多为被动应对之举,治标而不治本。基于此,探寻一种能够担当起引领我国程序法制建设的精神理念,或者思想、主义,仍应为学人孜孜追求的目标。

(二) 诉讼程序之于程序法的意义

程序法除诉讼(司法或审判)程序外①,还包括选举程序、立法程序以及行政程序等,但诉讼程序被一些学者认为是最为重要的程序。例如,季卫东教授认为"审判程序"是最重要、最典型的程序,因为审判程序"存在着诉答(pleading)和证据的完整制度"②。当然,这一解释显得简单了些,从中难以看出为什么诉讼程序因为有着完整制度,就应当是最重要的程序,抑或其他的程序难道就一定欠缺着完整的制度吗?当然,季卫东教授肯定还有着更为完整的论证环节,他只是出于著述篇幅的原因,省略了而已。而孙笑侠教授在其所著《程序的法理》一书的体例安排中,总共三篇的内容,司法程序就占了整整一个中篇,宪法程序和行政程序仅仅被安排为下篇中的一部分内容。可见在孙笑侠教授的程序观中,诉讼程序也是被作为最为重要的程序来看待的。实际上在孙笑侠教授《程序的法理》一书中,具有总论性质的上篇的内容也主要是围绕着诉讼程序而展开的。因此我们似乎可以说,在孙笑侠教授的程序观中,诉讼程序占据着最为重要的地位,具有自明性。

以上两位学者的观点也许是受到英美法系国家一些观念和实践的影响。英美法系国家在经验主义的思维下,形成了判例法的传统,这一传统

---

① 在这里使用的"诉讼程序"概念,与其他学者所用的"司法程序"或者"审判程序"应具有大致相同的内涵。但从文义上看,诉讼程序是从当事人的角度来看待程序,强调诉和诉权的作用,体现出当事人在程序中的地位和作用,而司法程序则从司法者的角度来看待程序,强调司法权和司法者在程序中的地位,审判程序与此类似,是从审判者的角度来看待程序,强调审判权和审判者在程序中的地位和作用。因此,诉讼程序强调当事人与法官在地位上的平等,强调程序活动的对话性质,而司法程序和审判程序则强调法官地位的优越性,强调法官在程序活动中的独白性质。因本书是以诉权和审判权之间的商谈(论辩)为讨论的主题,所以选择了"诉讼程序"这一概念。

② 季卫东:《法律程序的意义——对中国法制建设的另一种思考》,中国法制出版社2004年版,第18页。

的"核心矛盾是,判决似乎产生于规则之前"。① 在没有外在的实体法规则作为衡量裁判公正与否的标准之情形下,程序正义成了裁判正义唯一的外观。也即,若产生裁判结果的程序是正义的,那么裁判的结果就是正义的。因此普通法系国家对于程序正义的要求,远远高于具有制定法传统的国家。以至于在现代最为发达的普通法国家之一的美国,一切社会纠纷,包括政治上的分歧,乃至关于立法效力的争论,都可以通过司法程序来解决。这使得诉讼程序在法律程序体系甚至整个法律体系中都具有优越地位,被视为正义的最终给出者。由于美国经济和社会的发达,使得人们认为它的一切制度和观念都是先进的,都可以作为衡量本国某一理论、制度和实践正确与否的标准。因此一些学者自觉或者不自觉地接受了美国的诉讼程序优越观,将其作为自明的公理看待。而在大陆法系国家,由于有着体系庞大的实体法规范作为裁判的依据并因此作为衡量裁判结果公正与否的标准,诉讼程序便难以获得像是在英美法系国家尤其是美国那样的优越地位。当然,这并不是说大陆法系国家不重视诉讼程序,而是说诉讼程序未能取得作为正义的给出者那样崇高的地位。

若我们就类似于选举这样的宪法程序,以及立法程序、行政程序和诉讼程序在现代民主国家法治事业中的地位来看,除了行政程序具有完全的工具理性,可以被诉讼程序审查,也即行政程序的地位在理论上可能低于诉讼程序外,选举程序和立法程序的重要性,一点也不低于诉讼程序。试想,若没有符合国民正义观的选举程序,则难以产生合法的立法机关,若没有合法的立法机关,法律又从何而来。也许通过不正义的选举程序产生了一个目的在于履行立法职责的机关,但是这个机关既然是非法的,它所制定出来的规范又怎么能够被视为法律呢?若是连法律都没有,法官从何而来,诉讼程序从何而来,裁判的依据又从何而来?此为其一。其二,即使有了合法产生的立法机关,但若没有一个符合国民正义观的立法程序,或者虽然有这个程序,但是未被遵守,则这个立法机关所产生的旨在发挥法律作用的"规范性文件",恐怕也不能够被视为法律。若没有法律,诉讼程序又如何存在且如何展开?基于此,我们在讨论诉讼程序之于

---

① 〔美〕约翰·V.奥尔特:《正当法律程序简史》,杨明成、陈霜珍译,商务印书馆2006年版,第2页。

整个法律程序的意义时,不能想当然,而要在充分论证的基础上,得出相应的结论。

我认为,在讨论诉讼程序之于法律程序体系的意义时,应当从诉讼程序的分工和特点出发。

就诉讼程序在法律程序中的分工来看,我们首先可以从反面出发,提出这样一个问题,也即:若有了选举程序和立法程序,也有行政程序,但是却没有诉讼程序,会产生什么样的结果?这个结果可能就是,国民选举出了立法机关,立法机关也制定了法律,但是行政机关可以随意违背法律,人民也可以随意违背法律。因为没有一个司法程序存在,行政机关的错误行政行为无法被追究,国民的违法行为也无法被追究,国民应当享有的法律上规定的权利当然也无法获得保障。整个社会乱成了一锅粥,人们又回到了丛林时代。而有了诉讼程序后,情况就不一样了。对于行政机关的错误行政,国民可以起诉到法院要求裁判,一方面纠正行政机关的错误,另一方面维护国民受损的权利。而对于国民自身的违法行为,受害人当然也可以诉诸法院,请求通过诉讼程序来保障其依法应当享有的权利。这样,我们的社会就又回到了法治的时代,我们就又走出了丛林,再次迈入文明社会。因此,现代法治国家的诉讼程序,乃是法律强制性的最终体现,因此也是其他一切程序达至其最终目的之保障,进而是法治事业成功与否的最终保证,也是文明社会免于堕落丛林的关键屏障。实际上,即使在原始社会,都存在解决纠纷的程序。即使没有实体上的规范,只要有纠纷,就必须有解决纠纷的程序。这种程序也许表现为某种仪式,但不可否认,在人类社会早期,对于程序的需要先于对实体规范的需要。而实体规范,也正是通过一次次纠纷的解决程序而逐渐生成的。所以前引日本学者谷口安平才有"程序法是实体法之母"这样的判断。他所说的"程序法",指的不是选举程序、立法程序或者行政程序,而是诉讼程序。

以上就诉讼程序在法律程序体系中的意义讨论,具有宏观性和抽象性。从微观的层面来观察,诉讼程序比其他任何程序,都更与国民个体的法律生活息息相关。就诉讼程序不同于其他法律程序的特点来看,它既然是法律强制性的最终体现,则意味着它除了体现自身外,还是实体法律的体现者。在没有进入诉讼之前,人们可能对于法律没有认识,也没有感觉,或者虽然知道有法律,但是却感觉不到法律最为重要的性质——强制性,但是在进入法院之后,这一切就都发生了变化。他将会看到法律上的权利、义务以及制裁等抽象概念,变成了可以感受到的具体行动。因此诉讼程序的展开,乃是法律在人们眼前的客观展示。基于此,我们可以说,国民对于法律的认识,是从诉讼开始。这是一个方面。另一方面,诉讼程序建构了一个平民的法律场域,它使得参与者可以直接就涉及自身的法律问题进行对话,在这个对话中,除了法律规范外,道德、文化、宗教、历史等一系列因素都可能进入场域,成为对话的内容,最后形成一个符合国民一般正义观或至少符合参与者最低正义要求的解决问题的方案,这个方案不仅对参与者过去发生的行为作了评价,而且也将引导着参与者下一步的行动。因此,只有诉讼程序是每一位国民身边的法律,是国家法律的直观化。诉讼程序的好坏,左右着国民对于法律的观感和理解。

从以上较为宏观和较为微观的两个层面来理解,我们可以说诉讼程序是法律程序体系中最为重要者,离开了诉讼程序,法治国的其他法律程序,乃至整个法律体系,都将失去支撑,难以挺立。因此,要考察法律程序问题,诉讼程序可作为其典型来看待。

(三) 诉讼构造之于诉讼程序的意义①

现在我们继续对诉讼程序的内部构造进行简单分析,以期确定诉讼构造对于诉讼程序的意义所在。诉讼程序之启动,乃是因为当事人之间发生了争议,这一争议无法在当事人之间完全自治地解决,因此要诉诸一个权威的第三方,也就是审判机关来解决,法官就是审判机关的代表。因此,整部诉讼程序,就是当事人诉权与法官审判权之间相互关系的安排,

---

① 这里所说的诉讼构造,是指诉权和审判权之间的关系构造,与其他学者所说的诉讼模式概念,以及张卫平教授所说的诉讼体制概念,在内涵上有接近的地方,但并不完全重合。关于诉讼模式,国内学者的界定不完全相同,有谓是对特定民事诉讼体制所表现出来的基本特征的概括(张卫平),有谓是法院审判行为(职权行为)与当事人诉讼行为之间的关系(陈桂明),有谓是支持民事诉讼制度和程序运作所形成的结构中各种基本要素及其关系的抽象形式(江伟、刘荣军),有谓是对支撑民事诉讼活动整个过程的审判权、处分权和检察权的配置关系的理论抽象与概括(汪汉斌)等(参见韩波:《民事诉讼模式论:争鸣与选择》,载《当代法学》2009年第5期)。以上各种界定中,第二种观点与我所说的诉讼构造概念最为接近。而张卫平教授在对其所说的诉讼体制概念进行解释时说,体制是"一定社会规范系统的总体性和抽象性,一定的体制反映该系统的特征。民事诉讼体制反映了民事诉讼系统的总统框架和结构,抽象地表达了一定民事诉讼规范系统的总体性"(参见张卫平:《转换的逻辑——民事诉讼体制转型分析》,法律出版社2007年版,第11页)。据此,诉讼体制的概念,是一个比较模糊和抽象的概念,其内涵似乎比我这里所说的诉讼构造的概念更广一些。

当事人之间程序关系的安排,则被降为次级的关系。因为当事人之间难以自治地解决争议,而将争议提交审判机关裁判的事实本身,意味着诉讼就是当事人双方说服法官的活动,意味着当事人之间在诉讼中的互动行为,其目的都是为了说服法官,争取审判权的支持。因此,诉讼程序区别于其他法律程序的最为重要的特征,就是诉讼程序体现为一种对象交流的结构,其全部内容都由诉权和审判权之间的关系构成。这种诉权与审判权之间关系的构造,就是本书所要研究的诉讼构造问题。

基于此,我们可以说诉讼构造问题,乃是诉讼程序中具有基础性和框架性的问题,一切其他的问题,例如当事人、管辖、诉讼标的、合议庭的组成、事实的证明、法律的寻找、裁判的做出、审级制度等,都必须在诉讼构造的框架内才能展开,据此我们也可以说诉讼构造问题乃是上述诸问题的载体,是有关上述诸问题的理论得以成立和展开的土壤。例如,某一当事人是否合格,须由法官做出决定,而这个决定的形成过程,就是当事人诉权和法官之审判权相互对话的过程。而对于合议庭的组成,当事人也并非没有发言权,他可以申请某一法官回避,而是否回避,则由法院依法决定。这个决定形成的过程,当然也是诉权和审判权对话的过程。又例如诉讼标的的确定,首先由当事人提出,而后由法官通过阐明义务的履行来表达其意见,接着经过一轮或者多轮这种互动,最后确定本案要审理和裁判的诉讼标的。再如事实的证明,事实由当事人主张,并由当事人提供证据展开证明,法官则一方面指挥当事人的证明活动,另一方面又通过对当事人证明活动成功与否进行评价而确定将要作为裁判基础之事实。至于法律的寻找也是这样,当事人在提出诉讼标的之时,已经对法律进行了初步的寻找,而法官对于法律的适用,则意味着最终完成了法律寻找的过程。在从对法律的初步寻找到最终确定需要适用的法律之间,当事人和法官之间不断对话,交换意见。以上对诉讼中各子问题解决过程的简单分析,即可看出,诉讼程序中全部的子问题,均须纳入诉权和审判权的构造中才能得以解决,而我们也可以反过来说,诉权和审判权之构造的目的,就是为了顺利解决民事诉讼之上述诸问题。因此,我们才说诉讼构造问题,乃是诉讼程序中具有基础性和框架性的问题,这一问题解决好了,就为其他问题的解决铺好了轨道,只要程序沿着这个轨道行进,一切其他的问题都会迎刃而解;若诉讼构造问题解决得不好,则其他问题的解决或多或少都会遭遇障碍。

（四）对诉讼构造问题继续进行研究的必要性

诉讼构造既然是诉权和审判权之间关系的构造，那么当下所有关于诉讼构造的理论观点，都不过是对诉权和审判权之间某一个立足点的选择。这个点或者距离诉权较近，因此被学者称作当事人主义；或者距离审判权较近，因此被称作职权主义，那些距离审判权过近的理论观点或者做法，甚至一度被称作超职权主义；而较为晚近出现的在诉权和审判权之间比较靠近中间但稍微趋向于审判权的理论观点，则被称作协动主义或者协同主义，以上这些理论观点，在我国均有论者。① 此外，我国一些学者还提出了协商性司法的概念，其在涵义上若不是所谓协动主义或协同主义的近亲，至少也是它们的表亲。这一观点还与主张者所处时代的执政者提倡的所谓"和谐社会"的理念，有着更近的亲缘关系。也即，其主张者是从"和谐社会"的政策表述获得启发，然后再到张卫平教授所说的域外之协动主义观点那里去寻求理论上依据，最后制造了一个土洋结合的理论怪胎。而那些提出和谐主义诉讼模式的人，则似乎不是在探索诉讼构造这样的学术问题，而是在向其所处时代的执政者献媚，我们也许可以称之为诉讼构造的"五斗米"观点。②

就我国当下有关诉讼构造的理论主张来看，具有如下一些特点：第一，在当下的中国，有关诉讼构造的观点并不统一，并且相互之间难以说服。由于诉讼构造问题的基础性和框架性，这种不统一将会导致论者在所有其他有关的民事程序问题上的认识也不统一。如此各说各话的现状，自然会降低民事诉讼理论对于民事诉讼立法和民事诉讼实践的推进价值。第二，我国当下之诉讼构造理论观点，难以摆脱其既有的路径依

---

① 当事人主义、职权主义和超职权主义，曾经是我国学理对英美法系的民事诉讼构造观、大陆法系民事诉讼构造观、前苏联、东欧以及我国民事诉讼构造观的大体一致的分类。但是张卫平教授对此有不同的看法，根据他的研究，英美法系和大陆法系在实质上都属于当事人主义，他认为更确切的称谓应当是当事人主导型的诉讼体制；而前苏联、东欧和我国的民事诉讼构造则属于职权主义，他认为更确切的称谓应当是职权干预型诉讼体制。协同主义则是我国一些学者的提法，张卫平教授的著述中称之为协动主义。以上张氏观点可见张卫平：《转换的逻辑——民事诉讼体制转型分析》，法律出版社2004年版。

② 以上各论者观点，在国内相关的数据库中都可检索到，此处不再一一引注。另外学者韩波著有"民事诉讼模式论：争鸣与选择"一文（《当代法学》，2009年第5期），对以上各种观点进行了综述，读者若要概览国内有关民事诉讼构造或者民事诉讼模式的理论观点，亦可参阅该文。

赖。此种路径依赖体现在三个方面：

一是过于依赖比较法学的方法，也就是对民事诉讼构造甚至整个民事诉讼程序中的问题，都习惯性地向域外寻求解决问题的理论支持，以域外之经验作为正确与否的标准，而其所经常考察的，无非是英、美、法、德、日等西方发达国家的相关制度、理论以及实践。这种路径的缺点之一就是容易忽视中国现实与域外经验之间的差异，直接采拿来主义做法。而对这种差异有所察觉的学者，为了能够实现拿来主义，又过于强调我国之现实与域外现实之间的共性，有意无意地掩盖其中的差异性。这种路径的另一个缺点是，在采拿来主义的时候，容易跟着域外的理论观点起舞，对于域外任何一种新的主张，都不加辨别地予以引进。以至于域外观点在其本土可能寂寂无闻，但是在中国却受到追捧，并且可能出现域外之不同观点移兵中国，相互论争的情形。

二是过于依赖"经济基础决定上层建筑"的研究范式。经济基础决定上层建筑是马克思主义者尊奉的基本原理，而马克思主义又是中国的官方哲学。因此在官方主导下，我国几乎全部的社会科学乃至人文科学，都一度将"经济基础决定上层建筑"奉为圭臬。直到当下，民事诉讼法学界有关诉讼构造的研究，仍然以此作为基本的研究范式。例如，在考察域外相关理论和制度时，总是要和其经济基础联系起来，去考察其经济基础为何，然后论证说正是它们具有那样的经济基础，所以才会形成那样的制度、理论和观念。而在考察我国的法律问题时，也总是先要对我国当下的经济基础例如所有制形式和经济体制等作一番考察，然后再得出结论说在如此这般的经济基础上，应该采如此这般的理论观点，建立如此这般的制度。即使在主张引进域外某一种理论观点时，也总是先对该理论观点所在国家的经济基础和我国当下的经济基础先做一番比较考察，然后得出结论说两者具有某种程度的相似性，进而也应当引进人家上层建筑中的一些做法，所以应采纳人家的那种理论观点，云云。

以科学的态度来看，经济基础和上层建筑的划分具有一定的合理性，经济基础决定上层建筑的论断也具有一定的科学价值。但是否经济基础和上层建筑的联系就是如此直接和密切，以至于经济基础的一举一动都时刻伴随着上层建筑的一摆一摇？实际上经济基础决定上层建筑的论断，只是相关领域各种理论方法之一，其科学性在产生这一观点的国家以及其他被马克思主义者作为产生这一论断的背景区域进行考察的国家,一直存在争论。例如马克斯·韦伯就对其提出了不同的看法,认为世界观的变化不能仅仅归结为物质因素或经济利益的影响。他在《新教伦理与资本主义精神》中,认为新教伦理无意识且有力地促进了资本主义现代化的进程。① 换言之,按照韦伯的观点,经济基础与上层建筑之间的相互影响固然存在,但经济基础却不一定就是决定性的因素,相反,上层建筑也许在推动经济基础的变化上发生了决定性的作用。除了韦伯外,卡尔·波普尔也曾对马克思的追随者易犯的泛经济主义的观点提出过批评。波普尔的观点可谓一针见血,他说:"尽管马克思的经济主义的普遍重要性可能几乎不被估计过高,但在一切特定的情境中,对经济条件的重要性估计过高是很容易的……经济主义经常一扫无疑地被人解释为这样一种理论,即认为一切社会发展都依赖于经济条件的发展,尤其依赖于生产的物质手段的发展。可是这种理论显而易见是错误的。在经济条件和观念之间存在一种互动,但后者并不是简单地单方面依赖前者。"② 基于此,经济基础决定上层建筑的论断,是否应当被国人作为真理性的研究范式来遵循,值得思考。

三是过于依赖政治话语表述。也许是我国学界曾经遭受过苦难的原因,以至于学者们小心翼翼,对于执政者的一举一动,都很敏感,养成了见风使舵的生存习惯。执政者的一句政治话语,就有可能引起理论界的风向转变。例如在 20 世纪 80 年代,国家仍然在很大程度上以计划经济的观念钳制社会科学理念,学者们在阐述民事诉讼法的时候,多以职权主义为教义;从 20 世纪 90 年代到本世纪初的几年,为了配合执政者谨慎倡导的市场经济精神,转而推崇当事人主义,未几执政者提出"和谐社会"的话语表述,学者们又积极迎合,纷纷搞起了协调主义、和谐主义等。这种做法的缺点很明显,就是学术研究非学术化了,社会科学不再是一种科学,不再是探求真理的活动,所谓的学术成果不再是科学发现,而是做为特定时期政治话语的注脚存在。

通过以上对我国有关诉讼构造的既有研究路径所做的简单分析,可

---

① 刘少杰:《国外社会学理论》,高等教育出版社 2006 年版,第 105—107 页。
② 〔英〕卡尔·波普尔:《开放社会及其敌人》第 2 卷,郑一明等译,中国社会科学出版社 1999 年版,第 176 页。

以看出,关于诉讼构造问题,在观点上仍有继续探求的空间和需求,在路径上也有着继续创新的必要。关于这一点,本书将在后面的内容中进一步详细展开。

二、研究的目的

(一)建立一种在论证上更为严谨的民事诉讼构造观

根据我在前面对于国内有关诉讼构造问题之既有研究路径的简单分析,我们可以做出这样一个评价,就是既有的研究在论证上还不是十分充分,有的研究甚至可以说是不够严谨的。

例如,国内之既有研究,最为常见的,乃是依比较法学的路径展开。对于当下中国的法治现状来看,这一研究路径当然不能说没有其理性所在。其理性体现在如下几个方面:第一,自清末以来,我国传统法律的制度和观念在宏观层面上被打破后,再也未能复生。因此之后的法治探索,既然不能从本土既有之历史传统中获得资源,便只能从域外借鉴。第二,从现代法治观念的角度观察,中国显然属于法治的"洼地",而法治发达国家的观念、理论和制度资源向法治"洼地"的流入,乃是人类社会发展的自然规律。从人类社会发展的历史来看,那些拒绝发达文明的民族,必然会衰败以致灭亡。所以比较法的研究路径,对于法治落后的国家来说,几乎是必然的选择。只是我国的道路走得有些曲折。1949年后,由于追随前苏联的政治体制,在强大的政治力量支配下,民事诉讼的观念和制度便也大量地借鉴自前苏联。基于这一现实,民事诉讼法学研究也只能从前苏联的理论和制度中寻求正统性支持。而在改革开放后,借鉴自前苏联的理论和制度其弊端渐显;学界既然无法从本国历史传统中寻获良药,便自然会将目光转向我们称为"西方国家"的理论和制度。尤其在苏联垮掉后,我们借鉴自苏联所建立的民事诉讼理论和制度,骤然失去正统性支持,学人纷纷将目光转向英、美、日、德等法治发达国家,期冀通过对这些国家的法律制度、法学理论和法律观念的引进,来完成中国法治现代化的事业。

但是,当这种比较法的研究路径被简化为"凡法治发达国家的理论、制度和观念,就是我国应当借鉴的"这样一种不够严谨的范式后,比较法学的研究路径开始显露其弊端。英、美、日、德等国的法治都比较发达,而它们在诉讼构造上又存在区别,我们应当借鉴哪一种呢?我国学者因此就英美法系当事人主义模式和大陆法系职权主义模式孰优孰劣展开了争论,使得前述"凡法治发达国家的理论、制度和观念,就是我国应当借鉴的"这一研究范式陷入困境。当然,这一困境并非未被任何人意识到,张卫平教授就是一个例外。为了走出选择的困境,挽救上述研究范式,张卫平教授提出一种新的主张,也即英美法系和大陆法系都属于当事人主导的诉讼体制,并提炼出当事人主导的诉讼体制的两个基本支柱——辩论主义和处分主义,作为我国应当借鉴的精髓。① 但是张卫平教授的观点,在我国学界仍然存在争论。我们现在假设张卫平教授勉强挽救了"凡法治发达国家的理论、制度和观念,就是我国应当借鉴的"这一研究范式,其仍然面临着追问。这个追问就是,为什么法治发达国家的诉讼构造就是正确的?因为这个范式属于理性主义的思维范式,而理性主义思维的一个固有难题是作为论证的大前提本身,应当如何证成?张卫平教授从经济、社会等各个角度,但总体来看主要是从历史的角度,考察了欧美各国以及日本的诉讼构造的合理性。但他的历史考察主要属于经验主义的考察,在本质上还是描述性的,也就是对各国诉讼构造历史来源和当下现状的一种描述。这种描述无法解决如何从事实判断跳跃到价值判断这一经验主义的固有难题。实际上,即使他解决了这一难题,还有另一个难题在等待着他,即为什么属于他者的经验,就应当成为我之行动的引导?张卫平教授解决这一问题的路径,仍然是历史主义的方法,也即通过寻找我国当代史中与欧美各国以及日本等国形成其诉讼构造模式之历史背景的相似点,来论证借鉴它们诉讼构造模式的应然性。换言之,张卫平教授没有言明的一个论证范式是以从他国历史中总结出一个法则(诉讼构造模式),然后试图以之来改造、掌控或者创造我国的未来史(我国未来的诉讼构造)。这一论证方法正是波普尔所批评的历史主义的方法。波普尔的基本观点是,从已经观察到的事实中总结出来的法则,对于被观察到的事实可能是适用的,但是对于尚未被观察到的事实,也就是总结该法则的人的视域之外的事实,未必就是正确的。因此所有的法则、公理等,都不能获得绝对证实,而只能证伪。这是经验主义无法回避的难题。基于此,波普尔对历史决定论的观

---

① 张卫平教授的观点集中体现在他所著的《转换的逻辑——民事诉讼体制转型分析》(法律出版社 2004 年版)一书中,感兴趣的读者可以自行参阅。

点进行了严厉地批评。[1] 张卫平教授的论证恰恰面临着波普尔所指出的经验主义的上述固有难题的追问。在我看来,这一难题他尚未解决。

但即使这样,与我国其他学者相比,张卫平教授对自己观点的论证已经算是相当充分了。换言之,我国其他学者在诉讼构造问题上的论证,较之张卫平教授的论证,要粗糙得多,很多论证显得随意而不够严谨。例如持经济基础决定论者,一方面不加质疑的将经济基础决定上层建筑作为论证的大前提,另一方面在论证的时候,又无法说清为什么我国当下之经济基础之上,就应当建构如此这般的诉讼构造;持国情决定论者(例如关于法官素质之国情,或者关于我国文化背景的国情),说不清楚为什么我们的国情就是如此以及为什么如此之国情就应当有如此之诉讼构造;直接将执政者的政策甚至口号作为论证之大前提者,更是缺乏科学研究起码的严谨态度,如此等等。关于这方面的分析和批判,我将放在在本书之后的章节中详细展开,这里不再赘述。这里要说明的是,本书对于诉讼构造问题的研究,将力求避免以上诸种不足,尽可能追求论证上的严谨和规范。我的基本设想是,先以归纳或者演绎论证,建立一个元规则,作为论证民事诉讼构造的大前提,然后在这个大前提下,逐步展开对于诉讼构造的理念论证和规则建构。

(二)建立一种在内容上更加纯粹的民事诉讼构造观

根据我在前面的分析,从历史发生学的角度考察,民事诉讼程序在民事实体规则产生之前就出现了。最早的民事程序规则具有仪式性,有时候与祭神的仪式以及巫术仪式相伴而生,因此民事诉讼程序既是民族历史发展的成果,也具有很强的民族文化性和地域性等。人类社会进入现代化阶段以后,民事诉讼的程序又受到经济、政治以及社会其他一些因素的影响。因此,若以经验主义的方法考察民事诉讼构造问题,这诸多的决定因素或者影响因素,不能不予以考虑。这也是我不赞成通过直接移植的方法建构我国民事诉讼程序的原因。因为无论如何,对于具有不同历史、文化、宗教、经济、政治以及地理因素的相对独立的生活世界[2]来说,

---

[1] 参见〔英〕卡尔·波普尔:《历史决定论的贫困》,杜汝楫、邱仁宗译,上海人民出版社2009年版;以及《开放社会及其敌人》,郑一明等译,中国社会科学出版社1999年版。

[2] 我在这里使用的"生活世界"的概念,是指我们身处其中,以直观的感觉来观察、理解并以自己的行为参与其中,且通过自己存在于并参与其中而成为其一部分的世界。

要在他们之间寻找共同的意识结构是非常艰难的。在没有共同的意识结构基础的情况下，不加分析地把一个世界之历史形成的制度形式移植到另一个世界，是否能够使被移植物得到良好的发育生长乃至开花结果，至少在移植的时候是很难判断的。这就使得对诉讼构造问题进行比较法的研究，相当艰难。更须指出的是，基于决定诉讼构造的因素较多，即使在同一个生活世界内部，对于诉讼构造问题进行经验主义的考察，也不是一件简单的事情。描述性的考察总是有可能遗漏相关因素，而要进一步对各不同因素之于诉讼构造所可能施加的影响的程度进行分析，就更加困难。我国学界对于诉讼构造问题难以取得完全一致的看法，其原因就是持不同观点的学者不自觉地选择了不同的因素作为建构其理论的出发点，因此很多争论看起来好像是鸡同鸭讲，各自都说服不了对方。

为了避免犯下同样的错误，我们能否考虑在研究诉讼构造的时候，暂时先抛开这些外在的影响因素，而抓住核心的问题进行考察？就像奥卡姆的剃刀那样①，或者像胡塞尔的现象学方法那样②，暂时悬置历史的、宗教的、文化的、地理的、政治的以及经济的因素，将思考者置于一个没有任何既定约束的时空环境中，来考虑应当如何进行民事诉讼的构造，才符合我们的理想和愿望。在悬置了这些约束性因素后，我们的思维自可天马行空，任意驰骋，想象属于像富勒所说的愿望的道德③层面的民事诉讼构造观，或者论证出一种像柏拉图的"理念"那样的民事诉讼构造模

---

① 威廉·奥卡姆是13到14世纪英国经验主义哲学家，他提出了一个认识原理，被称作"奥卡姆剃刀"。简单来说，这个原理的大致内容是：就有关同一现象的两种不同解释而言，越是复杂的解释就越容易出错，因此在其他条件相同的情况下，越简洁的解释就越可能是正确的解释。这样一来，在作出解释时，就应当尽量简明扼要，把一切繁文缛节剃除掉。参见〔英〕布莱恩·麦基：《哲学的故事》，季桂保译，三联书店2009年版，第61页。

② 德国哲学家胡塞尔所提出的现象学方法，体系庞大，这里难以用一句话解释清楚。如果用一种比较简单或者不太准确的话说，现象学大致就是要求在认识事物的时候，悬置一切属于既有观念的东西，将被观察的事物还原到其本质上应当是的样子，观察者以直观的方式直接来感受这个事物的本质。参见〔德〕爱德蒙德·胡塞尔：《逻辑研究》，倪梁康译，上海译文出版社2006年版，第4、8—9页。读者也可参见张汝伦：《德国哲学十论》，复旦大学出版社2004年版，第五部分：胡塞尔研究。

③ 美国学者富勒将道德分为义务的道德和愿望的道德。大致前者指可以在现实生活世界实现的道德，而后者则作为一种理想和愿望存在的道德。参见〔美〕富勒：《法律的道德性》，郑戈译，商务印书馆2010年版，第6—11页。

式,不管这一诉讼构造的理想作品能否化为现实,先把它作为在现实生活世界构造民事诉讼程序的理想范式而建构出来。

我之所以提出这一研究诉讼构造的方法,并且认为这是一种可行的方法,乃是基于如下理由:首先,历史形成的事物,并不一定就是具有当下之现实合理性的事物。历史形成的事物在历史的某一个阶段可能具有合理性,因为认定其是否合理,应当从其形成之时的历史背景来考察。在历史背景发生变化后,它的合理性就会受到质疑。所以我们仅仅靠对历史形成的既有制度进行描述性的考察,无法从这种描述中获得对所描述的对象在当下是否仍然合理这样一种价值判断。其次,我们若不是进行单纯的法制史的研究,而是意在追求一种使制度获得不断完善的目的,我们就应当具有一种建构性的态度,也即不管历史给我们提供了什么样的制度,我们只看我们在当下和未来最需要什么样的制度,什么样的制度才最符合当下和未来我们所需要的现实理性。然后在这样一种符合现实理性的制度筹划的引导下,去改造由历史给定的既有的制度。

这样的一种民事诉讼构造观,若是能够被确立的话,我把它称作纯粹的民事诉讼构造观。因为他就像在白纸上画出的一副素描,又像是用白玉雕刻的艺术品,没有受到任何历史的、宗教的、文化的、地理的、政治的以及经济因素的浸染。但是这些因素当然可以作为这种纯粹的诉讼构造的运作所指向的对象而存在。比如若这种诉讼构造主要是由对话构成,则以上诸种因素当然可以成为对话的内容。

不过接下来的问题是,这种诉讼构造观固然是纯粹了,但若根本就不可能化为当下或者未来的现实,我们构建这样一种民事诉讼构造观又有什么实际意义呢?我以为,它的意义就是作为一种应然的理想,作为柏拉图所谓的形式或理念,作为民事诉讼构造的"理想国"①,来引导我们在现实生活世界中建构尽量接近于它的摹本。之所以说只能建构尽量接近于

---

① 柏拉图对他的理念的解释是,凡若干个体有一个共同的名称,他们就有着一个共同的"理念"或"形式"。例如,虽然有许多张床,但只有一个关于床的理念或者形式。因此,我们可以将柏拉图的理念或者形式,理解为对于概念的定义,对于事物所应当具有的理想的基本特征的描述。参见〔英〕罗素:《西方哲学史(上卷)》,商务印书馆2007年版,第二篇第15章:理念论;也可参见〔英〕卡尔·波普尔:《开放社会及其敌人》,郑一明等译,中国社会科学出版社1999年版,第三章:柏拉图的形式或理念论。

它的摹本,乃是因为当我们将这一纯粹的民事诉讼构造观放到现实生活世界的时候,它必然要立即被历史的、宗教的、文化的、地理的、政治的以及经济的因素所包围、所浸染,因而再也不可能保持其纯粹。而我们既然是要在现实的生活世界建构不仅具有价值理性,也要具有实践理性的诉讼程序,则忍受以上诸种因素的浸染,乃是不可避免的命运。但我们需要做到的是,这些因素固然可以使原本纯粹的程序构造发生变形或者变色,却不应使其变质,它仍然应当具有纯粹的诉讼构造观所具有的一切基本特征,就好像柏拉图在现实生活中所观察的国家,虽然不是他心中的理想国,但仍然具有国家所应当具有的一切基本特征。

基于以上考虑,我在本书的研究中,将先重点论证纯粹的诉讼构造观,然后再分析在我国当下的社会现实中,纯粹的诉讼构造观可能具有何种变形,以及我们是否可能通过改变诉讼构造的周边因素,而使我国的民事诉讼程序构造向纯粹的民事诉讼构造观靠近一些。

(三)探索证成程序正义和实体正义的统一路径

正义问题是伦理学领域的基础性问题。而伦理学领域的正义概念及其内涵,又总是被作为社会科学其他领域的元规则,来评价或者证成一些理念和制度的合正义性。法学作为社会科学的一个学科,当然不能回避对正义问题的讨论,不仅不能回避,而且法学和法律还应当将正义作为最高的目标或者理念。在程序法学领域,正义问题具体化为程序正义和实体正义各自的内涵或者要素,以及程序正义和实体正义相互之间的关系问题。这一问题包含若干子问题。一是程序的正义如何证成?二是结果的正义如何证成?三是程序正义和结果正义之关系如何?历来的论者对于前述问题的回答,一般沿袭以下两种路径:

一种路径是在程序和实体之外另建一套关于正义的标准,分别以之来判断程序是否正义和实体是否正义。这种关于程序正义的标准,或者关于实体正义的标准的建立,又有不同的路径选择。第一种选择是以理性主义下的演绎方法,从伦理学领域寻找到正义的元规则,例如所谓自然的正义等,然后在这个元规则下以演绎的方式不断推理下去,最后获得判断程序或者实体是否正义的标准。第二种选择是以经验主义的归纳方法,从历史、文化、政治、社会等方面归纳出一个关于正义的一般观念,再以之作为元规则,来建立判断程序或者实体是否正义的标准。这样一种论证程序正义和实体正义的路径,有两个特点:一是正义的标准外在于程序构造和实体结果本身,二是程序正义的标准与实体正义的标准各自独立,正义的程序可能产生正义的结果,也可能产生不正义的结果;反之,不正义的程序可能产生不正义的结果,也可能产生正义的结果。

另一种路径是首先建立一套判断程序正义的标准,然后以程序的正义来证成实体的正义。在这一路径中,程序正义的判断标准仍然是外在的,和第一种路径一样通过演绎的方法或者归纳的方法来获得。但是结果正义的判断标准却依附于程序的正义,或者说程序本身就是判断结果是否正义的标准。只要程序是正义的,那么结果就是正义的;反之,若程序是不正义的,结果就是不正义的。

以上两种路径的共同特点是正义标准的外在化。这种正义标准的外在化有其历史的因素,法律共同体的成员在长期的历史实践中形成了一些共同的正义观,这些正义观本身不可能在不同的领域具有不同的面相,因此法律领域和其他领域共享一些正义的标准不可避免。而这种共享正是导致正义标准外在化的原因——因为正义是共享的,所以它不可能为任何一个领域独享,因此也就外在于各个领域。正义标准的外在化使得法律失去了自治性,法律必须臣服于外在的正义标准,这种外在的正义标准表现为正义的一般标准。但法律领域具有自己的特点,它又需要特殊的符合其领域特点的正义标准,这样在一般标准和特殊标准之间,就可能产生脱节甚至是冲突。这种一般的正义观和法律领域内特殊的正义要求之间的紧张关系进一步具体化,又形成程序正义和结果正义之间的紧张关系,形成法律领域内一般正义与个案正义之间的紧张关系等。这是其一。

其二,在法律领域之外去寻求正义的判断标准还存在着论证上的障碍,就是我接下来要提到的所谓"明希豪森困境"和"休谟问题"。① 也即,在采演绎的路径获得正义标准时,正义的元规则如何证成?即使是罗尔

---

① 参见舒国滢为其翻译的德国学者罗伯特·阿列克西所著《法律论证理论——作为法律证立理论的理性论辩理论》(中国法制出版社 2002 年版)所写的序言:"走出'明希豪森'困境"一文。

斯,他在证明正义的元规则时,也不得不诉诸自柏拉图以来的社会契约理论①。而对于契约所可能达成的内容,又只能诉诸直觉观念,以此来终结他的递推过程。在采归纳的论证路径时,如何从对经验事实的描述跳跃到对于何为正义,何为不正义的价值判断?那些以此路径展开论证的人,不得不诉诸自柏拉图以来的功利主义理论②,来完成从事实描述到价值判断的跳跃。

当我们对于当下既有之程序是否正义,以及该程序所产生的结果是否正义进行判断的时候,当然要考虑历史的、文化的、政治的、经济的、社会的以及其他实践因素的共同作用。但是,若我们不是在观察一个既有的程序构造或者既有的实体结果,而是在考虑一个理想的程序构造的时候,我们则可以如我之前所说的那样,抛开以上那些事实因素的影响,自由地去建构我们具有纯粹性质的理想的正义标准。在这一前提下,我们当然也可以抛开既有的外在的正义标准,来建立基于我们自己所在的法律共同体之意志的任何形式的正义标准。这个标准既可以是外在于程序和实体结果的标准,也可以是内嵌在程序和结果中的标准;既可以是程序正义和实体正义相互独立的正义标准,也可以是程序构造和实体结果统一的正义标准。如果真有这么一个程序正义和实体正义统一的标准,且这个标准又是内嵌在产生实体结果的程序构造之中的,那么我们当然可以而且也应该去发现它。

我认为这个统一的内嵌在程序构造中的正义标准是可以发现的。我的初步思路,就是借鉴人们论证正义这个元规则的方法,将民事诉讼程序构造成一个在形成实体结果的同时,也产生正义的标准的程序。我的这一思路是受到罗尔斯和哈贝马斯的启发(关于这一点,我在阐述本书的范式选择时,还将进一步详述,而对罗尔斯和哈贝马斯论证路径的正式和详

---

① 根据波普尔的考证,古希腊的利科弗龙把国家的法律视为"人们互相确保正义的契约",认为国家应当是一个"阻止罪行的合作联盟"。之后,柏拉图认为,社会的起源是一种约定,一种社会契约。更确切地说,它是一种自然的约定,即一种建立在人性的基础之上,并且更准确的说,建立在人的社会本性基础上的约定。参见〔英〕卡尔·波普尔:《开放社会及其敌人》,郑一明等译,中国社会科学出版社1999年版,第217—218页,第150—151页。

② 同样根据波普尔的考证,在柏拉图的理论中,诉诸集体功利原则是终极的道德思考。参见〔英〕卡尔·波普尔:《开放社会及其敌人》,郑一明等译,中国社会科学出版社1999年版,第253页。

细的考察,将放在第二章与第三章展开)。他们的论证路径给我们提供的启发是,若我们直接依产生某种正义观的程序模式来构造我们的民事诉讼程序,则这个程序不仅能够证明自身是正义的,也能够证明它所产生的结果是正义的。这样的一个程序构造是还原论的产物,是摆脱当下各种历史和现实因素对它的扭曲、而将它从当下的缤纷俗世还原到纯洁无瑕的本源状态下的程序。本书将努力证明,这样的程序是能够被构造出来的。而我对这样的程序的探索,当然也是在探索对民事诉讼中程序正义和实体正义的证成路径。我希望本书的探索至少能够部分地实现上述目标。

(四)建立以民事诉讼构造为核心的程序法哲学

我国当下的民事诉讼程序研究,看起来面目模糊。首先,这个研究从总体上看不像是法教义学层面的研究。因为法教义学的研究,是通过对立法、判例以及学理的研究,提炼出可以供实务上作为裁判依据的独断性的原理,也就是"教义"。部门法学主要应当是这个层面的研究。法教义学的研究,主要运用的是法解释学的方法,要求尊重既有的立法、判例和权威的学理观点,在此基础上形成可资裁判的原理,因此法教义学的研究,不会突破既有的立法、判例和权威学理观点。但是,我国当下的民事诉讼法学研究,却常常突破既有的立法,对判例进行批判性评价,同时也没有形成完整的权威学理观点,而且学者们还经常提出一些修法意见。其次,我国既有的民事诉讼法学研究,大部分似乎也不是法哲学或法理学层面的讨论。法哲学是大陆法系德国学理上的概念,在英美法系大致相对应的概念是法理学,包括对法的一般理论、法学基础理论和法学方法论的探讨。[①] 因此对民事诉讼进行法哲学层面的研究,其内容主要应当是从哲学层面对民事诉讼基本概念、基本原理和方法论的探讨,而其在体例上也应当具有逻辑一致性,也即对于民事诉讼各问题的探讨,在方法和观点上应当保持一致,形成一个完整的理论体系。但是我国民事诉讼法学领域大部分的讨论,并没有运用哲学的原理和方法,而是采一种就事论事、评完了事的态度。使用最多的方法,就是比较法学的方法。其实对一些学者来说,说他们使用的是比较法学的方法,已经是一种溢美之词了。

---

① 张文显:《二十世纪西方法哲学思潮研究》,法律出版社1996年版,第1—6页。

他们真正所做的不过就是收集和摘抄资料而已,还谈不上是研究。因为所谓研究,乃是寻根究底,发现真理的过程。而他们显然不是以发现真理为目的。另外,若仔细对比一些学者自身在不同问题或者不同时期的观点,还有可能经常会发现其在逻辑和观点上的矛盾之处。这说明,我国过去一段时间以及当下的民事诉讼法学研究,从总体上看,还称不上是科学研究(当然不可因此否认一些学者在这方面的努力)。令我感到惭愧的是,我在过去做过的一些所谓的"研究",恰是我现在所批评的对象。这样,我在这本书中的研究就面临着一个非常现实的问题:我需要对这本书的研究如何定位,才能使其尽量满足法律科学研究的基本要求?

事实上,我从来也没有想过将这本书的研究放在法教义学的层面展开。这不仅是因为这本书所要阐述的主要观点与我国当下的立法和判例存在很大差别,还因为另外一个长期困扰着我的学术良心的原因,那就是,我国当下并不存在作为法教义学基础的合法之"法"以及合法之"司法"。依据我国《宪法》、《选举法》和《立法法》等的规定,我国的立法机关首先是全国人民代表大会,然后是全国人大常委会、国务院以及地方人大和军委这样的机构,它们的立法权限分别是基本法律、法律、行政法规、地方法规和军队法规等。全国人大应当依法由全国人民通过间接选举全国人大代表组成,也就是人民直接选举县乡人大代表,县级人大在其成员中选举上级人大代表,依次逐级选出全国人大代表,然后全国人大再产生它的常委会以及国务院和法院等国家机关。但是当下的现实是,几乎所有的县级人大代表的候选人,都是执政者指定的。这样,人大代表就失去了民意代表的性质,而成了完全的执政者的代表。因此,在我国,无论是"立法机关"制定的"法律",还是"司法机关"形成的判例,都没有也不可能获得民众乃至"立法机关"和"司法机关"自己的尊重,也从来没有获得执政者的尊重,与法教义学所要求的将法律奉为"教义"的要求相比,其差距何止十万八千里。所以,在当下之我国,既没有真正的法律解释学,也没有真正的法律论证理论,更不可能存在真正的法教义学。所有当下的那些教科书以及一些试图对部门法展开法教义学层面研究的专著,都只是假设现有的"法"是合法之法,假设现有的"判例"是合法之判例,是在假设的基础上展开而已。实际上我国当下之"立法"、"法律"和"司法",可以成为社会学的研究对象,而不可能成为法教义学的研究对象。我也曾试图从凯尔森的纯粹法理学出发,来说服自己相信,在采极端实证主义的情况下,即使是苏联斯大林时期的法律,都可以被认为是法律,何况是我国的法律呢?但我旋即否定了这一理由,因为实证主义的前提是作为它所研究的对象之法律,不管其产生过程如何,毕竟在现实生活世界中发挥着法的作用,也即在事实上被普遍认可为具有法的效力。基于以上原因,我的这本书不可能是法教义学层面的研究。

经过思考,我决定将本书的研究放在法哲学的层面。这样做的好处是,即使完全脱离我国当下关于法的现实,也不影响我在关于法的基础理论层面展开观点。但是还有一个问题摆在面前,就是既然法哲学是关于法的一般理论的科学,那么部门法学作为具体的法律学科,能否以及是否有必要独立地建构自己的法哲学,例如我在本部分内容的标题里所说的程序法哲学或者民事诉讼法哲学?我之前在做一个项目的时候曾经有所尝试,但是在结项的时候有专家提出了质疑。质疑者的基本观点是,从哲学到法哲学再到部门法学,存在着相应的逻辑关系,法哲学根据哲学的一般原理在法学领域展开,部门法学根据法哲学的一般原理在部门法的领域内展开。像我这样直接将哲学以及社会学的原理引入部门法学作为方法的路径,会打破法学研究固有的逻辑结构,也容易导致部门法学相互之间因为缺乏共同的法哲学基础而产生鸿沟,割断联系,进而使得不同部门法学之间的对话被迫中断。对此,我的回应是:首先,法哲学不应当是哲学的下位概念,而应当是哲学的一个分支,因此从哲学到法哲学再到部门法学的研究逻辑,不一定是法学研究的现实逻辑。那些具有法学价值或者法学内涵的哲学原理,就是法哲学,部门法学直接引入作为论证的起点,并未打乱法学研究的一般逻辑。其次,假设质疑者所描述的法学研究逻辑是现实存在的,那么我国当下的法哲学研究,真的承担起了为部门法学提供基本原理或者提供法学论证之元规则的重任了吗?显然没有。既然我国的法哲学没有担当起这样的重任,没有起到这样的作用,那么部门法学自力更生,建立起为部门法学建构元规则的部门法哲学,乃是不得不为,势在必然。况且,在我国的法学研究中，并不是没有这样的先例，例如陈兴良教授的《刑法哲学》[1]，徐国栋教授的《民法哲学》[2]，即为适例。且在民事诉讼法学领域中，肖建国教授的《程序价值论》[3]显然属于程序法哲学的研究，而陈刚教授和段文波等学者对日本学者中村宗雄和中村英郎所著《诉讼法学方法论》的译介[4]，也具有进一步推动我国程序法哲学发展的意义。因此，在我国，建立相对独立的程序法哲学，并非不必要，也并非不可期。

　　需要说明的一点是，本书所要研究的，仅仅是民事诉讼法学领域的众多问题之一，也就是诉讼构造问题，只能说是意欲运用哲学（也包括伦理学或社会学的一部分学说）的方法来探讨诉讼构造问题，并不是建构完整的民事诉讼法哲学。但是鉴于民事诉讼构造问题在民事诉讼程序中的基础性和框架性地位，以哲学方法对诉讼构造问题展开的研究若能顺利完成，则建立民事诉讼法哲学的基础架构亦可确立。若然，我将在后续研究中继续尝试建立完整的民事诉讼法哲学。因此，这一本书在诉讼构造问题上的展开，也意味着我在民事诉讼法学研究上的一种转型，之后的研究重点将会放在民事诉讼法哲学的建构上。

　　另外还需要说明的是，我既已声明本书是意欲用哲学的方法来探讨诉讼构造问题，则意味着本书对于诉讼构造的研究，与其他学者的区别，主要在于研究方法。总的来看，迄今所有关于民事诉讼构造问题的研究，都还不是建构性的，而是诠释性的。也即迄今所有关于民事诉讼构造问题的研究，在本质上都是从某一选定的角度或者以某一选定的方法对诉讼这一法律现象所展开的诠释。因为诉讼乃是一种法律实践，其在本质上就不是建构性的，具有建构性的制度最终将随实践的要求而改变。学术研究的目的乃是对实践的要求进行诠释，进而寻求推动制度向善。诠释者选择的角度或者方法不同，诠释的结论可能不同，也可能相同。我在本书中的研究，实际上也还没有

---

[1] 陈兴良：《刑法哲学》，中国政法大学出版社 1997 年版。
[2] 徐国栋：《民法哲学》，中国法制出版社 2009 年版。
[3] 肖建国：《民事诉讼程序价值论》，中国人民大学出版社 2000 年版。
[4] 〔日〕中村宗雄、中村英郎：《诉讼法学方法论——中村民事诉讼理论精要》，陈刚、段文波译，中国法制出版社 2009 年版。

完全摆脱诠释的性质,因此与其他学者的研究相比,也许只是诠释的角度或者方法不同,至于结论是否相同,还要看向路的尽头。

三、研究的范式

(一) 国内既有研究的范式简析

我在稍前的内容中,已经提到过我国既有诉讼构造研究的路径依赖问题。我提到了三种最为常见的路径,这三种最为常见的路径,其遵循的研究范式大概可以分别表述为:(1) 应当借鉴法治发达国家的制度和理论,我们可以简称为移植论的范式;(2) 经济基础决定上层建筑理论,我们可以称之为经济基础决定论的范式;(3) 按照执政者提倡的去做,我们可以称作政策迎合论的范式。实际上除了这三种研究范式外,我国法学研究中还有一种常见的研究范式,也即国情论的范式。这一范式包括多种变化形态,例如文化决定论就是其中一种。对于前三种研究范式的缺点,我已经有所评价,后一种研究范式,之前尚未提及。由于我国采行改革开放政策以来,很多学者都养成了一种习惯,就是无论研究何种问题,都先将眼光转向域外,以图从域外获取支持自己观点的资源。哪怕是纯粹基于我国特有之观念或者实践而建构观点,一般也把自己伪装成与域外某一种观念、制度或者实践相合,似乎这样就更具有说服力。民事诉讼法学研究也不例外。民事诉讼构造论者在展开论证的时候,都习惯于先来一番比较法上的考察。因此,以上四种研究范式,几乎都可以加上一个比较法的前缀,变成:"比较法 + 移植论"的范式、"比较法 + 经济基础决定论"的范式、"比较法 + 政策迎合论"的范式和"比较法 + 国情论"的范式。当然,移植论比较特殊,对这一论者来说,展开比较法上的考察乃是一个基本的前提,所以他们展开比较法上的研究,无可厚非。而就其他三种论者的研究范式来看,他们展开比较法上的考察,当然也是为了论证各自所采之基本范式例如国情论、经济基础决定论或者政策迎合论的正确性,但其中也不乏画蛇添足者。以上加在一起大概四种研究范式,我在本书第一章将会更为详细地展开。这里先简单做一个分析,以为我在随后阐述本书对于研究范式的选择时,做一个铺垫。

关于"比较法＋移植论"的研究范式——这是我国学者运用最多的研究范式，它产生的合理性我在前面的讨论中已经有所涉及，这里来看它的缺点所在。在我看来，它的缺点有二，一是为什么法治发达国家的制度和理论就是正确的？任何一个国家的制度和理论都有它产生的历史和现实背景，但这只能证明它的制度和理论的存在是有理由的，而不能作为判断这个制度和理论正确与否的依据。因此，将法治发达国家的制度和理论直接作为论证我国民事诉讼构造的大前提，是不够严谨的。因为这个大前提本身尚未得到充分的证明。这个范式的第二个缺点是，为什么法治发达国家的制度和理论，我们就应当借鉴？换言之，若把法治发达国家的制度和理论作为大前提，把我国当下的历史事实作为小前提，会发现在大前提和小前提之间缺乏必要的关联性，也即我国当下的历史事实，是否包含在法治发达国家的制度和理论所针对的事实情况之中，是不确定的，是未经证实的。以上两个缺点，当然可以通过更为充分的论证予以弥补，但是至少说明，这个范式到目前为止，还不是完美无缺、可以不加批判地运用的。关于这个研究范式的缺点，我认为张卫平教授也已经意识到，因为他在主要运用这一范式的研究中，同时也结合了对第二种范式的运用。当然，第二种范式仍然存在缺点。由于张卫平教授对于诉讼构造问题的研究，较之我国其他学者的论证，更为充分，所以我在本书第一章进一步讨论既有研究的路径困扰时，将对他的研究范式进行更为详细的考察和评价。

关于"比较法＋经济基础决定论"的研究范式，我在之前也已经有所评价。这个范式的缺点，是对马克思主义经典论述不加批判地运用。经济基础决定上层建筑，只能说是马克思主义的一个论断，这个论断自提出之后，在西方学界争论不断，因此还称不上是一种绝对正确的原理。所以在将这一论断作为论证诉讼构造问题的大前提之前，首先要对这一论断之真伪，做出详细的论证。可惜的是，我国学者并没有做到这一点。在对大前提的真假尚未做出科学论证的情况下，就不假思索地往下论证，其结论的真实性无法保证。

关于第三种范式，也就是"比较法＋政策迎合论"的研究范式，其缺点和第二种相似，但显然比第二种范式更令人担忧。这种范式隐含的一个表述就是，执政者所说的，就是对的。这在现代法治国家是不可想象的。执政者无论作为个体存在还是作为集体的存在,或者是作为国家的象征,都不能当然地成为真理的产出者。他们的政治话语怎么能够直接作为论证诉讼构造问题的大前提呢?

关于第四种范式,也就是"比较法+国情论"的范式。这个范式也具有相当的伪装性,已经成为保守者拒绝进步的最为经常的理由。国情论似乎与前三种范式不同。前三种范式都属于理性主义的思维,在论证方式上表现为演绎逻辑的展开。国情论则属于经验主义的思维,在论证方式上表现为归纳逻辑的展开。也即根据社会事实的存在,归纳出一个结论,但是归纳法是有缺点的。在自然科学领域,归纳法的缺点是只能证伪,不能证实。在社会科学领域,归纳法的缺点是如何从对于事实的描述,进入对于价值的判断?也即社会事实的存在,如何就能证明某一种制度或者理论是应当或者不应当的?所谓事实是检验真理的唯一标准这样一个在我国被普遍接受的著名论断,永远都是相对的,是具有时间性的。因为被当下事实证明是正确的论断,是否仍然能够被未来事实证明为正确,是永远也不能给出确定结论的。而且,国情论有效的前提是对我国的国情有着真实的观察,而这一点往往被国情论者忽视。所以采国情论的研究范式来研究诉讼构造问题时,一般只能用来批判移植的研究范式,而不能建立自己完整的理论体系。

就国情论的变种也就是文化论的研究范式来看,也具有一定的伪装性。因为在一般情况下,文化应当是一个民族共同的意识结构,按照文化传统来建构某种制度,显然制度本身更易为国民接受。但问题是,若这个制度应当是符合文化传统的,那么为什么在这个文化传统的长期统治下却没有形成这个制度,反而还需要我们再去建构?再一个问题是,论者对我国文化传统的把握是否准确?若是这个问题尚未得到解决,也就是我们连文化传统到底是什么都还没有确定,又如何以文化传统作为大前提来展开论证?

(二)本书拟采用的研究范式

上面分析的四种研究范式均有缺点,但是这缺点的存在却有着逻辑上的根源,这个根源就是所谓"明希豪森困境"和"休谟问题"。前三种研究范式在论证上属于演绎逻辑的路径,而演绎逻辑的论证路径一直遭受着"明希豪森困境"的质疑;最后一种范式在论证上属于归纳逻辑的论证路径,而归纳逻辑的论证路径则始终必须面对"休谟问题"的追问。"明希豪森困境"对演绎逻辑的质疑是,作为演绎推理之大前提的元规范如何证成。在西方法学界,一些人求助于自然法的精神,然而自然法的精神又如何证成?即使走出法学的视域求助于伦理学原理,仍然存在着对于伦理学元规范的追问。在此追问下,演绎逻辑的运用者要么无限递归,要么循环论证,或者在论证的某一点上停止,自设一个元规范,或求助于所谓的不证自明。而归纳逻辑所遭遇的难题在于,如何从经验描述过渡到价值判断,也即如何从对事实存在与否的描述,过渡到价值层面的应当和不应当的判断。归纳逻辑的这一难题,由英国经验主义哲学家大卫·休谟最早提出,因此也被称作休谟问题。① 那么如何克服上述论证上的困扰,在诉讼构造问题上建立一种有效的证成范式?

为摆脱前述论证上的长期的路径困扰,本书有必要走出民事诉讼法学乃至整个法学的视域限制,到哲学、社会学以及政治学等领域中去寻找灵感。经过一段时间的阅读和思考后,我从美国学者罗尔斯对于正义问题的论证路径和德国学者哈贝马斯对于商谈理论的论证路径上获得了启发。如前所述,这两位学者在论证上的共同之处,是将对实体问题的论证,转化为对产生实体结果的程序的论证,也即认为结果的正义产生于程序的正义,而程序的正义正是他们所要论证的对象。罗尔斯或者哈贝马斯的论证路径体现了法哲学的程序转向,也为我们探讨程序法学的哲学转向打开了广阔的视野。但是他们的论证路径并非完全脱离学说史的独创,而是西方伦理学、政治学和法学研究路径的合乎理性的发展结果。西方伦理学、政治学和法学所遵循的一个重要范式就是契约原理。也就是将人们在直觉观念或者功利主义的引导下所达成的契约,作为论证一切观念和制度的起点。从古希腊的哲学家到霍布斯、卢梭和休谟等,莫不如是。就连凯尔森的纯粹法理学,在涉及国际法的本质时,也无法完全摆脱

---

① 参见舒国滢为其翻译的德国学者罗伯特·阿列克西所著《法律论证理论——作为法律证立理论的理性论辩理论》(中国法制出版社2002年版)所写的序言:"走出'明希豪森'困境"一文。关于"休谟问题",实际上有三个,分别是因果问题、归纳问题和伦理学上的休谟问题。本文所涉及的事实与价值的关系问题,属于伦理学上的休谟问题。参见〔英〕休谟:《人类理解研究》,关文运译,商务印书馆2010年版,第四章;〔英〕罗素:《西方哲学史(下卷)》,商务印书馆2007年版,第十七章:休谟;陈波:《逻辑学十五讲》,北京大学出版社2008年版,第213页。

对于契约原理的依赖。① 但是上述学者对于契约范式的运用,止于契约而已,并未就达成契约之程序的正义性展开讨论。而罗尔斯和哈贝马斯则在契约范式的基础上更近一步,展开了对于产生契约的正义程序的探讨。这就是罗尔斯和哈贝马斯真正的贡献所在。受到罗尔斯在《正义论》中关于"无知之幕"的理论和哈贝马斯之法律商谈理论的启发,我将"能够促进参与者达成共同理性选择的程序构造即为正义的程序构造",作为本书的研究范式。对这个研究范式更详细一些的表述是:在人类必须并且能够自主决定行动选择的社会,正义乃是参与者共同理性选择的结果。因此,有助于参与者做出共同理性选择的程序,就应当是我们追求的正义的程序。进而,民事诉讼构造就应当是最能够促成程序参与者做出共同理性选择的程序构造,我把它称作诉审商谈主义的程序构造。当然,对于哈贝马斯通过商谈获得理性共识的主张,也有学者提出不同的看法。例如伽达默尔就认为,对话不一定是为了达成共识,也不一定会达成共识,对话者的特殊倾向可能不是在对话中得到克服,而是在对话的发展中得到表达。② 但是,那些导致对话者之间存在差异的因素,例如历史、文化、宗教、地理、政治、经济、利益追求等,为什么不能成为对话的内容,进而通过对话而使对话者相互理解?只要能够做到这一点,诉审商谈的程序构造就具有了实践意义——诉讼的参与者也许不能达到完全的一致,但是却能够在相互理解的基础上求同存异,就争议的解决形成共同认可的方案。

---

① 根据波普尔的考证,古希腊的利科弗龙把国家的法律视为"人们互相确保正义的契约",认为国家应当是一个"阻止罪行的合作联盟"。之后,柏拉图认为,社会的起源是一种约定,一种社会契约。更确切地说,它是一种自然的约定,即一种建立在人性的基础之上,并且更准确的说,建立在人的社会本性基础上的约定。参见〔英〕卡尔·波普尔:《开放社会及其敌人》,郑一明等译,中国社会科学出版社1999年版,第217—218页,第150—151页。关于霍布斯对于契约原理的表述和运用,参见〔英〕霍布斯:《利维坦》,黎思复、黎廷弼译,商务印书馆2008年版,第十七、十八章;关于休谟对于契约原理的表述和运用,参见〔英〕休谟:《人性论》(节选本),关文运译,商务印书馆2003年版,第116—124页;关于卢梭对于契约原理的表述和运用,参见〔法〕卢梭:《社会契约论》,商务印书馆2010年版;关于凯尔森对契约原理的表述和运用,参见〔奥〕凯尔森:《纯粹法理论》,张书友译,中国法制出版社2008年版,第123页。当然,约翰·奥斯丁对契约原理提出了批判。参见〔英〕约翰·奥斯丁:《法理学的范围》,刘星译,中国法制出版社2002年版,第六讲。但是这恰恰意味着在西方法理学和法哲学领域,契约原理是一个不容回避的研究范式,学者不是接受,就是批判,但不能回避。

② 张汝伦:《德国哲学十论》,复旦大学出版社2004年版,第321页。

我的基本论证路径是：在人类走出蒙昧阶段以后，神灵已经离我们而去，因此，我们不能再依赖神灵启示获得真理。接下来的阶段，是俗世的权威，例如独裁者，承担起提供真理或者提供社会行动指南的重任（当然，独裁者往往也需要借助于既有的宗教信仰或者培育某种类宗教的信仰，例如对孔子或者马克思之类的哲学家的信仰，来确立其权威）。而在人类社会迈入平等和自由的阶段，独裁者已经被赶走，社会行动的指南无法来自任何一个单独的组成社会的成员个体，只能来自大家共同的选择。这个共同的选择乃是全体参与者通过论辩也就是商谈，根据自己的理性而做出的。这个选择就是正义的，因为除了共同的理性选择外，再也没有其他的标准来做为衡量正义与否的依据。就诉讼而言，程序的参与者组成了一个微缩的社会，他们聚在一起，通过理性的对话来追求一个共同的解决方案。而诉讼程序的构造，就应当以促成参与者充分对话并形成共同的理性选择为其目的，这个程序构造因为是符合基本人性的，所以其本身就具备自然正义的性质，因而也就是最正义的程序构造。

本书之后将要展开的论证将表明，诉审商谈主义的程序构造，将会把程序的参与者从作为工具的不自由状态中解放出来，将参与者还原为程序的目的，而将程序还原为参与者的工具。从人类社会的发展史来看，在进入国家形态后，人们先是普遍将神灵作为目的，而把自己作为神灵的工具；然后是将统治者作为目的，把自己作为工具；在进入民主社会后，隐藏在私权至上权利观下面的个人主义理念，又驱动着人们将他人作为工具，认为唯有自己才是目的。但是马克思说，个人在把别人作为工具的同时，也把自己降为了工具。① 商谈的理论就是要改变这种人类个体互为工具的不自由状态，敦促人们把自己和他人都作为目的。就民事诉讼构造来说，当下所有的程序构造，无论是当事人主导型的程序构造，还是法官主导型的程序构造，抑或者协动主义的程序构造，每一个程序的参与者都还是将其他参与者视为手段，而将自己视为目的。但他们自己也因此沦落为手段和工具。甚至在程序至上主义者看来，所有的参与者都是程序的

---

① 哲学家张汝伦教授说："虽然康德苦心孤诣地提醒人们：人是目的，可黑格尔敏锐地发现，在现代社会，每个人自己才是目的，别人都是手段。马克思则进一步纠正说，个人把别人当作工具，把自己也降为工具。"张汝伦：《德国哲学十论》，复旦大学出版社2004年版，第58—59页。

工具,程序本身才是目的。在这种认识下,所有的程序参与者都是被动的和不自由的。而在诉审商谈主义的程序构造中,每一个参与者都在将自己视为目的的同时,也将其他参与者视为目的。他们在实现其他参与者的目的之同时,也就是在实现自己的目的。程序运作的结果乃是参与者自主而理性选择的结果,因此程序的所有参与者都是自由的,因为他们才是程序构造的全部目的,而程序则是他们实现目的之工具。也正因为如此,我在之后的论证将表明,诉审商谈主义程序构造的功能,不是促成程序参与者在事实发现以及法律寻找上的相互妥协——那样就不是把程序参与者作为目的了,而是促成程序参与者在事实发现和法律寻找方面达成共识——一种由程序参与者经过充分论辩而达成的基于理性选择的共识。这种共识中有关事实的认定,最接近真相;而有关法律的适用,最接近正义——此为诉审商谈主义与协动主义、协同主义、协商性司法以及和谐主义等民事诉讼构造观的本质区别。

四、研究的体例

本书在导论之外,共有五章内容。

第一章是对我国关于民事诉讼构造之研究的既有观点、价值目标与论证路径的考察。在这一章里,我将先对国内具有代表性的几种关于民事诉讼构造的观点做一些描述性考察;然后就他们在讨论民事诉讼构造观时涉及的价值目标问题进行讨论,分析他们研究中的价值困惑;最后对他们所遵循的路径进行归类,并对这些路径所遭遇的困扰展开分析。第一章的内容在导论第一部分和第二部分已经有所涉及,但是第一章的研究将更加详细,讨论得更加深入。同时,通过对既有研究之路径困扰进行分析,提出有关诉讼构造的路径选择问题,为之后的研究设定路标。

在对既有的研究进行考察并指出其所遭遇的价值困惑和路径困扰后,在我将要对提出的诉讼构造观展开正式的论证之前,我将在第二章提出我国民事诉讼构造应当选择的价值目标。这一章将首先就民事诉讼构造应当遵循何种价值目标提出设问,然后带着问题寻找可能的答案。我将仍然在正义的范畴下展开讨论。这些讨论包括对正义观的本体考察,对程序正义与实体正义各自内涵以及相互关系的考察等。我将在考察之后提出如下主张:程序正义与实体正义的分离乃是近代理性主义思维下实体与程序日益疏远的产物,理想的与人类生活实践相符的程序构造,将有能力使二者回归统一。

在确立民事诉讼构造的价值目标后,我将从第三章开始正式提出并论证我的民事诉讼构造观——诉审商谈主义,在这一章,我将先对罗尔斯正义理论的论证路径和哈贝马斯法律商谈理论的论证路径进行考察,并在借鉴他们论证路径的基础上,选定我的民事诉讼构造观的论证路径。我对罗尔斯在《正义论》中关于正义两个原则的论证路径的详细考察将表明,伦理学、法哲学和政治学的研究,都存在一种程序的转向。推动这种程序转向的主要原因是"明希豪森三重困境",也即传统论证路径中存在的关于作为大前提的元规则的证成困难,促使研究者从对神灵的依赖、对历史形成的权威的依赖和对自然主义的依赖,转向对人类自身智慧和能力的信赖,认为只要遵循合适的程序,人类即可成为自己的主人,为自己规定正义的原则。但我随即就会指出,罗尔斯关于"无知之幕"的假设在论证作为伦理学元规则的正义原则时是有效的,但是若以之作为论证程序构造的方法,则存在重大的缺陷。也即诉讼构造是在当下的历史现实中运行的社会实践,不可能在罗尔斯基于反思的理性所假设的"无知之幕"中展开。因此要在保留罗尔斯的契约程序的基础上,为这个契约程序提供更为现实的前提。顺着这一思路继续寻找,哈贝马斯的商谈理论开始进入视域,成为考察的对象。我将对哈贝马斯的论证路径进行详细地考察,指出哈贝马斯商谈理论的实践理性,进而决定选择哈贝马斯商谈理论的论证路径,作为论证程序构造问题的方法。当然,我同时也会就针对哈贝马斯商谈理性的批评性意见进行考察。通过以上的考察,我将提出这样的观点:以哈贝马斯商谈理论中信息的充分供给来取代罗尔斯的无知之幕,促使程序的参与者在充分了解信息的前提下展开商谈或者说论辩活动,最后在充分尊重各方差异性基础上所达成的共同理性选择,作为商谈的成果,其将构成裁判的结果。接着,我将指出哈贝马斯关于司法中的法律商谈理论存在的几个未解难题,并提出解决该难题的方案。在此基础上,我将正式提出诉审商谈主义的程序构造观,对诉审商谈主义的基本内涵进行建构,同时将诉审商谈主义与其他相关概念进行比较,以进一步阐明诉审商谈程序的实践理性,并指出诉审商谈主义与协动主义、协同主义、协商性司法以及和谐主义的本质区别。

在接下来的第四章第一部分，我将继续对诉审商谈主义程序构造的基本特征进行分析，提出诉审商谈主义的程序品格概念，为诉审商谈主义的程序构造设定若干品格要求。指出凡符合诉审商谈主义的程序构造，须具备诉审商谈主义程序应当具有的基本品格，欠缺任一品格，诉审商谈活动将无法展开。在讨论诉审商谈主义的程序品格时，将会视论证的需要，看是否需要借鉴富勒关于法律的内在道德的观点及其论证方法。在选定了诉审商谈主义的程序品格后，我将在此基础上对诉审商谈程序的具体构造展开探讨。本章将会考虑以诉讼上突袭和裁判上突袭的禁止，尤其是心证随时公开主义和法官之法律观点充分阐明义务，作为诉审商谈的程序构造观中具有核心性的内容。

第五章是本书的结论部分。这一部分将呼应我在导论部分所提出的问题，也就是讨论诉审商谈这种纯粹的程序构造观，在当下我国的社会现实中将会受到何种影响，以及如何在既有程序建制下拓展商谈的空间；或者反过来，我们如何通过诉审商谈的程序构造，来改造既有的民事诉讼实践。

以上即为本书的体例安排。

我曾经在司法实务部门短暂工作过，但经历的实务领域相当狭窄，加上我在从教之后与实务部门的联系处于断断续续的状态，因此本书对当下中国司法实践的描述，虽然可以保证是我的直观感觉，但很难保证这种直观的感觉就一定是符合真相的。为了避免被司法实务部门的同仁误解为凭想象做研究，我将力求谨慎，竭力避免犯下培根所谓的"心灵假象"那样的错误，尤其是避免犯下"洞穴假象"和"剧场假象"那样的错误[①]，以使本书的研究尽量能够称得上是一种法律科学研究。此外，本书既然是以商谈理性为基础来建构我国的民事诉讼观，则我在阐述自己的看法时，

[①] 弗兰西斯·培根是英国近代经验主义的鼻祖，他在讨论归纳法时提出了著名的"四种假象"的观点，这四种可能蒙昧我们心灵的假象分别是：种族假象，是某一种族或者某一类人基于其缺点所易犯的错误；洞穴假象，是个体基于个人的一些禀赋，或者基于其所受的教育、所崇拜的权威以及一些成见等，易犯的错误；市场假象，是人们之间由于在交往和沟通之中，出于理解上的障碍而犯下的错误；剧场的假象，是人们将虚构的场景当作真实世界的一种错误。科学研究中一些由于传统、轻信和疏忽而被公认的原则或者原理，就属于剧场的假象。参见〔英〕培根：《新工具》，许宝骙译，商务印书馆2010年版，第20—22页。这四种假象的警告，对于当下我国的社会科学研究，仍具有现实的警醒意义。

就不能以封闭的独白式的态度进行,而须以对话的开放式的态度展开,因此我在对他人观点进行评价的时候,都将努力尊重他者的独立存在和多样化存在,并随时准备接受来自他者的质疑或者批判。我仅仅希望自己的观点也成为这种多样化存在的一种而已。

第一章
对既有民事诉讼构造观的回顾与反思

本章所要考察的是我国既有的民事诉讼构造观。在这一章里，我要先对既有研究所使用的概念进行考察，以避免在对既有研究的观点和论证路径的判断因为概念理解上的不同而出现差错。我还要对既有研究的基本观点进行考察，以保证我对既有研究的观点之判断是在准确理解这些观点的前提下做出的。接下来我还要对既有之各种观点所秉持的价值目标进行分析，因为很可能不同观点之分歧的根本原因，乃是他们的提出者所追求的价值目标不同，诉讼构造观的不同仅仅是一种表象。最后我才会对既有研究的论证路径进行详细的考察，以指出这些研究在论证路径上所遭遇的障碍和困扰。

在讨论既有研究所使用的概念以及既有研究所持的基本观点时，为了使考察的结果尽量准确，我将不得不对既有研究的一些表述进行直接地援引，这些援引有时候看起来像是对既有研究的复述，但是这将有助于本书读者对我的考察是否准确做出判断，也有助于本书读者更好地理解我所要表达的观点。当然，熟悉既有研究的读者尽可以越过本章前两节的内容，直接从第三节甚至第四节开始阅读。另外，需要说明的是，在既有的研究中，学者们总是通过整篇论文甚至整本著作的论述来力求完整地论证和表达他们的观点，而我在这里显然不可能将他们的整篇文章或者整本著作展示给本书读者，因此只能对他们的论述进行简单地总结或者片段地摘引，这样就难免会发生断章取义的错误。但我会尽力避免错误的发生。还有就是，本章为了分析的必要，会将既有的一些观点分类，例如将有的观点列入混合主义的类别，将有的观点列入当事人主义的类别，将有的观点列入协同主义的类别。这种分类乃是不断化约的结果，其间可能会将不同类别各观点之中我认为较为次要的相似之处略去,而根据他们之间主要的不同点来贴标签;或者将相同类别内部各观点间我认为较为次要的不同之处略去,根据他们之间主要的共同点来贴标签。如此一来,我对于他们观点的展示和评价,就有失真的可能。我将尽力避免这种失真的可能。

第一节　概念的辨析与统一

在我国民事诉讼法学界,虽然使用诉讼构造这一概念的人不多,但是有关诉权和审判权构造的观点却不少,这些观点主要体现在对民事诉讼模式的讨论中。另外,张卫平教授使用了诉讼体制的概念,但是他所讨论的对象,主要也是诉讼构造问题。为了避免因概念使用上的不同而产生误解,即产生培根所说的"市场的假象",在正式展开考察之前,有必要对我所使用的诉讼构造概念、我国多数学者所使用的诉讼模式概念以及张卫平教授所使用的诉讼体制的概念,再做一些简单的分析和澄清。

一、民事诉讼构造

根据我在导论第一部分的说明,我所使用的民事诉讼构造概念,或者民事程序构造概念,是指在民事诉讼程序中,对当事人诉权和法官审判权之间关系的构造。我对这种关系构造的考察,不仅是对诉权和审判权之间静态的权利义务关系的考察,也有对其动态的行为互动的考察,同时也要考察程序法上的制度建构问题,所以就没有使用诉讼法律关系或者诉讼行为这样在内涵上似乎仅具有一维性的概念,而是直接使用了诉讼构造的概念,以表达诉权和审判权关系构造的多维性。在民事诉讼领域的诉讼构造概念下,我想突出表达的是诉权和审判权之间的互动问题。因为在刑事诉讼法学领域,也有刑事诉讼构造问题。但是刑事诉讼涉及侦查权、公诉权、辩护权和审判权这样四种权利或者权力,在受害人享有当事人地位的时候,还涉及受害人的诉权问题,只有在自诉案件中,才仅涉及诉权、辩护权和审判权之间的关系。这与民事诉讼中的诉讼构造问题仅涉及诉权和审判权关系构造情形,有着显著不同。

二、民事诉讼模式

民事诉讼模式是我国多数学者在涉及诉权和审判权关系构造时所使用的概念。但是,他们所说的民事诉讼模式,在内涵上似乎又不限于诉权和审判权关系问题,其外延更广。为能对民事诉讼模式概念有一个比较全面的考察,我将大致按照发表时间的先后,更为详细地引述部分学者对于民事诉讼模式涵义的表述与说明,这些学者包括陈桂明教授、何文燕教授、张卫平教授、赵钢教授、江伟教授和汤维建教授等。

陈桂明教授对于民事诉讼模式的表述与说明是:"法院和当事人是民事诉讼中的一对矛盾,二者同时作为民事诉讼法律关系的主体,依法享有特定诉讼权利,承担特定的诉讼义务。他们的权利和义务,以及据此而施行的多种诉讼行为,构成有机的矛盾统一体。民事诉讼的过程主要是这对矛盾在法律程序上推进和展开的过程。关于法院审判行为(职权行为)与当事人诉讼行为之间的关系,亦即法院与当事人之间诉讼权限的分配,不同的时代和不同的国家,采取了不同的态度,因而形成不同的诉讼模式。"①

何文燕教授对于民事诉讼模式的表述是:"民事诉讼模式是一个综合性的抽象概念。是对民事诉讼体制及运行特征的综合表述。或者说是关于民事诉讼程序的基本要素及诉讼主体在民事诉讼过程中的地位、作用相互关系的基本概括。也称为诉讼结构。它表明一国民事诉讼的宏观样式。一定的诉讼模式决定于一定的诉讼目的。任何一种诉讼模式都是实现特定诉讼目的的表现方式……构成民事诉讼模式的基本内容主要包括民事诉讼主体在诉讼活动中的地位和相互关系的格局,程序制度的设置,审判方式及监督机制等,其中民事诉讼法律关系的性质和特点以及审判方式是诉讼模式最基本的组成部分。"②

张卫平教授对民事诉讼模式的描述是:"所谓民事诉讼模式,是指反映或表现某一民事诉讼中诉讼主体之间基本关系特征的结构方式……

---

① 陈桂明:《诉讼公正与程序保障——民事诉讼程序之优化》,中国法制出版社1996年版,第158—159页。

② 何文燕:《论民事诉讼模式选择与审判方式改革》,载中国法学会诉讼法学研究会编:《诉讼法理论与实践(1996年卷)》,中国政法大学出版社1997年版,第357—359页。

'模式'……即是对某类事物或行为特征的概括或抽象。'模式'通过揭示该事物与他事物的本质属性来说明或表明此事物与彼事物的差异。人们正是利用'模式'的这种功能,将其运用在民事诉讼理论分析中,把对特定民事诉讼体制所表现出来的基本特征用'民事诉讼基本模式'的概念加以概括,进一步阐明此民事诉讼体制与彼民事诉讼体制的主要异同,分析民事诉讼基本模式与特定民事诉讼体制中各具体诉讼制度的相互关系,分析同类模式民事诉讼体制的形成中各外部因素的影响和作用。"①

赵刚教授对于民事诉讼模式的表述是:"民事诉讼模式是对民事诉讼程序和制度以及诉讼运行特征所作的一种宏观上的概括,是解决民事争议的总体上的诉讼结构。"②

江伟教授和刘荣军教授对民事诉讼模式的表述和说明是:"模式的基本含义是某一系统结构状态或过程状态经过简化、抽象所形成的样式。亦可说,模式是对某类事物或行为特征的概括或抽象,即模式通过揭示该事物与它事物的本质属性来说明或表明此事物与彼事物的差异……民事诉讼模式可定义为:支持民事诉讼制度和程序运作所形成的结构中各种基本要素及其关系的抽象形式。对这一概念的含义,可以分解如下:首先,民事诉讼模式是对民事诉讼程序及制度结构的抽象和概括。这是对民事诉讼模式涉及范围的限定。民事诉讼模式无疑是对民事诉讼制度及程序结构所作的高度概括化和抽象化。模式可以作为深入民事诉讼制度及程序内部结构的钥匙,并开启民事诉讼机制的所有装置。因此,模式首先要解决的问题是民事诉讼的结构成因、结构样式以及结构功能等问题。其次,民事诉讼模式是对民事诉讼结构的构成要素及其各要素之间的基本关系的抽象和概括……在这里,模式并没有远离它应该反映的民事诉讼现实,而是通过对各种要素及关系特征的信息反馈,拉近了彼此之间的距离。这是我们对模式功能的新认识。实际上也是考察和探讨现实中所谓民事诉讼的各种模式的结果。最后,民事诉讼模式依然表现为一种形式,实际上是为了与我们上述的作为一种理论构架来理解的观点相互照

---

① 张卫平:《民事诉讼法教程》,法律出版社 1998 年版,第 18 页。
② 赵刚、刘学在:《从法律文化背景看我国民事诉讼模式的选择》,载《武汉大学学报(哲学社会科学版)》1999 年第 2 期。

应。作为一种理论构架,它应该最大限度地集中反映民事诉讼制度及程序的主要特征。谓之为形式,是因为模式是载体,围绕模式的民事诉讼制度的要素及关系才是其内容。"①

汤维建教授对民事诉讼模式的描述为:"所谓模式,从哲学上理解,乃是指事物的各要素之间的有机组合以及由此所表现出来的动态特征。任何一个事物,包括民事诉讼程序在内,都是由若干重要的用以定性的要素构成的,这些要素表现为对立统一关系中的矛盾的主要方面,它们之间的关系直接规制和决定着该事物的性质和样态。同时也影响和决定着该事物的效用和功能。民事诉讼中有两个基本的要素:一是当事人,二是法院。当事人和法院在民事诉讼程序中具有各自的角色和作用,他们的诉讼行为推动着民事诉讼程序的进行……当事人和法院互为作用,共同作用于民事纠纷的解决。但他们之间的作用分担是不一样的,在有的诉讼程序中,当事人的作用大,法院的作用小;而在另外一些诉讼程序中,则当事人的作用小,法院的作用大。法院和当事人之间的作用分担是呈反比关系的。这样的作用大小的不同配置,就构成了民事诉讼的不同模式。因此,民事诉讼模式就是当事人和法院在诉讼程序中的关系结构,对这种关系的概括和抽象,就是民事诉讼程序的模式。"②

从前引各学者的表述来看,除了陈桂明教授和汤维建教授在其表述中,包含有对于民事诉讼模式的较为明确的界定外(陈桂明教授是把民事诉讼模式界定为法院与当事人之间诉讼权限的分配,汤维建教授把民事诉讼模式界定为当事人和法院在诉讼程序中的关系结构),其他各位学者对于民事诉讼模式的表述,均有一定的抽象性和模糊性。实际上即使是陈桂明教授和汤维建教授的表述,也都没有完全排除其对民事诉讼模式在定义上的模糊性。其他几位学者的表述,虽然文字冗长,但似乎也并没有完全表达清楚他们所要表明的观点,例如何文燕教授所说的"民事诉讼模式是一个综合性的抽象概念。是对民事诉讼体制及运行特征的综合表述。或者说是关于民事诉讼程序的基本要素及诉讼主体在民事诉讼过程

---

① 江伟、刘荣军:《民事诉讼中当事人与法院的作用分担——兼论民事诉讼模式》,载《法学家》1999年第3期。
② 汤维建:《民事诉讼法学》,北京大学出版社2008年版,第60—63页。

中的地位、作用相互关系的基本概括。也称为诉讼结构。它表明一国民事诉讼的宏观样式";张卫平教授所说的"所谓民事诉讼模式,是指反映或表现某一民事诉讼中诉讼主体之间基本关系特征的结构方式";赵刚和刘学在两位教授所说的"民事诉讼模式是对民事诉讼程序和制度以及诉讼运行特征所作的一种宏观上的概括,是解决民事争议的总体上的诉讼结构";江伟和刘荣军两位教授所说的"民事诉讼模式可定义为:支持民事诉讼制度和程序运作所形成的结构中各种基本要素及其关系的抽象形式"等。我们仅仅通过他们这样的表述,能够知道他们所要说明的民事诉讼模式是什么东西吗?很困难。不错,前述几位学者在界定民事诉讼模式的时候都使用了"结构"这样共同的语词,可"民事诉讼结构"又是什么?用一个涵义未经确定的语词去定义另外一个涵义不确定的语词,显然是不成功的定义。这也是我不得不对他们的表述进行大段引述的原因,我本人竭力想准确地把握他们所要表达的思想,也想要本书的读者能够准确地把握他们的思想,因此必须更多一点地去咀嚼他们围绕着民事诉讼模式概念所表述的每一句话以及每一个词,以期从总体上把握他们的思想。通过这样的方式,我们基本上能够对何文燕教授和赵刚、刘学在两位教授的观点有所把握。但是对于张卫平教授和江伟、刘荣军两位教授的观点,尤其是后者,若不对他们关于民事诉讼模式的专门著述进行更深程度的阅读,仍然难以看出他们真正想要表达的是什么。

在进一步的阅读后,我们会发现,以上各位学者在对各国民事诉讼模式类型进行讨论时,基本上都将各国当下的民事诉讼模式归为两类,也就是当事人主义诉讼模式和职权主义诉讼模式。① 而所谓当事人主义或职权主义,所表达的就是诉权和审判权之间的关系构造问题,前者表达的是诉权占主导的关系构造,后者表达的是审判权主导的关系构造。因此上述各位学者费心表述和说明的民事诉讼模式概念,其所要表达的就是诉权和审判权之间的关系构造问题,他们之间在民事诉讼模式的涵义上,并无实质性的分歧。

---

① 见前引各学者相关著述。

三、民事诉讼体制

早在20世纪90年代中期,张卫平教授在讨论民事诉讼模式的时候,已经使用了民事诉讼体制的概念,并指出了体制分析的意义所在。他说:"民事诉讼体制是指一国民事诉讼运行的一整套规范化制度化的系统。它包括了若干具体的诉讼制度,如起诉制度、财产保全制度、先予执行制度、庭审制度、判决制度、上诉制度、再审制度和执行制度等。运用体制的概念从宏观的角度阐释民事诉讼制度主要是服从于逻辑演绎的需要,便于从整体和宏观方面把握民事诉讼的运行。"接着,张卫平教授提出:"民事诉讼基本模式是对特定或某一类民事诉讼体制基本特征的揭示。"在之后发表的观点中,张卫平教授始终把民事诉讼模式和民事诉讼体制两个概念联系在一起。至他出版《转换的逻辑——民事诉讼体制转型分析》(以下简称《转换的逻辑》)一书的时候,实际上已经弃用了民事诉讼模式概念,而完全改用诉讼体制的概念。根据张卫平教授的说法,"对民事诉讼的体制分析,是将调整民事诉讼这一特殊社会关系及过程的规范作为一种体制、一种整体结构所进行的考察和研究"。因此,他所使用的民事诉讼体制的概念,实际上是对一种研究的视角和方法的概括,是"提出一种新的问题框架。"张卫平教授接着说:"按照阿尔都塞的说法,问题框架是一整套设置和思考问题的方式,内在于思考者能够和不能够说出的话语之间,并限制着话语的界限。对民事诉讼体制的结构性分析,同样是作为一种问题框架将笔者的分析和考察限制在一种宏观的、整体的层面上,一切都是从宏观与整体的视角予以扫描,审视民事诉讼体制的自身结构、民事诉讼体制的发展和变化,考察民事诉讼体制与外部世界——经济体制、政治架构、意识观念、文化传统的关系。从这个意义上讲,与过去我们所限定或习惯的观察视角相比较,民事诉讼的体制分析无疑是一种新的视域。"①

从以上张卫平教授的表述可以看出,他所谓的民事诉讼体制,乃是一种分析问题的方法,也就是体制分析的方法。但他对于这个方法之具体特征的描述,虽然谈不上高度抽象,但还是存在模糊之处的,例如他的描

---

① 张卫平:《转换的逻辑——民事诉讼体制转型分析》,法律出版社2007年版,第1—2页。

述并没有使我们搞清楚民事诉讼体制的具体内容到底是什么。不过,从张卫平教授在同一专著中所讨论的问题来看,他所关注的重点,仍然是诉权和审判权之间的关系问题,例如他首先将英美法系和大陆法系民事诉讼称作当事人主导型的诉讼体制,而将前苏联、东欧以及我国既有的民事诉讼称作职权干预型的诉讼体制,之后继续展开讨论这两种诉讼体制形成的背景因素,最后通过对我国当下的社会背景及其发展趋势的判断,提出了我国的民事诉讼体制应当从职权干预型向当事人主导型转换的建议和转换的具体措施。因此,张卫平教授所说的民事诉讼体制概念,其内涵大致所指的,主要还是诉权和审判权之间的关系构造,也就是我所说的民事诉讼构造。基于此,我在本章后三节的讨论中,在涉及对张卫平教授有关民事诉讼构造的观点及其论证路径进行考察时,将主要以他在民事诉讼体制的概念下所表达的观点以及论证的路径为考察对象。

第二节 既有民事诉讼构造观概览

一、既有民事诉讼构造观的两个发展阶段

如前所述,我国学界关于民事诉讼构造问题的不同观点,主要体现在对民事诉讼模式或者张卫平教授所说的民事诉讼体制的讨论中。迄今为止,有关民事诉讼构造的主要观点,大致经历了两个发展阶段。第一个阶段大致从20世纪90年代初期开始,持续到21世纪第一个10年的中后期;第二个阶段自上一个阶段末开始至今。在第一个阶段的讨论中,学者们讨论的问题有二:一是对域外各国的民事诉讼构造,如何划分其类型;二是对我国当时的民事诉讼构造,如何定位,以及是否应当改革和如何进行改革。这一个阶段的理论观点,以当事人主义和职权主义为关键词。在第二个阶段的讨论中,一部分学者关注的重点已经不是当事人主义和职权主义如何划分以及我国民事诉讼是否应采当事人主义的改革方向,而是提出了一种新的诉讼构造观,也即所谓协同主义的诉讼模式,认为我国民事诉讼应当以协同主义作为改革的方向或者指导思想。而另一部分学者则对协同主义的观点提出了质疑。这一阶段的理论观点,以协同主义为关键词。

二、第一阶段的民事诉讼构造观

前已指出,这一阶段的民事诉讼构造研究,主要涉及三个问题,第一个问题是对域外各国民事诉讼构造应当如何进行类型的划分,第二个问题是对我国当时的民事诉讼构造应当如何认识,第三个问题是我国民事诉讼构造应如何改革。

(一)关于对域外各国民事诉讼构造的类型划分问题

关于对域外各国民事诉讼构造的类型如何划分问题,从我之前对民事诉讼模式以及民事诉讼体制进行概念分析的内容中,已经可以管窥。简单来说,多数学者是将英美法系归入当事人主义的标签下,而将大陆法系归入职权主义的标签下。而另一部分学者却认为,英美法系和大陆法系在本质上都属于当事人主义,只有前苏联、前东欧各国和我国当时的民事诉讼属于职权主义。

持前一观点的学者如王韶华、田平安教授、陈桂明教授、何文燕教授、汤维建教授以及赵刚教授等。例如,早在1991年,王韶华就指出:"当事人主义和职权主义是当今各国民事诉讼方式的基本分类,英美法系国家多采当事人主义,大陆法系多采职权主义。"①田平安教授对此观点表示支持②,陈桂明教授则对田平安教授的观点表示支持。③ 此外,何文燕教授也认为:"从总体上看,当事人主义的诉讼模式主要实行于英美法系国家,大陆法系国家则大多采用职权主义诉讼模式。"④

汤维建教授则进一步指出:"……在英美法系国家的民事诉讼程序中,当事人始终处在能动的、积极的状态,他们不仅决定着诉讼程序的发生、变更或消灭,而且决定着诉讼的内容和法官行使审判权的范围,同时还决定着诉讼程序的运作方式,并负责具体的纯粹程序事项。正是在此意义上,英美法系国家的法理才称之为'对抗制',大陆法系的学理则将

---

① 王韶华:《试析民事诉讼中超职权主义现象》,载《中外法学》1991年第2期。
② 田平安:《我国民事诉讼构筑模式初探》,载《中外法学》1994年第5期。
③ 陈桂明:《诉讼公正与程序保障——民事诉讼程序之优化》,中国法制出版社1996年版,第161页。
④ 何文燕:《论民事诉讼模式选择与审判方式改革》,载中国法学会诉讼法学研究会编:《诉讼法理论与实践(1996年卷)》,中国政法大学出版社1997年版,第359页。

对抗制转译为'当事人主义'……这种诉讼模式便为当事人主义的诉讼模式,也可以称之为'以当事人为中心的诉讼模式'……大陆法系国家的民事诉讼程序模式一般被称为'职权主义的诉讼模式'或'以法官为中心的诉讼模式',其职权主义的因素主要表现在两个方面:其一,在诉讼资料和证据资料的收集上,法官起着积极的作用。其二,在诉讼程序的进行中,法官起着主宰和推动的作用。"①

赵刚和刘学在两位教授也认为:"法学理论界一般认为有两种基本的民事诉讼模式,即注重法院职权作用的职权主义诉讼模式和注重当事人行为对抗的当事人主义诉讼模式,前者以大陆法系的德国、日本等为代表,后者则以普通法系的英国、美国等为代表。在职权主义的诉讼模式下,法官在诉讼活动中处于主导者和指挥者的地位,主持诉讼活动的展开以保证诉讼活动在有序和公正的条件下进行。在当事人主义诉讼模式下,诉讼被看成是当事人之间的私人事务,当事人在整个诉讼活动中处于主导地位,法官则相对处于消极、被动的地位,不介入当事人的辩论,只在辩论终结阶段作出决定,并且禁止法官主动调查收集证据和积极地谋求和解。"②

持后一观点的学者包括张卫平教授、肖建国教授和李浩教授等,江伟和刘荣军两位教授在某种程度上也是赞同后一观点的。张卫平教授是后一观点的首倡者。他认为:"当事人主义主要包括以下两方面的含义。其一,民事诉讼程序(包括民事诉讼中各种附带程序和子程序,例如财产保全程序、先予执行程序等等)的启动、继续依赖于当事人,法院或法官不能主动依职权启动和推进民事诉讼程序;其二,法院或法官裁判所依赖的证据资料只能依赖于当事人,作为法院判断的对象的主张只能来源于当事人,法院或法官不能在当事人指明的证据范围以外主动收集证据。按照大陆法系诉讼理论的一般认识,还把当事人应当在民事诉讼程序启动、诉讼终了和诉讼对象的决定等方面拥有主导权的原理称为'处分权主义'。当事人对诉讼程序的继续应有主导权的法理称为'当事人进行主义'。作为法院判断的对象的主张受当事人的限制,证据资料只能来源于当事

---

① 汤维建:《民事诉讼法学》,北京大学出版社 2008 年版,第 62—63 页。
② 赵刚、刘学在:《从法律文化背景看我国民事诉讼模式的选择》,载《武汉大学学报(哲学社会科学版)》1999 年第 2 期。

人的法理则称为'辩论主义'(作为广义的辩论主义包括处分权主义)。处分权主义和辩论主义是当事人主义的核心和基调……笔者一直主张把英美法系民事诉讼体制和大陆法系民事诉讼体制归入同一基本模式——当事人主义,就是因为英美法系民事诉讼体制和大陆法系民事诉讼体制完全符合当事人主义的基本特征和质的规定性。"从以上论点出发,张卫平教授对他的观点进行了详细的论证。① 当然,张卫平教授也承认英美法系和大陆法系之间存在区别。他认为,如果把英美法系定位在绝对当事人主义一端,前苏联定位在绝对职权主义一端,则大陆法系可称为"亚当事人主义"。而大陆法系国家中的日本由于受到美国的影响,较之德国、法国、奥地利以及意大利诸国,其当事人主导的色彩更浓一些。② 从张卫平教授之前和之后所发表的关于民事诉讼模式问题的文章和著述来看,他一直致力于对自己上述观点的论证和完善,直到放弃民事诉讼模式概念,采用民事诉讼体制概念,以及将当事人主义和职权主义的表述替换为"当事人主导型诉讼体制"和"职权干预型诉讼体制",他的努力一直没有停止。③

肖建国教授所持观点与张卫平教授相似,但其在对职权主义的解读上,则与张卫平教授稍有不同。他认为,当事人主义是当今西方国家民事诉讼的基本模式,它的内核与根本支柱是辩论主义,处分权主义和当事人进行主义的意义次之。在当事人主义的内部构成上,又分对抗制和纠问制两种,前者是英美当事人主义简称,也包括法国的民事诉讼模式;后者是以德国为代表的一些大陆法系国家当事人主义的简称。两种当事人主义之间没有根本区别,二者的现存区别主要是度的问题,也即对诉讼程序的控制权在法院与当事人之间进行不同分配而已。而职权主义作为当事

---

① 张卫平:《民事诉讼基本模式:转换与选择之根据》,载《现代法学》1996 年第 6 期。
② 张卫平:《民事诉讼基本模式的基本类型及划分依据》,载中国法学会诉讼法学研究会编:《诉讼法理论与实践(1996 年卷)》,中国政法大学出版社 1997 年版,第 353—354 页。
③ 见张卫平:《当事人主义与职权主义——两种民事诉讼基本模式的比较分析》,载《外国法学研究》1993 年第 1 期;《大陆法系民事诉讼与英美法系民事诉讼——两种诉讼体制的比较分析(上)》,载《法学评论》1996 年第 4 期;《民事诉讼基本模式:转换与选择之根据》,载《现代法学》1996 年第 6 期;《民事诉讼基本模式的基本类型及划分依据》,载中国法学会诉讼法学研究会编:《诉讼法理论与实践(1996 年卷)》,中国政法大学出版社 1997 年版;《民事诉讼法教程》,法律出版社 1998 年版,第 19—25 页;《转换的逻辑——民事诉讼体制转型分析》,法律出版社 2007 年版,导论、第一章和第二章。

人主义的对立物,只存在于前苏联和东欧少数国家的民事诉讼中。但是,肖建国教授认为,对诉讼程序进行的职权干预并不反映民事诉讼模式质的规定性,而只有职权探知主义才是职权主义的本质所在。①

李浩教授基本上也是支持前述张卫平教授和肖建国教授的立场,认为美国与德国在民事诉讼基本模式上均采用当事人主义,但他的观点与张卫平教授并不完全相同。他认为:"美国的当事人主义色彩更浓,诉讼成为双方律师依照严格程序规则进行的竞技,法官则仅扮演消极仲裁人的角色。德国的法官在诉讼指挥和查明案件事实真相上发挥着积极的作用,诉讼中的职权成分明显地大于美国。"②

就江伟和刘荣军两位教授的观点来看,他们距离后一观点更近一些,我们从总体上可以将其归入张卫平教授一方。但是他们的具体观点却与张卫平教授有着比较大的区别。他们的观点是:"前苏联和东欧国家的民事诉讼模式属于职权主义。在资产阶级革命以前,欧美各国的民事诉讼普遍实施的就是职权主义,资产阶级革命后一度改行当事人主义。在19世纪产业革命的浪潮中,以至整个20世纪,各国在修改民事诉讼法时又加强了职权主义的色彩……在民事诉讼法典中首先确立当事人主义的是1806年制定的法国民事诉讼法典。1877年制定的德国民事诉讼法典和1891年制定的日本民事诉讼法典等都确立了当事人主义……职权主义民事诉讼法典的典型代表是1895年制定的奥地利民事诉讼法,1924年修改后,引入了当事人主义的很多规定,但可视为是职权主义的附庸。甚至连当事人主义的鼻祖法国从1935年开始,在遭受法国人民抵触的情况下,也逐渐导入了职权主义的一些规定。德国1976年民事诉讼简易化法也有此倾向。更为令人深思的是,1991年美国司法制度改革法和1995—1996年英国沃尔夫勋爵组成的司法改革小组拟订的方案(Access to Justice),都对英美法官在民事诉讼程序中的超然地位进行反省,强调了法官对程序的干预。对此,日本学者江藤价泰曾形象地称19世纪的民事诉讼法为当事人主义型,而20世纪的民事诉讼法则为职权主义型……但是,尽管在18—20世纪,各国民事诉讼出现了当事人主义向职权主义的过

---

① 肖建国:《民事诉讼程序价值论》,中国人民大学出版社2000年版,第117—118页。
② 李浩:《法官素质与民事诉讼模式的选择》,载《法学研究》1998年第3期。

渡,并不意味着各国的历史背景是相同的。不仅在不同法系的国家之间,而且在相同法系的国家之间,由于文化历史背景以及当时各国政治、经济状况的不同,都会导致当事人主义和职权主义在各自民事诉讼制度中的表现形式和内涵的差异。"① 上述关于大陆法系和英美法系诉讼模式发展的趋势,陈桂明教授也有阐述②,但是陈教授的分析是在其将英美法系归入当事人主义诉讼模式,把大陆法系归入职权主义诉讼模式的前提下展开的,而江伟和刘荣军两位教授是在将英美法系与大陆法系都归入当事人主义诉讼模式的前提下展开的。

（二）关于对我国当时的民事诉讼构造如何认识的问题

前述对大陆法系和英美法系各国民事诉讼模式之类型归属持不同观点的两派学者,其中具有一定共性的看法,是将我国列入职权主义的模式中。当然,一些学者也对我国1982年颁布的《民事诉讼法(试行)》所采模式和1991年颁布的《民事诉讼法》(以下简称1991年《民事诉讼法》)的模式取向进行了区分,认为《民事诉讼法(试行)》应当属于超职权主义的诉讼模式,而1991年《民事诉讼法》在法官职权上有所减弱。

例如,王韶华早在1991年就对我国当时民事诉讼中的"超职权主义现象"进行了分析。他认为,我国当时民事诉讼中的超职权主义现象,体现在若干方面:第一,法院的裁决不以当事人诉讼请求的范围为限;第二,法院对当事人的一切处分行为都进行干预;第三,收集、调查证据由法院包揽;第四,法院主宰着庭审进行,当事人陷入被动地位;第五,法院违背当事人意愿,"压服"当事人调解。从王韶华的分析对象看,他所指的不仅仅是当时的立法规定,还包括当时的民事诉讼实践,因为他指出的上述几点,是"现象",而不是规定。另外,他在讨论上述第一点"超职权主义"的现象时,和法国、德国、日本以及我国台湾地区的制度进行了比较,在讨论第三点的时候,和域外"谁主张谁举证"的证明责任的一般分配原理进行了比较。王韶华进而指出,我国民事诉讼中的超职权主义现象带来了如下危害:第一,损害了我国民事诉讼的民主性,第二,造成了诉讼拖

---

① 江伟、刘荣军:《民事诉讼中当事人与法院的作用分担——兼论民事诉讼模式》,载《法学家》1999年第3期。

② 陈桂明:《诉讼公正与程序保障——民事诉讼程序之优化》,中国法制出版社1996年版,第167页。

延和讼累;第三,导致法官专断,有损于法院的公正形象;第四,忽视当事人在诉讼中的作用,不利于查清案件事实。①

上述王韶华的观点,被陈桂明教授全盘接受。陈桂明教授也认为《民事诉讼法(试行)》所确定的是超职权主义的诉讼模式,而且陈桂明教授考察的对象也包括《民事诉讼法(试行)》的规定和当时的民事诉讼实践,只不过他把王韶华所使用的"现象"改成了"倾向",把王韶华所指出的上述第一点改成了第二点,第二点改成了第四点,第三点改成了第一点,第四点改成了第五点和第六点,第五点改成了第三点。此外,对于王韶华所指出的超职权主义的危害,陈桂明教授也照单全收,只是在表述的顺序上做了调整。前述王韶华的观点发表于1991年,仅对《民事诉讼法(试行)》以及施行期间的情况进行了考察。而陈桂明教授的观点发表于1996年,因此可以就1991年《民事诉讼法》相对于《民事诉讼法(试行)》的变化做了考察。陈教授认为1991年《民事诉讼法》已经对法院职权作了一定程度上的弱化,这种弱化体现在:第一,缩小法院职权调查的范围,加重当事人举证责任;第二,强调调解的自愿性;第三,缩小法院职权裁定财产保全的范围,强化当事人申请的作用;第四,取消法院职权裁定先予执行的职权,强化当事人申请的作用;第五,二审审理范围由全面职权审查改为限于上诉请求的有关事实和法律;第六,缩小法院职权移送执行的案件范围,强化当事人申请的作用,等等。但是,我国民事诉讼模式仍然表现出较强的职权主义色彩,仍然属于职权主义的模式取向。②

但是,田平安教授则提出了不同的看法。他不仅认为1991年《民事诉讼法》大大弱化了法院的职权。而且他认为,新法在内容上的这些变化,已经导致了我国民事诉讼模式的悄悄改变,"这种改变客观上迎合了世界的潮流,朝着适应自身政治、经济、文化的方向迈进。它既不是极端的'职权主义'也不是极端的'当事人主义'模式。它熔当事人主义与职权主义为一体,既体现和反映了审判者——法院的组织、指挥的职能,又体现了当事人诉讼主体的地位。诉讼是法院的审判权与当事人的诉权共

---

①　王韶华:《试析民事诉讼中超职权主义现象》,载《中外法学》1991年第2期。
②　陈桂明:《诉讼公正与程序保障——民事诉讼程序之优化》,中国法制出版社1996年版,第168—183页。

同作用的结果和表现,将法院作为第三者"束之高阁"或视当事人为诉追的客体都是不可取的。新民事诉讼法的最大贡献是将法院的审判权与当事人的诉权比较完善地统一起来……大胆节制法院的不必要干预,勇敢扩展当事人在诉讼中的积极作用……可以称为'混合主义'民事诉讼模式。"①

田平安教授的上述观点,得到了何文燕教授的认同。何教授认为,改革开放以前一段时期内,我国可以说是超职权主义的诉讼模式,是我国法制建设处于非正常阶段的畸形司法现象,但《民事诉讼法(试行)》颁布以后,这种情况已经有所改善。而1991年《民事诉讼法》颁布实施后,进一步明确了民事诉讼目的,引起了民事诉讼机制的转换,民事诉讼模式也随之发生了变革。"因此可以认为,我国现行民事诉讼模式是一种兼有职权主义基本因素和当事人主义某些特点的'混合'诉讼模式。"②

就以上田平安与何文燕两位教授以及其他学者所主张的混合主义诉讼模式的观点,张卫平教授明确表达了不同意见。根据他的分类,我国传统民事诉讼(这里的"传统民事诉讼",指的应该是1982年的试行民事诉讼法及其实践——作者注)和前苏联一样,都属于职权主义的民事诉讼模式。这种模式与计划经济体制在目的上相合。随着我国逐步向市场经济体制转型,这种诉讼模式显然已经不适应经济体制的要求,因此1991年《民事诉讼法》弱化了法院职权,强调了当事人的主动性和处分自由。但是还谈不上是体制性的改革,还没有使1991年《民事诉讼法》摆脱职权主义的性质。之后持续进行的民事审判方式改革,实际上呈现了一种从职权主义向当事人主义转换的趋势。但是,由于当事人主义和职权主义有着本质的区别,要么采当事人主导的体制,要么采法官职权主导的体制,二者不可能混合。因此张卫平教授明确反对所谓"混合主义"的诉讼模式的提法。③ 实际上,陈桂明教授也曾明确指出:"'混合主义'模式是相对于典型的当事人主义和典型的职权主义而言的,认为我国现行民事诉讼模式是介于二者(当事人主义和职权主义——作者注)之中的一种,那

---

① 田平安:《我国民事诉讼构筑模式初探》,载《中外法学》1994年第5期。
② 何文燕:《论民事诉讼模式选择与审判方式改革》,载中国法学会诉讼法学研究会编:《诉讼法理论与实践(1996年卷)》,中国政法大学出版社1997年版,第366—370页。
③ 张卫平:《民事诉讼基本模式:转换与选择之根据》,载《现代法学》1996年第6期。

么,称之为'混合主义'就未免失当。"①

汤维建教授也认为,我国民事诉讼模式虽然不是完全静止不变,但是在性质上基本未变。将我国当下民事诉讼模式称为当事人主义显然不当,但是也不同于大陆法系国家的职权主义,与原苏联的集权主义也有区别,因此可以称为"干预主义的诉讼模式"。理由是:第一,在我国,当事人对于诉讼程序的启动、终结、变化和审理对象的确定,并不享有绝对的处分权,甚至可以说不享有充分的处分权;第二,在事实主张和证据的收集问题上,我国并没有施行真正的辩论主义;第三,在诉讼程序的选择和控制上,我国民事诉讼法基本上实行职权进行主义,当事人不享有程序的选择权和控制权。② 就以上汤维建教授的观点来看,其在这一问题上的立场与张卫平教授接近。

(三)关于我国民事诉讼之构造应如何改革的问题

我国学界之所以对域外民事诉讼构造的模式划分展开讨论,以及对我国当时民事诉讼构造的模式归属展开讨论,其目的都是要为我国民事诉讼构造寻找一个可行的改革方向。因此,我国民事诉讼程序应当如何构造,才是学界各观点争论的目的所在。所以我们大致看一下各不同的观点,会发现他们有一个共同的特点,就是先对域外各国的民事诉讼构造进行模式划分,一般是划分为当事人主义和职权主义,然后对我国当下的模式归属进行定位,接下来对我国民事诉讼构造的应然方向提出建议。我们仍旧以前述各位学者为例,来看看他们对我国民事诉讼构造应当如何改革所提出的各种看法。

(1)混合主义的观点。如前所述,混合主义是田平安教授的观点。田教授认为,各国都有自己的国情,中国也有自己的国情,因此过分强调从职权主义向当事人主义转换,并不符合我国的现实。1991年《民事诉讼法》已经绘成混合主义的蓝图,因此之后需要做的乃是加紧建设混合主义的民事诉讼模式。③

(2)现代职权主义的观点。这是何文燕教授的观点。何教授认为,

---

① 陈桂明:《诉讼公正与程序保障——民事诉讼程序之优化》,中国法制出版社1996年版,第182页。
② 汤维建:《民事诉讼法学》,北京大学出版社2008年版,第67—68页。
③ 田平安:《我国民事诉讼构筑模式初探》,载《中外法学》1994年第5期。

应立足我国国情,以现行的职权主义民事诉讼模式为基础,兼采当事人主义和职权主义之长,构建高度兼容的民事诉讼模式。这种模式既保持法院应有的主导作用,又突出当事人的主体地位,重视当事人的诉权行使。在当事人诉权和法院审判权的设置上更趋于科学化与合理化。这种新模式可以称为现代职权主义模式。① 我们可以看出,何文燕教授所谓的现代职权主义,与田平安教授的混合主义,在基本精神上接近。另外,赵刚和刘学在两位教授从法律文化的角度出发,也支持我国以大陆法系的职权主义为参照系,适当借鉴、吸收英美当事人主义模式中的合理因素,将其融于自己的法律文化机体之中,建立符合我国国情的职权主义诉讼模式。② 此与何文燕教授的观点有相似之处,但似乎更加靠近我在下面将要考察的当事人主义的观点。

(3)当事人主义取向的观点。其又可以分为几种具体的取向。

一是陈桂明教授的当事人主义为主、职权主义为辅的取向。陈桂明教授认为,我国民事诉讼模式究应何种程度上加以改革,是一个无法量化的难题。但是,由于我国强职权主义生存的历史文化因素很难改变,法院实行强职权主义的行为惯性很难减弱,故应强调和注重当事人主义。但是从最终目的上来说,不应当是美式的当事人主义,充其量是当事人主义为主、职权主义为辅的诉讼模式。③ 结合陈桂明教授之前对域外当事人主义和职权主义的理解,这里的当事人主义应该是指英美法系的诉讼模式取向,而职权主义指的是大陆法系的诉讼模式取向。

二是汤维建教授的终极当事人主义论。汤维建教授主张,民事诉讼模式上的每一次变化,都是朝着一个总的方向:淡化干预主义,越过职权主义,迈向当事人主义。现在要做的工作一方面是强化当事人的主体地位,使之享有充分的程序权利来追求有利的诉讼结果,并对法官行使审判权加以足够的制约;另一方面是对当事人所享有的充分的诉讼权利给予实实

---

① 何文燕:《论民事诉讼模式选择与审判方式改革》,载中国法学会诉讼法学研究会编:《诉讼法理论与实践(1996年卷)》,中国政法大学出版社1997年版,第372—373页。
② 赵刚、刘学在:《从法律文化背景看我国民事诉讼模式的选择》,载《武汉大学学报(哲学社会科学版)》1999年第2期。
③ 陈桂明:《诉讼公正与程序保障——民事诉讼程序之优化》,中国法制出版社1996年版,第185页。

在在的保障。① 结合汤维建教授之前对域外当事人主义和职权主义的理解来看,他在这里所说的当事人主义,应该也是指英美法系的诉讼模式取向。

三是张卫平教授的大陆法系的当事人主导型诉讼体制。张卫平教授认为,无论是大陆法系还是英美法系的诉讼体制,都基本正确反映了市场经济社会中民事纠纷解决的本质,体现了民事实体法律关系与民事诉讼法律关系内在的统一性。先进的诉讼制度是人类共同的知识财富,对于适应商品经济发展,能够充分反映商品经济社会民事纠纷解决特性的民事诉讼体制,我们没有理由加以拒绝。我国实体法以及整个法律体系的建构不能摆脱对西方实体法以及整个法律体系的借鉴和移植,民事诉讼体制的建构也是这样。但是,我国的诉讼体制属于大陆法系的诉讼体制,无法与具有大陆法系传统的实体法、法律概念、法律理论和法律思维割离开来,而与英美法系的实体法、法律概念、法律理论以及法律思维相距甚远,因此应以大陆法系当事人主导型的诉讼模式作为借鉴的对象。②

肖建国教授的观点与上述张卫平教授的主张相近。肖教授首先认为,"改革我国传统的民事诉讼模式,使之由职权主义转变为当事人主义,已成为学者们的共识";接着他指出,对抗制(的当事人主义)虽然突出了程序公正价值,但是不符合程序效益价值。而纠问制(的当事人主义)在有法治传统并且法官素质较高的情况下,既能保证程序的公正性,又能防止当事人故意拖延诉讼,迅速经济地解决纠纷。③

四是李浩教授的当事人主义取向。与前述几位学者不同的是,李浩教授是从法官素质的角度展开论证的。他认为,任何诉讼模式都是由人来运作的,这些运作者包括法官、当事人、律师等。一种诉讼模式是否比另一种诉讼模式更有利于实现民事诉讼的目的,更具有优越性,除了诉讼模式本身的构造和特点外,还在很大程度上取决于诉讼模式参与者的素质。在诉讼中,法官既是程序的管理者,又是裁判的决定者,其地位和作用的重要性是显而易见的。因此,在讨论应当选择什么样的诉讼模式时,把我国法官的素质,尤其是司法职业道德方面的素质,作为一个重要的相

---

① 汤维建:《民事诉讼法学》,北京大学出版社 2008 年版,第 68—69 页。
② 张卫平:《转换的逻辑——民事诉讼体制转型分析》,法律出版社 2007 年版,第 336—343 页。
③ 肖建国:《民事诉讼程序价值论》,中国人民大学出版社 2000 年版,第 120 页、124 页。

关因素考虑进去无论如何是必要的。职权主义和混合式诉讼模式有利于实现实体公正的预置的前提条件是法官具有包括公正的司法品格在内的良好的素质,如果一些法官缺乏作为司法者应有的道德品格,如果一些法官司法行为的公正性存在疑问,职权主义及混合式诉讼模式的优越性就难以发挥,它们或许不仅不能带来人们所希冀的实体公正,而且连实行当事人主义本来能够获得的程序公正也会丧失。与职权主义相比,法官个人的素养和品格在当事人主义诉讼模式中对司法公正的影响相对来说要小,甚至小的多。就我国的情况来看,首先,从整体上看,与发达国家相比,我国法官的法律专业素质偏低;其次,我国相当多的法官缺乏程序公正的理念;最后,司法腐败问题相当严重。因此,我国应抛弃职权主义,而采当事人主义。这既是基于我国法官的素质而应当作出的选择,也有利于遏制司法腐败,还有助于减少和消除当事人及其诉讼代理人拉拢、腐蚀法官的行为,有利于程序公正理念的确立和治疗轻视程序的病疾。① 李浩教授在关于域外各国民事诉讼模式的划分上是支持张卫平教授观点的。张卫平教授将英美法系和大陆法系都划入当事人主义。李浩教授在这里并没有明确指出我国应采何种当事人主义,但是从李浩教授在同一篇论文中指出德国和日本的法官素质很高这一点来看,他所说的因法官素质偏低而要采的当事人主义,应该不是大陆法系的当事人主义。那么他所指的也许是英美法系的当事人主义。不过,英美法系的法官素质也不比大陆法系的为低,而且从其遴选程序来看,还有可能比大陆法系的法官素质更高,这又如何解释法官素质与诉讼模式的关系呢?李浩教授在这一点上并未给出明确的说明。

(4)当事人主义与职权主义交错论的观点。江伟和刘荣军两位教授认为,在18到20世纪(根据同一篇文章之前的分析,似乎应该是19—20世纪——作者注),各国民事诉讼都发生了当事人主义向职权主义的过渡,在不同法系以及相同法系的国家之间,当事人主义和职权主义在民事诉讼制度中的内涵和表现形式都不同。即使是在原苏联国家,都存在着

---

① 李浩:《法官素质与民事诉讼模式的选择》,载《法学研究》1998年第3期。

当事人主义和职权主义相互交错的特征,我国也是这样。①

三、第二阶段的民事诉讼构造观

如我在本节开头的概述中所指出的,这一阶段关于民事诉讼构造问题的讨论,大概从 21 世纪第一个 10 年的中后期开始,直到现在。在这一阶段的讨论中,一部分学者提出了一种新的诉讼构造观,也即所谓协同主义(张卫平教授称之为协动主义,其他学者称之为协同主义)的诉讼模式,认为我国应当以协同主义作为民事诉讼改革的方向或者指导思想。而另一部分学者则对协同主义的观点提出了质疑。

(一)我国协同主义诉讼模式之观点兴起

从前一阶段学者对我国民事诉讼构造应当如何进行模式定位所展开的讨论中,我们已经可以发现我国当下学者们所谓的协同主义的魅影。早在 1994 年,田平安教授就主张在我国确立和完善兼顾当事人诉权和法院审判权的混合主义的诉讼模式。他的这一观点部分地得到何文燕教授、赵刚与刘学在两位教授的支持。从田平安教授对混合主义的阐述,我们可以发现其与学者们之后所讨论的协同主义之间,并非了无干相。根据田平安教授的说法,混合主义"既不是极端的'职权主义'也不是极端的'当事人主义'模式。它熔当事人主义与职权主义为一体,既体现和反映了审判者——法院的组织、指挥的职能,又体现了当事人诉讼主体的地位。诉讼是法院的审判权与当事人的诉权共同作用的结果和表现"②。田平安教授在提出他的混合主义的观点时,主要是基于我国当时的情况而言,尚未从域外寻找论证资源。

之后的 1996 年,陈桂明教授在讨论民事诉讼模式问题时,虽然从我国当时法官职权仍然过大的现实出发,支持采当事人主义的改革方向,但是他也指出两大法系的诉讼模式有着相互借鉴的趋势。③

1997 年,陈刚和翁晓斌两位教授在讨论民事诉讼目的时,开始提出

---

① 江伟、刘荣军:《民事诉讼中当事人与法院的作用分担——兼论民事诉讼模式》,载《法学家》1999 年第 3 期。
② 田平安:《我国民事诉讼模式构筑初探》,载《中外法学》1994 年第 5 期。
③ 陈桂明:《诉讼公正与程序保障——民事诉讼程序之优化》,中国法制出版社 1996 年版,第 167 页。

协同主义的诉讼构造观,主张法官在遵循处分原则和辩论主义原则的基础上,与当事人共同对事实和法律问题进行释明和讨论,协助当事人厘清权利和事实,以推动诉讼的进行和促进裁判时机的成熟。他们并且建议,我国应从行政管理型诉讼向协同主义诉讼发展。①

1999年,江伟与刘荣军两位教授在介绍德国的理论时,亦使用了协同主义的概念:"在德国,著名法官瓦塞曼在1978年出版了《社会民事诉讼》一书,主张当事人主义与职权主义的结合,即诉讼由以当事人双方和法院构成的共同体来协作运作,在法院和双方当事人之间设立对话的桥梁,通过对话促进纠纷的早期解决。这种模式被称为'协同主义'(Kooperationsmixime),它的特点在于各种解决力量在诉讼程序的集结,而且为了这种集结,诉讼程序应该是面向社会,求得实现社会公正和法律公正。"他们进而认为,我们应当从国外关于民事诉讼构造理论的变化中获得启示,"从中国的实践出发,尽快明确当事人与法院在民事诉讼中的权能划分,为两种权能的结合寻找有力的黏合剂,形成解决民事纠纷的互动机制"。② 至此,我国学界之协同主义的民事诉讼构造观,已经渐行渐近,呼之欲出。

2004年,学者张珉在前述江伟和刘荣军两位教授所提出的观点基础上,正式提出了协同主义概念,并进一步阐述道:"简单地讲,协同主义就是认为在民事诉讼中法官不能再袖手旁观也不能大包大揽,而是充分发挥其能动作用,如使双方享有实质对等的公平辩论机会,同时双方当事人之间也要合作共同发现真实、澄清事实。协同主义下,当事人相互之间以及当事人与法官之间不再是完全对立与消极中立的关系,而是合作的关系。由此,可将协同主义诉讼模式界定为:在民事诉讼中,充分发挥法官与当事人的积极作用,使法官与当事人间以及当事人相互间协作推进诉讼的一种诉讼模式。"③此后,该学者持续发表文章对协同主义展开论证。在2004年的另一篇文章中,提出协同主义是辩论主义的新发展:"传统辩

---

① 陈刚、翁晓斌:《民事诉讼制度目的》,载《南京大学法学评论》1997年春季号。转引自王福华:《民事诉讼专题研究》,中国法制出版社2007年版,第53页。
② 江伟、刘荣军:《民事诉讼中法院与当事人作用的分担——兼论民事诉讼模式》,载《法学家》1999年第3期。
③ 张珉:《协同主义的民事审前程序探析》,载《西南政法大学学报》2004年第5期。

论主义还会影响案件裁判的质量,使民众对司法的信任度降低,影响司法的权威性等等。所以,在这种情况下,不管是英美法系还是大陆法系国家都进行了民事司法改革,加强法官的职权,对当事人的处分权进行一定限制,使法官与当事人在事实主张与举证方面通力协作,共同促进诉讼,也即从辩论主义走向协同主义。"①2005 年,该学者进一步提出了"协同主义诉讼模式"的概念,主张协同主义诉讼模式应当是我国民事诉讼模式的新选择,并认为协同主义诉讼模式在我国民事诉讼中已经有所体现。② 到 2009 年,该学者的研究仍然在上述观点下展开,但可能是为了迎合自 2007 年以来的政治话语表述,以"和谐主义"的概念取代了"协同主义"的概念。③

在此期间,协同主义诉讼模式观也逐渐引起其他学者的关注。2005 年,唐力教授对协同主义的兴起及其涵义进行了详细地考证,其所发表的"辩论主义的嬗变与协同主义的兴起"堪称协同主义之力作。唐力教授认为,强调当事人与法院在作用上严格划分,并要求法院不能介入当事人支配之领域的古典辩论主义,乃是以自由主义为其思想基础。但是,随着社会的不断发展变化,单纯强调法律上的形式平等,已经无法实现实质正义,因此要求国家的积极介入,进而产生了"社会的民事诉讼观",协同主义因此兴起。与古典的当事人主义相比,协同主义融入了职权主义的内容,法官不再是一个消极的裁判者,而要就诉讼资料的形成发挥积极的作用,并注重案件实体真实的探知。不过,协同主义在调和当事人与法院的作用分担方面,尽管强调两者责任的融合,但当事人仍然是事实解明主要的责任承担者,或者说当事人对案件事实的解明承担第一责任,而法官则对案件事实的解明负第二次责任,或者称为辅助责任。除了在当事人与法官之间强调协同外,协同主义也应考虑到当事人双方之间诉讼关系的协同。从而,当事人的真实义务、法官的释明义务以及讨论义务,共同构

---

① 张珉:《试论辩论主义的新发展——协同主义》,载《新疆社会科学》2004 年第 6 期。
② 张珉:《协同主义诉讼模式:我国民事诉讼模式的新选择》,载《国家检察官学院学报》2005 年第 6 期。
③ 张珉:《论和谐主义诉讼模式下的民事证据收集制度》,载《华中师范大学学报(人文社科版)》2009 年第 1 期。

成了协同主义的核心内容。① 唐教授在其他的文章中,对其所持之协同主义观点,亦有阐述。②

2006年,肖建华教授也加入了协同主义阵营,连发两篇文章阐述其协同主义的观点。肖教授认为,之前以当事人主义为导向的民事审判方式改革出现了很多问题。此种改革的支持者忽视了两个事实:第一,古典的当事人对审主义和辩论主义中的自由主义倾向在20世纪已经发生了重大变化,以社会法学所支配的法律原则已经悄悄地渗透到民事诉讼中,对抗制和辩论主义都已经发生转型。第二,在司法权力化组织体系高度发达的中国,与其否定职权的作用不如承认审判权的作用并加以明确规范,促进司法者能动地输出正义。没有健全而有效的程序规范体系,没有与司法权力相统一的法院(法官)责任制度,没有建立严格恪守职业伦理的司法官队伍,就把发现事实的责任交给当事人,其实就是推卸发现案件事实的责任,放弃了对正义最低限度的追求。他经过考证认为,两大法系已经不约而同地走向了协同主义,加强当事人和法院之间的协作,促进法官在事实发现方面的能动性。协同主义主要是从当事人、法官相互之间的作用而言的,并不是要完全抛弃传统辩论主义,它主要是改变传统辩论主义之下法官的消极地位、克服其弊端而出现的,是在法官和当事人之间产生的一种崭新的诉讼结构。进而,他认为,协同主义切合中国传统文化的法律理想,因此将协同主义作为中国民事诉讼发展的方向,是可行的,有实效的。③

之后,其他一些学者也都纷纷表达了支持协同主义的观点。④

---

① 唐力:《辩论主义的嬗变与协同主义的兴起》,载《现代法学》2005年第6期。
② 唐力:《对话与沟通:民事诉讼构造之法理分析》,载《法学研究》2005年第1期。
③ 肖建华:《构建协同主义的民事诉讼模式》,载《政法论坛》2006年第5期;肖建华、李志丰:《从辩论主义到协同主义》,载《北京科技大学学报(社会科学版)》2006年第3期。
④ 参见吴杰:《辩论主义与协同主义的思辨——以德、日民事诉讼为中心》,载《法律科学》2008年第1期;《协同主义诉讼模式与和谐司法机制的建构——以释明权为中心的展开》,载《江苏行政学院学报》2009年第2期。奚玮:《协同主义民事诉讼模式的建立与和谐司法的实现——以证据收集为中心》,载《河北法学》2008年第3期。熊跃敏、周静:《诉讼程序运行中当事人与法院的作用分担论略——以协同进行主义为视角》,载《江海学刊》2009年第3期。郭美松:《论人事诉讼中辩论主义与职权探知主义的协同模式》,载《甘肃政法学院学报》总第110期,2010年5月。吴如巧、姜洁:《民事诉讼主体结构模型观——以诉讼模式为视角的分析》,载《重庆社会科学》2006年第6期。

（二）部分学者对协同主义诉讼模式观的质疑

在一部分学者转向鼓吹协同主义的时候，也有其他一些学者与其保持着距离。这些学者多数仍然是持当事人主义或者当事人主导的民事诉讼构造观，例如张卫平教授、陈桂明教授、李浩教授、汤维建教授、王福华教授等，他们均未明确表达支持协同主义的观点，相反，张卫平教授和王福华教授还明确表达了对于协同主义诉讼构造观的不同意见。除了他们以外，其他也还有学者表达了对于协同主义的疑问，例如学者孙永军即是。

张卫平教授没有使用协同主义概念，而是使用了"协动主义"的概念。在使用这一概念前，他对两大法系民事诉讼构造，也即他所称的"当事人主导型诉讼体制"的现代发展进行了详细地考察。他所得出的结论是，从总的趋势上看，在两大法系的民事诉讼中，法官在民事诉讼中的职权有所扩大。与之相应，当事人程序处分权的范围在缩小。与上述采当事人主导型诉讼体制的国家相反，原来坚持职权主义的国家，反而在不断弱化法院职权。他认为，采当事人主导型民事诉讼体制的国家对于法官职权的强化，其动因是提高诉讼效率，因此具有较强的功利色彩。西方有的学者从资本主义国家的社会化和福利化的角度来解释这种变化，提出了社会性民事诉讼的观点，并基于这一观点提出了协动主义（Kooperationsmaxime）①的概念，认为民事诉讼正从辩论主义走向协动主义。但实际上更多的学者只是认为辩论主义原则有所修正或者在诉讼中的规制有所缓和而已，被修正的辩论主义可被称为"古典辩论主义"。所谓协动主义，不过是辩论主义的修正者，而不是辩论主义的革命者。协动主义的学说在德国仍然属于"少数说"，并曾遭到其他学者的批评。② 基于此，张卫

---

① 江伟和刘荣军两位教授把同一个德文单词译为"协同主义"，可见张卫平教授的协动主义和前者所谓的协同主义，并无含义上的区别。参见江伟、刘荣军：《民事诉讼中法院与当事人作用的分担——兼论民事诉讼模式》，载《法学家》1999 年第 3 期。学者张珉所说的"协同主义"，应该来源于江伟和刘荣军两位教授的翻译。参见张珉：《协同主义的民事审前程序探析》，载《西南政法大学学报》2004 年第 5 期。我国其他学者所说的"协同主义"，又应该是对江伟、刘荣军两位教授以及学者张珉之概念的沿用。因此他们所谓的"协同主义"，与张卫平教授的"协动主义"，在涵义上也应该没有什么区别。

② 张卫平：《转换的逻辑——民事诉讼体制转型分析》，法律出版社 2007 年版，第 77—103 页。

平教授仍然力主我国的民事诉讼体制应当从职权干预型向当事人主导型转换,而不是建立什么协同主义的诉讼模式。

王福华教授对于协同主义的观点也提出了不同的看法。王教授认为,法院加强对当事人诉讼行为的干预,并非意味着协同主义就当然地成为取代当事人主义或职权主义的新型诉讼模式。他对协同主义提出了这样的质疑:"协同主义作为一个诉讼程序模式或原则,它项下的程序规则和诉讼权利义务是否具一般性、非矛盾性、明晰性、现实可能性、稳定性、权力与法律的一致性等属性?"他认为,在所谓的协同主义状态下,法官在发现事实中的职权探知只应当是辩论主义规则的一个例外情况,而不具有普适意义。协同主义理想与辩论主义支配下的诉讼现实之间是断裂的,其所描绘的完美形态不可能付诸实现。基于此,王福华教授虽然不反对就辩论主义的完善进行讨论,但是并不看好在我国建立协同主义诉讼构造的现实可能性。①

另外,学者孙永军也在认真考证后认为,西方各国的辩论主义,已经是经过修正的辩论主义,而我国一些学者在反思辩论主义的缺点时,所批判的对象却是未修正前的古典辩论主义。因此,协同主义的主张者误读了西方的民事司法改革,把修正后的辩论主义当作是协同主义。实际上西方国家在民事诉讼的基本价值观上并未变更,辩论主义仍然是民事诉讼构造的核心理念。他主张,未来我国的民事诉讼不应当是走向协同主义,而应是在坚持和深化辩论主义的前提下通过具体的制度完善,来提升当事人的程序主体性。②

(三)关于和谐主义诉讼模式之讨论

在协同主义概念逐渐流行的时候,又有人因应"和谐社会"的政治口号,提出了"和谐主义诉讼模式"的概念。2007 年,时任最高人民法院院长肖扬为响应执政党中央提出的"建设和谐社会"的号召,提出了"司法和谐"的要求或者说理念,随后,时任最高人民法院副院长黄松有就及时地提出了在我国建构"和谐主义诉讼模式"的观点。他写了两篇文章,一

---

① 王福华:《民事诉讼专题研究》,中国法制出版社 2007 年版,第 29—55 页;又见王福华:《民事诉讼协同主义:在理想和现实之间》,载《现代法学》2006 年第 6 期。

② 孙永军:《协同主义的追问与我国民事诉讼的未来》,载《河北法学》2009 年第 3 期。

篇发表在对审判实务影响较大的《人民司法》上,一篇发表在对法学理论研究影响较大的《法学研究》上。① 就其内容来看,不过是对协同主义重新进行了政治话语的解读或者包装而已。在此期间,2007年的民事诉讼法年会也将和谐主义诉讼模式作为会议的研讨主题,与会者有赞有弹,但自然是附和者众,质疑者寡。② 此后,个别原来协同主义的主张者,也改以和谐主义来表达其观点③,另有一些人虽未更改对协同主义的语词表达,但是也主动在其表述中嵌入了"和谐"字样。④

四、小结

以上各种观点,总结起来无非有三:一是主张采英美法系侧重于当事人主义的诉讼构造观;二是主张采大陆法系侧重于职权主义(张卫平教授认为两大法系都是当事人主导的诉讼体制,肖建国教授与李浩教授支持他的观点)的诉讼构造观;三是主张采介于当事人主义和职权主义之间的协同主义诉讼构造观(包括黄松有和张珉所谓的和谐主义诉讼构造观)。这些诉讼构造观均非我国本土生成,而是域外模板。论者之各种观点不过是照葫芦画瓢,对这些模板各取所需,剪剪裁裁而已。我们不能想象,若没有这些域外模板,国内关于民事诉讼构造的各种观点将如何建构?更或者,若没有这些域外模板,民事诉讼构造问题是否会成为我国民事诉讼法学领域内一个受关注的问题?令人不无疑问。因我国民事诉讼法学领域内所有过去或者当下所探讨的问题,几乎都是域外传来,若无域外之问题资源,我国学理在本土素材贫乏的时空环境下,未必就有能力建立自己的问题域。

---

① 黄松有:《建立和谐主义民事诉讼模式初探》,载《人民司法》2007年5月上半月刊;《和谐主义诉讼模式:理论基础与制度构建》,载《法学研究》2007年第4期。
② 牟肖媛、刘江:《和谐主义诉讼模式与民事程序法和实体法的关系——中国民事诉讼法学研究会2007年年会综述》,载《华东政法大学学报》2007年第4期。
③ 张珉:《论和谐主义诉讼模式下的民事证据收集制度》,载《华中师范大学学报(人文社科版)》2009年第1期。
④ 吴杰:《协同主义诉讼模式与和谐司法机制的建构——以释明权为中心的展开》,载《江苏行政学院学报》2009年第2期。奚玮:《协同主义民事诉讼模式的建立与和谐司法的实现——以证据收集为中心》,载《河北法学》2008年第3期。

第三节 既有民事诉讼构造观的价值困惑

民事诉讼程序应当在相应的价值目标引领下进行建构。在价值目标相同的情况下,所建构的诉讼程序可能是相似的。而在不同的价值目标下,所建构的诉讼程序则是不同的。当然,这一命题并非绝对。例如同样是在追求实体公正的价值目标下,有人会认为法官依职权调查取证更有利于接近案件真相,因此强调法官职权探知的作用;有人可能会认为当事人之间的对抗,将促使其竭力提供能够证明其主张的证据资料,因此更有利于使裁判认定的事实接近案件真相,从而强调当事人在诉讼中的能动作用。但是,在一般情况下,秉持不同的价值目标,所描绘的诉讼构造的图景是不相同的。这样就会导致一种情况,就是学者们在具体民事诉讼构造问题上的分歧,实际上源自其在民事诉讼程序之价值目标上的分歧。因此,他们关于民事诉讼构造的争论乃是一种表象,在表象之下所掩盖的,是关于民事诉讼程序应当追求何种价值目标的争论。我国既有之关于民事诉讼构造的研究就是如此——不是构造之争,而是价值目标之争。这是其一。其二,部分学者的研究,对于历史、政治、经济、社会、文化习俗等各种因素都做了考虑,但是却没有考虑民事诉讼程序所要追求的价值目标为何。这种研究实际上是描述性的,缺乏价值判断。而对我国民事诉讼构造未来图景的描绘,不可能完全价值无涉,仅仅通过对他国和我国既有之民事诉讼构造样态的描述即可完成。就此而言,若说我国既有之民事诉讼构造研究,存在着价值目标上的困惑,亦不为过。

一、既有民事诉讼构造观的价值取向

在前面我对国内既有之诉讼构造观进行考察时,将他们大致划分为混合主义、现代职权主义、当事人主义、当事人主义与职权主义交错论、协同主义以及和谐主义等几种类别。其中,当事人主义与职权主义交错论者在阐述其观点时,以德国等大陆法系国家的协同主义作为论据之一,因此大致也可以将其划入协同主义类别中;而和谐主义实际上就是以政治话语对协同主义进行的重新包装,所以大致也可以划入协同主义类别中。基于上述认识,以下分别按照混合主义或现代职权主义的价值选择、当事

人主义的价值选择以及协同主义的价值选择进行考察,不再将当事人主义与职权主义交错论以及和谐主义作为单独的观点类别来分析其价值取向。

(一)混合主义或现代职权主义的价值取向

田平安教授在提出其混合主义的主张时,并未明确表明其价值目标所在。但从他对混合主义的描述来看,乃是采价值均衡主义,也就是既支持当事人在诉讼中应当享有一定的自由,又同意法官一定程度的干预来保证诉讼效率,且促进实体上公正的实现。例如,他首先将他主张的民事诉讼模式(混合主义)描述为"熔当事人主义与职权主义为一体,既体现和反映了审判者——法院的组织、指挥的职能,又体现了当事人诉讼主体的地位。诉讼是法院的审判权与当事人的诉权共同作用的结果和表现,将法院作为第三者"束之高阁"或视当事人为诉追的客体都是不可取的"。田教授接着又进一步解释说:"诉讼是保护当事人的合法权益,审判也是保护当事人的权益,在诉讼中,除了追求当事权利外别无他求。"然而他又说"法官必要的积极性有助于正确、及时、合法地抑讼止纷"。同时,他还赞同1991年《民事诉讼法》"保证人民法院查明事实、分清是非,正确适用法律,及时审理民事案件"这样追求实体真实的任务和目标等。① 但是,由于田平安教授并未明确阐述他的价值主张,所以也没有就上述各价值间的冲突与协调问题展开更进一步的探讨。我国民事诉讼最近十几年的现实证明,要做到他所主张的价值均衡主义,并不像他设想的那样乐观。

如前曾述及,现代职权主义是何文燕教授的观点。赵刚与刘学在两位教授虽然主张以大陆法系的职权主义为参照系,但其又强调建立符合我国国情的职权主义诉讼模式,所以其观点也勉强可以列入这一阵营。

较之田平安教授的观点,何文燕教授在我国民事诉讼构造应当追求的价值目标上,阐述得更为清晰一些。他首先基于事实性因素,认为诉讼模式的全局性转变是应否定的。接着他指出,当事人主义的价值基础是程序公正,倾向于追求形式真实,不利于发现案件真相;在当事人贫富悬殊的情况下,也不可能保障当事人之间的平等。这与我国社会价值取向

---

① 田平安:《我国民事诉讼模式构筑初探》,载《中外法学》1994年第5期。

和民事诉讼目的有本质区别。在我国,保护民事权益和追求客观真实与平等,兼顾社会利益和个人利益是民事诉讼多层次目的的组成部分,实事求是仍是我国的指导思想和理论基础之一。我们不可能改变自己的理论基础或放弃某些诉讼目的去全部接受当事人主义模式,而且当事人主义离开他所依附的社会条件,也不可能发挥其原有的功能。① 可以看出,何教授之主张"现代职权主义",其所秉持的价值目标主要还是实体真实与公正,以及当事人之间地位的实质性平等。他对当事人主义所体现的尊重当事人自由以及程序公正优先的价值目标,并不完全赞同。这里的问题是,当事人处分的自由以及程序公正的价值,与当事人地位的平等以及实体公正优先的价值之间,是否一定是对立的关系?关于这一点,何教授并无进一步的分析和说明。

赵刚和刘学在两位教授在提出建立符合我国国情的职权主义诉讼模式时,是从法律文化的角度出发做出的选择。但是从他们的观点来看,并未对何为我国的法律文化给出清晰的描述,亦未对其所主张的基于国情的职权主义诉讼模式应当追求的价值目标有所阐述。因此,从总体上看,他们的研究结论乃是一种经验性判断,欠缺价值目标的引导。

(二)当事人主义取向的价值取向

前曾指出,我国学者所谓之当事人主义,有两种含义,一种是指英美法系的当事人主义,另一种是指包含英美法系和大陆法系的当事人主义。为了表述上的方便,我把前者称为狭义的当事人主义,把后者称为广义的当事人主义。其中,陈桂明教授和汤维建教授所持乃狭义的当事人主义,张卫平教授、李浩教授以及肖建国教授等均持广义的当事人主义。

陈桂明教授在其《诉讼公正与程序保障》一书中专设一章"诉讼模式保障论",显然他是将民事诉讼模式作为诉讼公正的一种保障来讨论的。换言之,诉讼公正即是陈教授所主张之诉讼构造理论的价值目标。他在分析大陆法系和英美法系民事诉讼模式时,也明确指出,评价某一种诉讼模式好与不好的标准首先在于它是否能保障诉讼公正。当然,他认为就两大法系的民事诉讼模式来看,不可武断地说哪一种就是公正的,或者哪

---

① 何文燕:《论民事诉讼模式选择与审判方式改革》,载中国法学会诉讼法学研究会编:《诉讼法理论与实践(1996年卷)》,中国政法大学出版社1997年版,第371—372页。

一种就是不公正的,在做出这一论断时,陈教授也引入了文化历史、法律传统、心理定势、经济基础、基本国情等诸多因素作为依据。不过,在他看来,英美法系的当事人主义可以包含更多当事人的意愿,缓解当事人之间的紧张关系,而大陆法系的职权主义则可以更好发挥法官的作用,一般来说其诉讼效率较高(这与我国其他大部分学者的观点类同)。陈教授主张我国的民事诉讼构造应当以当事人主义为主,职权主义为辅。① 因此,他更强调尊重或者保障当事人在民事诉讼中的意愿,也即自由的价值目标,而诉讼效率的价值则次之。汤维建教授的观点与陈桂明教授相近。他在主张淡化干预主义,越过职权主义和迈向当事人主义的时候,并没有就其所主张的诉讼模式的价值目标有所阐述。但是从他提出要强化当事人主体地位,使当事人有充分的诉讼权利来追求有利的诉讼结果来看,也是将程序的公正以及当事人的自由置于优先地位,而实体公正乃至诉讼效率的价值次之。②

张卫平教授在主张我国应以大陆法系当事人主导的模式来实现诉讼体制的转换时,曾在其所著《转换的逻辑》一书中,从三个方面讨论了程序价值与诉讼体制的关系。首先,他在第五章第六节,专门就"程序正义的认知与民事诉讼体制的转换"进行了探讨。在这一节中,张卫平教授主张改变过去仅仅将程序作为实现实体正义的工具的观念,而要追求程序独立的价值。程序的独立价值主要是程序正义,也包括程序制约和吸收不满的功能价值,当然程序的这一功能价值的实现是以程序的正义为基础。但是,对于何为程序的正义,张卫平教授并没有给出明确的界定。他首先对西方学者主张的自然的正义和"正当法律程序"原理进行了考察,但是并未明确地以此为基础来建构他的程序正义观。相反,他却指出正义本身是一个历史范畴,它的内容是不断发展变化的。他又提到在刑事诉讼领域人们根据消极正义理论提出了最低限度程序公正的标准,但他同样也没有据此提出民事诉讼程序最低限度的公正标准应当如何。但是,张卫平教授认为:"当事人主导型诉讼体制从本质上更主张当事人的

---

① 陈桂明:《诉讼公正与程序保障——民事诉讼程序之优化》,中国法制出版社1996年版,第163—164页。
② 汤维建:《民事诉讼法学》,北京大学出版社2008年版,第68—69页。

主体性、平等对话、契约自由、公开性、裁判的中立性,与程序的各种要素均具有亲和性。也可以说当事人主导型诉讼体制的基本结构本身就反映了程序正义的基本要求。"据此,我们也许可以说张卫平教授所说的程序正义,其内容就是当事人的主体性、平等对话、契约自由、公开性、裁判的中立性等。其次,张卫平教授在《转换的逻辑》第九章第二节就"体制转型与诉讼效率、诉讼成本"进行了探讨。他首先认为,不能因为诉讼效率而牺牲程序正义。接着,他指出在中国当下之司法环境下,职权主义导致的当事人诉讼外成本,可能远远高于在当事人主义下所可能产生的诉讼成本。而且,诉讼效率低和成本高也不是当事人主义的必然产物。最后,张卫平教授还在前述第九章之第四节讨论了"体制转型与事实探知的相对化"问题,也即反对客观真实的证明标准而主张当事人主义下的法律真实的证明标准。① 可见,张卫平教授之主张"当事人主导的诉讼体制",乃是以程序正义为首要价值目标,至于程序效率以及实体真实(正义)等价值,并没有取得与程序正义相同的地位。

李浩教授主张"选择以当事人诉讼主体地位突出、法官职权小、程序公正具有独立价值和程序法约束严格为特征的当事人主义作为我国民事诉讼的基本模式。"从他的表述中可以看出,他和张卫平教授的观点相似,是以当事人的自由以及程序公正作为民事诉讼构造的基本价值目标。②

肖建国教授在其所著的《民事诉讼程序价值论》中,曾专门就民事诉讼程序价值与民事诉讼模式的关系展开讨论。他首先认为,理想的程序模式来自对程序公正的追求;然后指出,以辩论主义为核心的当事人主义乃是保障程序公正的诉讼模式。可见,肖建国教授明确地以程序公正作为建构民事诉讼构造模式的价值目标。③

通过以上分析可以看出,无论是主张狭义当事人主义还是广义当事人主义的学者,都是以程序公正或者程序正义作为引领其民事诉讼构造观的首要的价值目标。

---

① 张卫平:《转换的逻辑——民事诉讼体制转型分析》,法律出版社2007年版,第227—240页、第344—347页、第354—366页。
② 李浩:《法官素质与民事诉讼模式的选择》,载《法学研究》1998年第3期。
③ 肖建国:《民事诉讼程序价值论》,中国人民大学出版社2000年版,第120—121页。

（三）协同主义的价值取向

如前曾指出，在我国有关协同主义诉讼模式的形成过程中，除了田平安教授的混合主义、何文燕教授的现代职权主义等观点可能发挥的潜在作用外，陈刚和翁晓斌两位教授、江伟和刘荣军两位教授、学者张珉、唐力教授以及肖建华教授各自都发挥了积极的推动作用。

江伟与刘荣军两位教授在其文章中首先援引了德国学者提出的协同主义的观点，这一观点认为诉讼程序应该是面向社会，求得实现社会公正和法律公正，显然其价值目标乃是诉讼的社会效益价值和实体公正价值。同时他们又援引了日本学者之"新当事人主义"观点，强调以程序保障为目标，恢复当事人程序自治的地位。这一观点显然又更重视程序公正的价值目标。而他们对于我国民事诉讼构造的建议，又是"淡化模式论，重视程序内容的研究"这样涵义模糊的表述。① 因此，就像赵刚与刘学在两位教授一样，江伟和刘荣军两位教授的观点也反映不出他们所秉持的具体的价值目标到底为何，实际上我们也看不出他们在民事诉讼构造上的具体观点到底为何。

与江伟和刘荣军两位教授不同，学者张珉在立场鲜明地主张协同主义诉讼模式的同时，明确表明其所追求的价值目标是实体公正和程序公正之间寻求平衡，以及追求诉讼效率。②

唐力教授认为，古典辩论主义在实体法上私法自治的基础上以自由主义为其追求的价值目标。而在当今，在以当事人的自律性来寻找诉讼外的案件真实的过程中，还应追求诉讼的效率。他在继续阐述协同主义诉讼模式时，虽然仍然强调要坚持程序公正和对当事人的程序保障，但是已经更加重视实体真实的价值，并且重视法官对于事实解明的辅助责任。就此来看，他在主张协同主义的时候，其所秉持的价值目标也带有价值均衡主义的色彩，追求程序公正与实体公正的共同实现。

肖建华教授在主张将协同主义作为我国民事诉讼的理想图景的时候，认为协同主义有达致当事人之间对抗的实质均衡、并通过法院必要时

---

① 江伟、刘荣军：《民事诉讼中当事人与法院的作用分担——兼论民事诉讼模式》，载《法学家》1999 年第 3 期。
② 张珉：《协同主义诉讼模式：我国民事诉讼模式的新选择》，载《国家检察官学院学报》2005 年第 6 期。

行使阐明权而实现自然正义,由法官根据案件的具体情况在社会与个人之间实现利益平衡,对于实现实体公正、避免实质正义与程序正义的对立有重要作用。显然,他之主张协同主义,也是在实体公正和程序公正的价值目标之间寻求均衡。①

前最高人民法院副院长黄松有在提出和谐主义民事诉讼模式时,声明其所谓的和谐主义乃是吸收当事人主义和职权主义的合理元素,追求不同于"个体性正义"和"国家性正义"的"社会性正义",强调当事人的真实义务和法院的职权介入,要求在当事人和法院之间形成分工合作的关系,促进纠纷的解决。这样看来,黄松有所谓的和谐主义诉讼模式,应该也是在程序公正和实体公正之间寻求均衡。但是他又明确指出:"和谐主义诉讼模式的主要价值追求,是真正实现诉讼秩序的和谐,保障诉讼活动有序高效地运行,司法审判职能作用充分有效地发挥,形成和谐的司法环境,促进社会关系的和谐。"仅就此一表述来看,似乎和谐主义的诉讼模式所追求的价值目标乃是诉讼秩序和社会关系的"和谐"。② 但对于什么是和谐,黄松有并无进一步的阐释。我想,若是剔除这一语词中的政治意义,那么所谓"和谐"是否可以理解成是当事人不满情绪和社会不满情绪被完美吸收的一种状态。而要完美吸收当事人不满情绪,则须达致程序公正和实体公正的统一;若要完美吸收社会不满情绪,则除了个案之程序公正与实体公正外,尚须社会一般公正和社会效益价值目标的实现。因此,所谓和谐主义诉讼模式,实际上也是以价值均衡主义为其目标,在本质上是以当时开始流行的政治话语对田平安教授所主张的混合主义诉讼模式的重新包装。

根据以上分析,可以看出,所谓协同主义乃至和谐主义诉讼模式,是以程序公正、实体公正乃至诉讼效益的均衡实现为其价值目标。

二、既有民事诉讼构造观的价值困惑

根据上述分析,我国既有之诉讼构造观,其在价值取向上,大概有三种情形。

---

① 肖建华:《构建协同主义的民事诉讼模式》,载《政法论坛》2006 年第 5 期。
② 黄松有:《建立和谐主义民事诉讼模式初探》,载《人民司法》2007 年 5 月上半月刊。

一是较早时期混合主义和现代职权主义诉讼构造观所追求的价值目标。混合主义者在价值选择上比较理想化,基本上是要在程序公正和实体公正之间寻找平衡。而他们的建构思路也很简单,就是在我国已有的职权主义或者有些人所说的超职权主义的基础上,通过在程度上弱化一部分法官职权,强化一部分当事人权利,来实现从完全的实体公正向实体与程序公正兼顾的目标行进。这种简单化的思路,也反映出他们的乐观心态。这里需要进一步指出的是,他们仍然强调实体公正的价值重要性,只不过要求在坚持实体公正的基础上,逐步引入程序公正的价值追求,直到达致实体公正与程序公正的兼顾状态。

二是当事人主义诉讼构造观所选择的价值目标。当事人主义者虽然有广义当事人主义和狭义当事人主义之分,但是他们在坚持程序公正的优先地位上,并无太大分歧。他们并不是采混合主义那种一般看来比较稳妥的思路,主张从实体公正慢慢过渡到实体公正与程序公正兼顾的理想状态,而是主张我国应当从当下的职权主义的诉讼构造,变革为以当事人主义为主导的诉讼构造。他们似乎不认为在实体公正和程序公正之间寻找平衡的混合主义诉讼构造观具有现实可能性,认为在职权主义和当事人主义之间只能二者择一。

三是协同主义(包括所谓和谐主义)诉讼构造观所持的价值均衡主义立场。他们基于当事人主义和职权主义各自在价值观上的片面性,试图建立一种理想的诉讼构造模式,促进程序公正和实体公正的共同实现。与之前混合主义有所区别的是,协同主义不是主张从职权主义出发,渐及法官职权与当事人诉权的均衡状态,而是主张从当事人主义出发,适当增强法官职权,追求程序公正、实体公正乃至社会效益等价值目标的共同实现。因此他们的目的,是在力求不减弱程序公正前提下,进一步促进实体公正的实现。

另外还有部分学者在阐述其关于诉讼构造的观点时,并没有表明所追求的价值目标为何。而是在价值缺位的情况下,仅以历史文化、政治、经济体制或者域外民事诉讼构造的变化趋势,来支持其观点。

根据以上分析,我们基本上可以得出如下一些结论:

第一,以上几种观点分歧,经简单化约后即可看出,其不过是程序公正与实体公正两种价值观之间的分歧而已:有人主张程序公正优先、有人主张实体公正优先,有人主张二者兼顾。其他所谓社会效益以及诉讼效率等,不过是附带的价值目标而已。而在程序公正与实体公正的分歧之下,又是自由与规制之间的斗争。民事诉讼构造之争,不过是这种斗争在诉讼领域的体现而已:主张个人自由者,强调当事人的程序自治;主张社会责任者,强调法官的程序管理。此种自由与规制之间的选择之惑,乃是人类永久的难题。若论者未能在价值观上达成共识,又如何能够在诉讼构造观上消除分歧?当然,我们可以把协同主义之诉讼构造观,视为调和分歧的一种努力。但是,仅靠在自由与规制之间进行此消彼长之类的量化安排,或者通过这种安排而使自由与规制势均力敌,是否就能够消除二者之间对立的紧张关系?而那些回避价值选择,企图以历史文化因素或者当下之特殊的现实因素作为诉讼构造观之选择依据的做法,即使不是肤浅的短视,恐怕也不能说其具有求索的精神,只能说是对当下社会生活的被动应对而已。那么,在个人自由与社会规制之间,或者更具体一点地说在程序公正与实体公正之间,是否就一定是此消彼长、对立紧张的关系?能否有一种路径,可以在个人自由最大化的基础上,实现社会正义的最大化,或者说在充分保障当事人程序自治的基础上,最大可能地实现实体正义?本书之后所展开的研究,就是为了回答这一追问。

  第二,以上之各种观点,其在秉持程序公正或者实体公正的时候,多数的研究并未就程序公正和实体公正的内涵展开进一步的分析和论证。也许他们是将这一问题委诸法哲学来诠释。但正如我在导论第二部分曾指出的,我国当下的法哲学未必能够为部门法学的研究提供论证的大前提。例如在何为程序公正、何为实体公正的问题上,我国法哲学领域曾有权威的阐释吗?至少我依自己所掌握的资料,尚未发现。这就要求民事诉讼构造论者,必须自己阐明其所选择的价值目标的内涵。但是多数的学者在未能对类如程序公正或程序正义、实体公正或实体正义、程序效率或程序效益等概念进行严谨论证之前,就开始以之为大前提而展开自己的演绎。也有论者注意到这一点,从而对上述价值概念有所涉及,但是其在论证上并不完整。例如张卫平教授,其在研究程序公正问题时,先是对域外学者有关自然正义的观点简单介绍,也曾提及刑事诉讼法学者有关消极正义的观点,然而他却并未以之作为论证的依据,而是笔锋一转,认为程序公正是一个带有主观性和历史性的概念,其内涵是不断发展变化的。然后在未进行论证的情况下,直接将当事人的主体性、平等对话、契约自由、公开性、裁判的中立性等,作为程序正义的基本要素。

当然,在前述各位学者中,肖建国教授是个例外。如前曾述及,肖建国教授在《民事诉讼程序价值论》一书中,就程序公正和诉讼模式的关系作了探讨。他的观点是:"理想的诉讼模式来源于对程序公正的追求……如果一项诉讼程序能够充分发挥当事人的积极性、主动性,保证裁判者处于中立地位,减少个人偏见,并将判决建立在当事人和社会公正乐意接受的基础上,那么依照该诉讼模式设计的民事诉讼程序就是公正的。"肖教授在对程序公正价值目标下的民事诉讼模式做了上述描述之后,又在该本专著中辟有专章对程序公正问题进行了研究。他在对西方有关程序公正的观点源流进行了简单考察后,选择以罗尔斯所说的纯粹的程序公正作为其论证程序公正的大前提,也即:第一,程序公正与否只决定于程序要件是否满足;第二,符合程序公正要求的结果就被认为是公正的结果。接着,肖教授将判断程序公正的标准确定为两种。一种是实现一般公正的诉讼构造标准,包括法官中立和当事人平等;另一种是实现一般公正的动态过程,包括程序参与、程序公开和程序维持这三原则。而要实现程序一般公正,则要满足两个前提,一是对当事人意志和人格的尊重;二是对法官权威的承认。我们可以看出,肖建国教授在涉及诉讼公正和诉讼模式的关系时对于程序公正的诠释,与其对于程序公正所进行的专门诠释,在语词表述上并不完全一致。但我的理解是,这种不一致仅仅是表述上的不一致而已:在涉及程序公正和诉讼模式的关系时,他对程序公正的表述稍微随意一些,而在专门讨论程序公正价值时,他的表述更加严谨。因此我们应当承认,肖建国教授对于引导其民事诉讼构造观的价值目标之来源及其内涵是无惑的。但有些遗憾的是,肖教授对于他为什么选择罗尔斯的正义观尤其是选择罗尔斯程序正义观中之纯粹的程序公正观作为其建构程序公正价值的大前提,仅有了了几句的说明①,也就是说他在这一环节上的论证是不够充分的(我将在下一节中对他的论证路径做出进一步的考察和评价)。依我的推测,也许肖教授在写作该书时,已经在潜

---

① 肖建国:《民事诉讼程序价值论》,中国人民大学出版社 2000 年版,第 169—177、164、120 页。

意识中嵌入了程序本位主义的立场,因此才以如此当然的态度选择了纯粹的程序公正观。

从总体上看,我们不能否认这样的一个现实:虽然多数学者分别在程序公正和实体公正的价值目标引导下展开其对于民事诉讼构造观的建构,但是他们却对作为论证之大前提的程序公正或者实体公正的内涵缺乏严谨论证。如此一来,我们就难以确定他们对于程序公正或者实体公正等相同概念的内涵理解是否也是相同的。如果秉持程序公正或者秉持实体公正价值观的学者,他们各自对于程序公正或者实体公正的理解并不相同,那么意味着在他们内部,实际上也还存在着价值观的分歧。进而,他们在各自价值观的引导下所具体建构的民事诉讼构造观,也是不完全相同的。但是由于他们并未在价值目标上有着严谨论证,所以他们自己可能还没有意识到这一点。这种在价值目标分歧上的无意识,也算是既有研究之价值困惑的表现之一吧。

第四节 既有民事诉讼构造观的路径困扰

一、既有民事诉讼构造观的路径解析

(一) 混合主义和现代职权主义诉讼构造观的论证路径

田平安教授对其混合主义的论证路径,从总体上观察,可以依其自己的说法总结为两点,一是迎合世界潮流,二是适应自身政治、经济、文化的要求。前者属于比较法的方法,后者则是国情论的表现。这两个方法本来在很大程度上是井水与河水的关系,而且从我国这些年民事诉讼法学研究的方法论选择来看,选择比较法方法的学者和选择国情论方法的学者,因路径不同,其观点也往往相异。从比较法的角度来思考的学者,多主张借鉴与引进国外学理与制度;而从国情出发的学者,往往主张在理论和制度上的自主建构。田平安教授的独特之处在于,他能够将比较法的方法和国情论的思维结合在一起,来论证他的混合主义诉讼模式观。他首先通过简单的比较法上的考察得出,诉讼模式是一个国家政治制度、经济关系、民族传统、法律文化、人情习俗等诸因素发生作用的结果,无优劣之分,也即各国的诉讼模式都是与其国情相符合的。通过这样的分析,他

为随后提出的自己认为符合中国国情的诉讼模式打下伏笔。接着,他继续通过比较法上的简单考察,提出当事人主义和职权主义诉讼模式之间可以相互借鉴,而且奉行当事人主义模式的英、美法学家和奉行职权主义的大陆法学家们,都在认真地审视对方、检讨自己,并正在采取实际步骤向对方靠拢(他将这种趋势称作世界潮流),为他提出混合主义的诉讼模式铺下路基。最后,他开始将目光从域外转向国内,提出我国1991年《民事诉讼法》在保留职权主义优点的基础上,已经兼采了当事人主义的部分优点,从而正式提出了他的混合主义的诉讼构造观。他接着进一步加强对自己观点的论证,指出混合主义的诉讼构造既符合他在前面提出的两大法系相互趋近的"世界潮流"也"适应自身政治、经济、文化的方向"。至于其"适应的政治、经济、文化的方向"到底为何,根据田教授的观点,应该是我国"社会主义市场经济的逐步构筑"和"民主与法制不断建设"。但是这只是一个国情因素中的发展方向。此外还有一个更重要的现实国情是:"中国是一个拥有12亿人口的大国,是一个拥有56个民族,存在2亿多文盲半文盲的国度;法制建设刚刚起步,法学教育有待加强,律师队伍尚需补充,当事人意识有待提高……实行'当事人主义'未必现实"。可以看出,田平安教授的论证路径乃是采一种"比较法+国情论"的范式。当然,他对比较方法的运用,主要是为了证成国情论的范式。田平安教授因为侧重于采国情论的范式,所以同时也反对移植论的范式。这里值得指出的另一点是,田平安教授明确反对经济基础决定上层建筑的研究范式。他的主要理由是:在同是采资本主义市场经济体制的国家,其民事诉讼模式却并不相同,而在采计划经济的原苏联成立之前,在未采计划经济体制的国家,职权主义诉讼模式已经存在。因此他得出结论认为民事诉讼模式并不决定于经济基础。①

何文燕教授对于其所提出的现代职权主义诉讼构造观的论证,虽然较之田平安教授对于混合主义的论证更加详细一些,但是其在路径上与田平安教授并无根本性区别。他先是对两大法系的民事诉讼模式进行比较法上的考察,然后再对我国民事诉讼模式应当做何选择提出自己的看法。在对域外情形进行比较法上的考察时,何文燕教授大致也是得出两

---

① 田平安:《我国民事诉讼构筑模式初探》,载《中外法学》1994年第5期。

点结论:首先,他认为各国无论是采当事人主义还是职权主义诉讼模式,都决定于各国所具有的不同因素,认为不能脱离各国现实对他们做出优劣评价,从而在方法论上呈现出始于比较法的考察而走向国情论的路径,与田平安教授的研究范式开始靠拢。但与田平安教授稍有不同的是,何文燕教授还进一步通过比较法上的考察得出这样一种结论,就是在相同社会制度下,由于所具有的国情因素不同,可能会形成不同的诉讼模式;在不同的社会制度下,如果具有相同或者类似的国情因素,也可能会形成相同的诉讼模式,从而为他之后提出既基于中国国情,又适当借鉴引进域外资源的民事诉讼构造观,做出铺垫。接着,他通过比较法上的考察,得出当事人主义和职权主义两种诉讼模式在向着相互渗透或融合的方向发展的结论,为他提出以职权主义为主,同时借鉴当事人主义诉讼模式之优点的现代职权主义诉讼模式,进行更充分的论证。再接下来,仍然与田平安教授一样,何文燕教授把目光转向了国内,对我国1991年民事诉讼法展开分析,并得出了和田平安教授一样的"混合"主义的结论。但他没有止步于此,而是通过对我国既有民事诉讼理念和制度的国情考察,提出了他的更加侧重于实体正义的现代职权主义民事诉讼构造观。可见,何文燕教授的论证路径基本上与田教授一样,也是比较法与国情论的某种结合,且以国情论为核心。既然选择了相同的研究范式,则何文燕教授当然也与田平安教授一样,反对照搬外国经验的移植论的范式。而且,何文燕教授也同样表达了对经济基础决定上层建筑的研究范式的不同看法,认为决定一国诉讼模式的因素,不仅仅有经济基础,还有制度设计、文化背景和历史传统等。①

赵刚和刘学在两位教授大致上也是采"比较法+国情论"的范式。只不过他们所说的国情与前述二位教授不同,是指法律文化,因此我们也可以称之为法律文化决定论的范式。当然,他们二位在阐述自己有关我国民事诉讼构造的观点时,也是以域外既有之民事诉讼构造模式作为其参考的模板。同样,因为选择了国情论,他们也明确反对移植论

---

① 何文燕:《论民事诉讼模式选择与审判方式改革》,载中国法学会诉讼法学研究会编:《诉讼法理论与实践(1996年卷)》,中国政法大学出版社1997年版。

的范式。①

通过对以上三位学者论证路径的分析,我们可以看出,他们基本上都选择了国情论为基础的研究范式,并且都明确反对移植论的研究范式。但是,他们在以国情作为出发点建构各自的民事诉讼构造观的同时,又都以比较法的方法作为前提,将目光在域外资源和我国国情之间来回流转,以域外既有之民事诉讼构造模式作为其模板,结合他们各自所说的中国国情予以剪裁,而形成自己认为符合中国国情的民事诉讼构造观。由于他们认为自己所主张的民事诉讼构造模式,并非完全对域外模式的照搬,而是与中国国情更加契合,所以他们将自己的研究范式与移植论进行了切割,以维持对移植论的批判立场。

(二) 当事人主义取向诉讼构造观的论证路径

第一,陈桂明教授的当事人主义为主、职权主义为辅的论证路径。与前述田平安及何文燕等诸位教授相似,陈桂明教授在论证其观点时,实际上也是依循了"比较法+国情论"的范式。他先是对域外各国民事诉讼模式进行了简单考察,认为当事人主义和职权主义各有特点,各国采何种模式,由其国情决定。这就完成了从比较法的考察到国情论的过渡。他通过比较法上的考察,也得出了两大法系开始趋近的结论。然后陈桂明教授将目光转向国内,开始了国情论上的考察。他首先认为我国即使是1991年《民事诉讼法》,仍然带有很强的职权主义色彩;接着从国情论出发认为我国形成职权主义的土壤已经发生了变化,虽然历史文化因素仍在,但政治因素和经济因素发生了变化,据此提出了当事人主义为主的民事诉讼构造观。陈桂明教授在本质上似乎是反对移植论的。据他的说法,他之所以要提出当事人主义为主,乃是为了抵消在我国尚未发生改变的历史文化因素支持下的强职权主义的惯性。换言之,若没有强职权主义的惯性这一国情,他的观点将和田平安教授无异。我们可以看出,陈桂明教授的论证,在方法论上与田平安教授无本质差异,只是对于国情的观察结论不同,因此才产生了诉讼构造观上的不同。但是需要指出的是,在看待经济基础决定论的范式时,他们的态度完全不同。田平安教授明确

---

① 赵刚、刘学在:《从法律文化背景看我国民事诉讼模式的选择》,载《武汉大学学报(哲学社会科学版)》1999年第2期。

反对经济基础决定论的范式,而陈桂明教授则充分运用了经济基础决定论的范式。

第二,汤维建教授的终极当事人主义的论证路径。汤维建教授的论证路径与前述诸位学者明显不同。他的范式也许可以被简化为"比较法+移植论"的范式。他用了较多篇幅考察和分析域外的民事诉讼模式,而在涉及我国应采何种模式时,只是提出以当事人主义为最终方向,并未就他所采之观点与国情因素是否有所联系或者有何种联系进行阐述。因此我们大致可以将其归入移植论的范式之下。

第三,张卫平教授的当事人主导之诉讼体制的论证路径。张卫平教授的观点和论证路径集中体现在他的专著《转换的逻辑》一书中。在这本书里,张卫平教授所采的论证路径比较复杂,就其主导的方法来看,是采"比较法+移植论"的研究范式,但是他在这一范式下同时又引入了经济基础决定论和国情论的考察。在《转换的逻辑》一书中,张卫平教授以两章大约120页的内容,来对两大法系和原苏联的民事诉讼体制进行分析,分析它们的基本特征和模式划分、历史系谱、意识基础以及现代发展等。从总体上看,张卫平教授这一部分的讨论,乃是比较法上的考察。在这一大的范式之下,他又运用了历史考察的方法、政治学方法以及经济基础决定论的方法等。他在运用经济基础决定论的方法分析两大法系当事人主导型民事诉讼体制形成、发展与变迁史的时候,虽然承认诉讼法具有很强的技术性且与民族传统和法律传统相关,因而不能将经济关系的变化与诉讼法的每一个具体规定联系起来,但是他坚持认为,"作为一个基本的法律模式的重大变化与经济基础、经济体制或经济发展的重大变化是有直接联系的,"只不过由于"经济基础或经济体制是社会构成因素中的宏观因素,因此,它对法律的影响也是宏观和相对比较抽象的。"① 如果说张卫平教授在分析当事人主导的诉讼体制时还承认经济基础的决定作用是间接的、宏观的和抽象的因素,则他在分析原苏联职权干预型诉讼体制时,就几乎是把经济基础做为一个直接的决定性因素来考察了。他在分析原苏联职权干预型民事诉讼体制时,专门以一节的内容来展开经济分析,几乎认为高度集权的全民所有制的计划经济体制乃是形成职权干

---

① 张卫平:《转换的逻辑——民事诉讼体制转型分析》,法律出版社2007年版,第55页。

预型诉讼体制的直接原因。他说:"当事人主导型诉讼体制在苏联以及原东欧国家之所以要遭到否定和批判,并以职权干预型诉讼体制取而代之,一个很重要的原因在于,在前苏联,私有财产权完全被剥夺和否定,取而代之的是全民所有制。这就导致个人作为权利主体的基本条件已经丧失,个人的自由也必然受到极大的限制。"①之后,张卫平教授又对原苏联形成职权干预型诉讼体制的政治原因也就是高度集权的政治体制进行了分析。但是他认为原苏联高度集权的政治体制与计划经济体制乃是一对孪生姐妹,有着天然的内在联系,并认为前者反映了后者的内在要求。②显然,他在这里仍然是将经济基础看做是最终的决定性因素。《转换的逻辑》一书第三章至第四章,是对我国民事诉讼体制的特征、成因以及转型依据的分析。在分析我国民事诉讼体制的成因时,他运用了历史的方法、比较法的方法、经济分析方法和观念分析方法。其中经济分析方法实际上就是经济基础决定论的范式,而历史的方法和观念分析方法,大致可以划入国情论的范式下。因此他在这一部分综合运用了三种方法,也就是"比较法+经济基础决定论+国情论"的研究范式。而在第五章讨论我国民事诉讼体制转型的根据时,张卫平教授分别从五个方面展开,包括经济改革与社会经济的嬗变、经济改革对社会观念的影响、社会结构的变迁与民事诉讼体制的转型、民事实体法变迁与民事诉讼体制的转型以及程序正义的认知与民事诉讼体制的转型。以上五个方面的转型依据,前四个方面基本上都是在经济基础决定论的范式下展开:第一个依据是直接考察经济基础依据,第二至第三个直接依据分别是社会观念、社会结构和民事实体法的变迁,但是从张卫平教授的阐述来看,这三个依据其本身都是由经济基础的变化所带来的,也即隐藏在这三个依据背后的根本性因素,仍然是经济基础。只有最后一个依据,也就是程序正义的认知问题,他在阐述中没有提到与经济基础的联系。据此我们可以看出,张卫平教授在讨论我国民事诉讼体制转型的依据时,主要是在经济基础决定论的范式下展开,所谓程序正义的认知,只是附带提及而已。我之所以使用了"附带提及"这样的表述,乃是因为张卫平教授在这一部分的论证中,既

---

① 张卫平:《转换的逻辑——民事诉讼体制转型分析》,法律出版社2007年版,第126页。
② 同上书,第127、130页。

没有对程序正义做出明确的界定,也没有对我国当下以及未来的民事诉讼体制为什么要更重视程序正义做出充分的论证。他只是说:"随着人们权利意识、主体意识、价值多元化意识的提高和增加,程序意识也随之提高和强化"以及"随着时代的变化,人们突然发现自己原来完全裸露在权力之下,自己的利益缺乏程序这一道保护屏障,即使在某些领域中存在程序,这些程序却没有能够充分体现程序的基本价值要求",云云。① 但是,张卫平教授没有进一步说明,导致各种意识上的"提高和增加"以及时代"变化"的原因是什么?根据他就前四种转型依据的讨论来看,张卫平教授在这里省略的内容,也就是导致这些意识上的"提高和增加"以及时代"变化"的原因,就是我国在经济基础上的变化。实际上,我们可以合理地猜测,张卫平教授弃诉讼模式概念而采诉讼体制概念,可能就是受到诸如"经济体制"这种表述的影响。他之所以有些画蛇添足地在这一章加上"程序正义的认知与民事诉讼体制的转型"一节内容,不过是为了从经济基础决定论的范式向他之后所运用的移植论的范式过渡而已。他论证的逻辑形式可以简化为:由于经济基础的变化,导致人们对程序正义的要求增强,当事人主导型诉讼体制更注重程序的正义,所以我们应当移植当事人主导型的诉讼体制。关于这一点,我们可以从张卫平教授在该书第九章阐述为什么要在诉讼体制的建构上采移植论的理由中得到进一步的印证。他说:"当事人主导型的民事诉讼体制……是市场经济社会的产物,这种体制基本正确反映了市场经济社会中民事纠纷解决的本质……对于适应商品经济社会发展、能够充分体现和反映商品经济社会民事纠纷解决特性的民事诉讼体制我们没有理由加以拒绝,加以排斥。"②这几句话几乎明白无误地反映了张卫平教授对于经济基础决定论的依赖。接下来,在讨论我国应当移植大陆法系还是英美法系的当事人主导型诉讼体制时,张卫平教授又引入了国情论的研究范式。③ 但是显然,在他那里,国情论的地位远远低于经济基础决定论和移植论的地位。根据以上的分析,张卫平教授的论证,综合运用了"比较法+经济基础决定论+移植论

---

① 张卫平:《转换的逻辑——民事诉讼体制转型分析》,法律出版社2007年版,第239页。
② 同上书,第337页。
③ 同上书,第338—343页。

+国情论"的研究范式,而以经济基础决定论的范式为其核心。

李浩教授对他所主张的当事人主义民事诉讼构造观的论证,就其路径来看,是采国情论的范式。但是他与其他学者的区别在于考察国情的视角不同。李浩教授没有从历史文化、政治体制、经济基础、社会习俗或者地理环境等抽象的概念入手,而是从更为具体的法官素质入手,来讨论我国应当选择的民事诉讼模式。他认为我国法官的专业素质和品格修养不足以成为职权主义发挥追求实体正义之积极作用的前提条件,因而追求程序正当的当事人主义更适合我国的现实国情。① 他的这一论证路径较为特别,是从国情出发,来论证其移植的主张。因此也可以归入移植论的范畴下。

(四) 交错论和协同主义诉讼构造观的论证路径

江伟和刘荣军两位教授在论证其交错论的民事诉讼构造观时,对域外之当事人主义和职权主义进行了比较详细的考察,并基于两大法系在民事诉讼构造观上相互借鉴的趋势,认为我国应当从中获得启示。虽然他们也提到"从中国的实践出发,尽快明确当事人与法院在民事诉讼中权能划分,为两种权能的结合寻找有力的黏合剂,形成解决民事纠纷的互动机制,更符合中国现实的需要",但是他们对我国的实践以及现实等具有本国国情性质的因素,在阐述上并未做更多的展开。② 因此,他们的论证路径,大体上也可划入移植论的范式下。只不过他们的移植论范式,不是要移植当事人主义或者职权主义,而是移植当事人主义和职权主义趋近的理念。另外需要指出的是,江伟教授同时还支持经济基础决定论的范式。他曾发表"市场经济与民事诉讼法学的使命"一文,专门就市场经济基础上的民事诉讼法学的研究对象进行阐述。他首先认为,市场经济强调经济活动的主体性,强调主体的独立性、意志自由和主体之间的平等地位。在现代社会中,随着主体活动的多样化、复杂化、快速化及价值多元化,就要求民事诉讼法学相应地扩大其研究的对象领域。其次,他还提出,当经济生活的发展推出新的纠纷形式时,就要求有相应的诉讼形式与

---

① 李浩:《法官素质与民事诉讼模式的选择》,载《法学研究》1998 年第 3 期。
② 江伟、刘荣军:《民事诉讼中当事人与法院的作用分担——兼论民事诉讼模式》,载《法学家》1999 年第 3 期。

之配套。① 这些观点,显然都带有浓厚的经济基础决定论的色彩。

至于协同主义诉讼构造观,根据我之前的考察,协同主义这一概念显然不是我国内生的法律语词,而是域外舶来,也即从对应的德语翻译而来(前已指出,张卫平教授也把同一个德语词汇翻译为协动主义)。因此,这一概念和之前流行的当事人主义以及职权主义一样,都具有比较法上的意义并内含着移植论的范式在内。学者张珉对于协同主义诉讼构造观的论证也不外乎此。同时,由于移植论者要解决的是中国当下的问题,因此他们多数也会在国情中寻找支持其移植主张的因素。张珉在其文章中对于中国当下国情的考察就是出于此一目的。因为他们对于国情的考察不是为了建构具有本土特征的诉讼构造观,而是为论证其移植域外协同主义民事诉讼构造观之必要,来寻找中国当下的现实依据。② 基于此,我们大致可以将张珉的论证路径归入移植论的范式下。

支持协同主义的唐力教授著有"辩论主义的嬗变与协同主义的兴起"一文,该文对于协同主义民事诉讼构造观的考察,主要是一种比较法上的历史考察,对于移植问题,仅在余论中简单提及。不过其余论在阐述上虽然简单,而移植论的态度却很明确。其在表明观点之前对于域外协同主义诉讼构造观的历史考察,虽然在篇幅上长过余论,但在功能上仍然是为移植进行论证。唐教授另著有"对话与沟通:民事诉讼构造之法理分析"一文,其在观点与范式上,并无根本变化。③ 因此唐力教授的研究,亦可归入移植论的范式下。

肖建华教授对于其所持之协同主义民事诉讼构造观的论证与学者张珉相似,从路径上看,是采"国情论+移植论"的范式,但其对于国情论的运用,也是为其移植论寻求中国当下国情的依据。且其对于国情的考察,视角较为集中,限于对中国民事诉讼构造观之法理现状及民事审判改革实践的考察。④ 因此其在总体上,应属于移植论的研究范式。

---

① 江伟:《市场经济与民事诉讼法学的使命》,载《现代法学》1996年第3期。
② 张珉:《协同主义诉讼模式:我国民事诉讼模式的新选择》,载《国家检察官学院学报》2005年第6期。
③ 唐力:《辩论主义的嬗变与协同主义的兴起》,载《现代法学》2005年第6期;《对话与沟通:民事诉讼构造之法理分析》,载《法学研究》2005年第1期。
④ 肖建华:《构建协同主义的民事诉讼模式》,载《政法论坛》2006年第5期。

而就主张和谐主义诉讼构造观的黄松有的论证路径来看,仅就其概念之使用来说,显然属于政策迎合型的研究范式。而就其阐述的内容来看,实又是对之前诸位学者所主张之协同主义所进行的政治话语包装。因此其在论证上与前述各位主张协同主义的学者,方法相同。但因其政策迎合的目的,我们可以将其称作"移植论+政策迎合论"的范式。①

(五)小结

根据前面的分析,我们大致可以看出,无论学者们各自所持的是哪一种民事诉讼构造观,其所遵循的论证路径,都是在移植论、国情论、经济基础决定论以及政策迎合论等范式下展开,且无论他们选择哪一种范式,都会程度不同地掺入比较法上的考察。他们有的是单采国情论的范式,有的是单采移植论的范式,有的是采"国情论+移植论"的范式,有的是采"国情论+移植论+经济基础决定论"的范式,有的是采"移植论+政策迎合论"的范式。但是,即使论者所采之研究范式可能相同或者有所重合,由于他们选择的视角不同,其在同一范式下所得出的结论也不相同。例如,就国情论来看,赵刚教授考察国情的视角是法律文化,而李浩教授考察国情的视角则是法官素质,其他多数学者对于国情的诠释,则包括历史文化、政治体制、经济基础、法系传统、社会习俗或者地理环境等诸多因素。又如就移植论来看,有人主张移植英美法系辩论主义的诉讼构造观,有人主张移植大陆法系职权进行主义的诉讼构造观,有人主张移植协同主义的民事诉讼构造观。总的来看,采单一范式者,其对观点的论证较为简单明确;而采组合范式者,其对观点的论证则力求周全。例如,就移植论者来看,他们之所以主张移植,主要的依据之一乃是我国经济基础的变化,使得我国当下的民事诉讼构造观已经显得不合时宜。他们认为,他们所要移植的民事诉讼构造观是在与我国当下的经济基础相似的基础之上发展而来,因此更加适合我国当下经济基础的需要。这样一来,他们的研究必然体现出移植论和经济基础决定论的范式组合。而他们主张移植的对象之所以不同,其原因除了对于移植对象的优劣认识不同外,主要还在于他们对于我国国情的诠释不同,因此他们的研究自然又体现出了移植论和国情论的范式组合或者移植论、经济基础决定论加上国情论的范式组合。

---

① 黄松有:《建立和谐主义民事诉讼模式初探》,载《人民司法》2007年5月上半月刊。

二、既有民事诉讼构造观的路径困扰

(一)过度依赖移植论的范式

前述之四种研究范式所遭遇的困扰,我在导论第三部分已经有所涉及。由于遵循该四种范式之一进行研究的学者,其在观点建构中,都离不开对域外民事诉讼构造观的考察,因此我又在该四种研究范式之前,加上"比较法"的前缀。

对于移植论者来说,以比较法的方法为前提或者基础,乃是逻辑上的必然。而就国情论者来看,他们建构观点的资源,主要也都来自域外,因此在论证中,往往也要进行一番比较法上的考察。而他们之所以要从域外寻找建构各自民事诉讼构造观的资源,其表面的原因,乃是我国民事诉讼学说史的贫乏。而就其根本来看,乃是因为我国近现代民事诉讼的制度与理论均是来自域外,因此其制度和学说的历史根源亦在域外,我国的制度移植仅是截取其历史的一个片段来模仿,若切断与域外的联系,便成无源之水,无本之木,难以生成本土的理论。不独我国,即使像日本这样学习西方法律制度和法学理念的优秀生,也很少有真正内生于本土的理论观点。而持经济基础决定论的学者,其论证的路径无非是将我国之经济基础与域外有关国家的经济基础进行比对,若一致者,即认为应采作为该国上层建筑的民事诉讼构造观;若不一致,则会再去寻找下一国家比对。他们的目光始终在域外民事诉讼构造观中游移。因此他们引入经济基础决定论的范式,无非是为移植做准备。既然目的在于移植,自然也就离不开比较法上的考察。即使采政策迎合论者,由于本土法治历史阙如,法理资源匮乏,也只能从域外寻找其认为适于实现本国政策的民事诉讼构造观加以引进和改造,而其对域外资源的寻找,也只能依赖于比较法上的考察。这是各不同论者虽然在论证上绕来绕去,选择不同视角或者采用各种范式组合,但结论都只能是在当事人主义、职权主义和协同主义三种诉讼构造观中选择其一来主张的背景和根本原因所在。

至此,我们大致可以得出如下结论:既有之民事诉讼构造研究,其在本质上都具有移植论的基本特征,虽然有论者兼采了国情论、经济基础决定论以及政策迎合论的范式,但这些范式的功能不过是为他们对域外资源进行选择时提供更多的视角帮助而已。这种对于移植论的依赖,已经是我国法律制度和法学研究的百年特征。其主要原因已如前述,乃是我国百年来对于本国历史的遗弃。自清末变法以来,我国社会便开始了与传统历史渐行渐远的历程,各项经济制度和社会制度均从域外舶来。先是清末以及民国对于西方发达国家的学习和移植,后是1949年后对于原苏联制度的移植。尤其在1949年后,执政党对本国传统历史秩序以及民国以来移植西方发达国家所建立的法统,采激烈批判态度。在批判过去法统之同时,又全面移植原苏联的制度,甚至在家事和身份领域中,也与传统彻底决裂。当改革开放后学界反思和批判移植而来的原苏联制度时,钟摆再摆回来,又改从西方发达国家移植其制度和理论。如此摆来摆去,始终摆不脱移植论的范式,移植论已然成为中国法律学人的百年依赖。这也使得国人在面对域外制度和理论时,始终无法消除心理劣势,模仿尚有不及,又何谈创新。

　　当然,对移植论范式的依赖,除了我国本土资源的匮乏外,也有西方发达国家法律制度和理论之本身确实较为先进的因素在内。西方学者在面对他者时,始终带有心理优势,他们认为西方的政治体制是建立在具有普遍主义性质的共和主义(法治国家)和人权与民主的基本原则上,因而具有超历史、超民族、超地域的普遍性,并认为这种先验的普遍性是它合法性的根本保证。① 关于这一点,确实值得我们思考。若现代西方法治文明带有先验的普适性,则移植论的范式就是推动中国进步的必然选择。不过,我国也有学者对西方学者关于普遍主义原则的先验性提出了批评。其理由是,从历史和事实上来说,人类始终存在着不同的政治实体和政治制度,西方目前的政治制度也是其特定历史发展过程的产物。从理论上说,在西方延续了一个多世纪的理性批判早已指出:普遍主义实际上是建立在一个超历史的先验主体基础上,绝对的主体必然要求绝对的普遍性。然而事实证明,作为主体性基础的人类理性本身不是绝对的,他不仅要受到种种非理性因素的影响和支配,更有其不可超越的历史性。人类理解的历史性和释义学(也有学者称作诠释学——作者注)原则决定了对任何普遍的原则或原理都会有不同的理解和解释。如果这些原则是普遍的话,它们必然是在不同的历史条件和语境下实现的。在人类世界中不可

---

① 张汝伦:《德国哲学十论》,复旦大学出版社2004年版,第371页。

能有先验的普遍性,而只能有历史的普遍性。或者说,普遍性只有相对的意义,它的现实内容恰恰有赖于它实现的特殊条件。① 这一批评针对的是普遍原则之先验性,而不是普遍原则本身。这样的批评本身,道出了我国学界对于西方现代文明的态度:赞同移植的必要性,但是须结合我国的特殊条件。此种态度在民事诉讼构造领域也有着清楚展示:在移植论的大范式下,引入国情论、经济基础决定论乃至政策迎合论等作为次级范式,力图使其所移植的具有一定普遍性的民事诉讼构造观能够适合中国的特殊条件,并从中国的特殊条件中获取营养,自主生存。

但我仍然要追问的是,难道我们甘心永远跟随在域外法治文明以及法学理论之后,做一个法治文明和法学理论成果被动的接受者、学舌者或者抄袭者?难道我们就不能成为现代法学理论乃至法治文明的贡献者,哪怕是做出一点点的贡献?若我们所谓的民事诉讼法学研究其价值仅在于将外文法学成果翻译成中文,那翻译家就可以做了,何必还要有法学家?一个国家若要真正成为受人尊重的国家,它就必须不仅仅是一个学习者,而且还是一个贡献者;不仅仅是文明的吸收者,更应当是一个文明的产出者。而这种贡献,需要每一个领域的研究都走创造性和建构性的道路才能实现。基于此一认识,民事诉讼构造理论之研究者若要无愧于心,必须要在法治发达国家既有制度和理论成果的基础上,做创造性和建构性的研究,以求百尺竿头,更进一步。而要达至此一目标,就必须走出移植论的阴影,打破域外既有理论观点的束缚,寻找研究民事诉讼构造问题的新方法。

(二)不适当地抬高经济基础决定论的范式地位

自1949年以来,马克思主义成为中国官方哲学,我国社会科学各领域的研究,都开始奉行经济基础决定论的范式,法学研究自然也不能例外。但是在民事诉讼构造问题上,经济基础决定论的研究范式在地位上还不能与移植论相提并论,迄今为止,它还不能被作为一个相对独立的研究范式存在,而往往被用来证明移植论的范式合理性。这一研究范式本身的合理性,在我国学界也存在认识上的分歧。例如,田平安教授与何文燕教授就曾经对经济基础决定论的范式提出质疑,而江伟教授和张卫平

---

① 张汝伦:《德国哲学十论》,复旦大学出版社2004年版,第372页。

教授则希望能够充分运用这一研究范式。关于这一点，我在前面分析各论者所遵循的研究范式时，已经指出。但多数的学者对于经济基础决定论的研究范式是认可的。

田平安教授在反对经济基础决定论的范式时，所持的理由是："诉讼模式不能简单地与经济模式画等号。否则便难以阐释一个基本的事实：为何同是资本主义市场经济体制的英国和法国却系当事人主义和职权主义带头羊？为何始终实行市场经济的日本，二次大战前偏向职权主义而战后却偏向当事人主义？是的，典型的计划经济是1917年苏联立国后采取的经济模式，但在此前，世界上却早就有职权主义诉讼模式存在，如果职权主义诉讼模式是计划经济体制的产物的话，那么，1917年前我们又到哪里去找寻类似苏联计划经济体制的土壤？"①他的第一个对资本主义市场经济体制与诉讼模式之关系的质疑，似乎已经被张卫平教授化解。张卫平教授将英美法系和大陆法系都划入当事人主导型的诉讼体制，因此无论英国、法国还是日本，都属于当事人主导型诉讼体制。通过这样的改变，张卫平教授在当事人主导型诉讼体制和市场经济体制之间建立起了对应关系。但是就田平安教授对职权主义与计划经济体制之间关系的质疑，张卫平教授并未回答。这说明，张卫平教授对经济基础决定论的合理性并没有提供充分的证成。实际上，即使就当事人主导型诉讼体制与资本主义市场经济体制之间的关系来看，张卫平教授的论证也不是非常充分的。例如，张卫平教授虽然将两大法系的诉讼体制都划入当事人主导型诉讼体制，但他在当事人主导型诉讼体制内，对两大法系的诉讼体制仍然做了区分，将它们又划分为大陆法系当事人主导型诉讼体制和英美法系当事人主导型诉讼体制。这种划分意味着张卫平教授承认在大陆法系和英美法系各自的诉讼体制之间，仍然存在区别。但问题是，既然他们的经济基础都是一样的，为什么作为上层建筑的诉讼体制之间却还是存有区别？这说明，对于田平安教授就资本主义市场经济与民事诉讼模式之间关系的质疑，张卫平教授也未能够彻底解决。

实际上我们若对经济基础决定论的范式仔细分析，就会发现，论者对这一范式的运用，无非是想说明，市场经济是尊重个体自由的经济体制，

---

① 田平安：《我国民事诉讼构筑模式初探》，载《中外法学》1994年第5期。

计划经济是体现国家规制的经济体制。所谓市场经济与计划经济之间的分歧,在本质上乃是自由与规制之间的争论。而就民事诉讼构造来看,当事人主义更倾向于对当事人自由行使诉权的尊重,而职权主义则体现出对于国家审判权的尊重。因此论者就自然而然地认为,当事人主义必然与市场经济体制相关,而计划经济必然与职权主义相关。从世界范围内民事诉讼构造模式与经济体制类型的分布来看,这种相关性确实是存在的。但问题是,相关性不等于因果性,民事诉讼构造与经济体制之间可能存在的这种相关性,并不意味着经济体制是民事诉讼构造的原因,或者民事诉讼构造是经济体制的结果。换言之,即使我们运用归纳法在所观察到的民事诉讼构造与经济体制之间,总结出休谟所说的"常态联系",也无法通过理性的运用,在二者之间建立确凿的因果联系。这就是哲学史和伦理学史上著名的"休谟问题"中的认识论问题。①

其实,就论者对经济基础决定论的运用来看,他们无非是要从计划经济中解析出集权规制之短,而从市场经济中解析出尊重个体自由之长。因此,与其说经济基础是诉讼构造的原因,不如说经济基础和诉讼构造都是自由与规制之间思想斗争的结果。资本主义社会的人们追求个体自由,因此才有了市场经济体制和当事人诉权占主导地位的民事诉讼构造模式;原苏联和我国改革开放前坚持中央集权下的对于个体的规制,因此才有了计划经济体制和国家审判权占主导的诉讼构造模式。至于说大陆法系和英美法系诉讼构造之间为什么存在区别,恐怕历史的因素和其他具体国情上的因素所起的作用更多。这些因素也许不仅使不同国家之间在诉讼构造上存在具体的差异,而且也可能使他们之间在市场经济体制上亦存在具体的差异。提到历史因素的作用,我们尤其要注意的是,在考察域外法律制度和理论成果时,不能将他国因特定历史因素的作用而形成的既有的制度和理论这种事实层面的实然状态,想当然地上升到价值判断层面的应然状态,并不加分析地主张移植。换言之,一些民事诉讼构造论者往往在潜意识里将他国的某种制度或者理论,想当然地作为衡量我国相关制度和理论对错的标准,或者当作我国应当追求的目标。这种

---

① 〔英〕休谟:《人类理解研究》,关文运译,商务印书馆 2010 年版,第四章:关于理解作用的一些怀疑。

做法可以被列入逻辑学上的逆偶然谬误,也即把对某一特定事例为真的判断,错误地认为对普遍的事例都为真。

当然,在主张以批判的态度对待经济基础决定论的范式时,我们也要正视所谓的全球化浪潮。由于经济发展对于资源和市场的需求不断扩张,生产分工的日益全球化以及资本在全球范围内的逐利,使得地球似乎变得越来越小,不同国家和地区之间的联系越来越密切,各国在不具有意识形态因素的领域相互学习和日趋一体化,一些原本由主权国家承担的职责,已经交由某些国际性组织来承担。这种一体化的趋势不断地带动各国在越来越多的领域相互靠拢,直至在价值观领域的趋同。例如,各国在像联合国这样的国际组织的推动下,签署了包括《公民权利和政治权利公约》这样的国际性法律文件,在民商事、知识产权和打击犯罪方面也有一些国际性的法律文件,这些国际性法律文件推动了各国在法律领域的合作以及趋同。这种全球化的趋势主要的和根本的原因是经济的全球化,因此经济基础对于推动作为上层建筑的法律的发展变迁,还是具有一定的意义的。但这种作用乃是长远的、间接的和宏观层面的影响,尚未达至决定性的程度。更重要的是,这种影响作用与马克思主义理论所说的经济基础对上层建筑的作用,在性质上完全不同,我们难以因此认为全球化趋势为经济基础决定论的范式提供了证成。

(三)对国情论范式下的国情认识不一

根据我之前的考察,我国既有关于民事诉讼构造的研究中,除了汤维建教授、肖建国教授和唐力教授外,几乎所有的学者,哪怕主要是属于移植论范式下的研究,都组合运用了国情论的范式,例如田平安教授、何文燕教授、陈桂明教授、张卫平教授、肖建华教授和学者张珉等,有的学者还以国情论作为其重点运用的范式,例如赵刚和刘学在两位教授以及李浩教授等。这意味着学者们对于我国历史和当下特殊事实的关注——他们在提出自己的观点或者移植域外观点时,目的在于解决中国的问题,而不是为了使我国的民事诉讼构造观向域外某一种观点或者思潮靠拢。就此而言,我们在这里应当对他们表示敬意。但我在表达了敬意之后,还要提出的一个追问是,这些运用了国情论范式的学者,他们各自对于国情的理解和诠释,是否一致?如果他们对于国情的理解和诠释是一致的,则说明他们对于我国历史以及当下的现实在认识上是一致的,那么就有了比较和分析他们观点的基础;如果他们对于国情本身的理解和诠释就是不一致的,那么他们之间观点的分歧就可能带有伪装性,带有失真的可能,这是其一。另外一个问题是,不管对于国情的理解和诠释是否一致,他们是否可以肯定自己对于国情的理解和诠释就是符合我国历史以及当下现实的? 换言之,他们对于国情的认识本身,存在着失真的可能性。如果这种对国情认识的失真是存在的,那么他们的讨论很可能就是在各自虚构的国情基础上展开,也即他们正在犯下培根所说的"剧场假象"那样的错误。这种前提和基础的失真,将大大贬损其各自观点的理论价值和实践价值。让我们带着以上两个问题,回过头去对他们各自的国情描述再做一番简单地考察。

我们先在第一个追问的引导下展开考察。

首先来看看田平安教授对于国情的认识。他首先认为,民事诉讼模式乃是一个国家政治制度、经济关系、民族传统、法律文化、人情习俗等诸因素发生化合作用的结晶。这意味着他在一般的意义上,把一个国家的政治制度、经济关系、民族传统、法律文化以及人情习俗等,都作为影响民事诉讼模式的国情因素来看待。而他在观察我国的国情时,则进行了历史和现实两个层面的描述,一是历史因素,认为我国中华法系的基本特征是诸法合一、民刑不分、重刑轻民,诉讼法地位甚轻,民事诉讼法更是轻若鸿毛。因此很难断言民事诉讼属何模式,但就诉讼整体而论,"纠问"多过"辩论"则是可以肯定的。二是当下的现实,包括我国社会主义市场经济逐步构筑,民主与法制不断建设,以及中国是一个拥有12亿人口的大国,是一个拥有56个民族,存在2亿多文盲半文盲的国度;法制建设刚刚起步,法学教育有待加强,律师队伍尚需补充,当事人意识亟待提高……这两个层面的事实,与他在一般意义上提到的应当属于国情因素的事实,并不完全对应。因此,他的论证至少是不够严谨的。① 关于这一点,我在这里先不做更多的评价,因为我们在这一部分内容中所要做的是对不同学者的国情描述进行比较。

何文燕教授在一般的意义上将社会的政治和经济条件、社会环境、意识形态、法律传统和文化传统、人口的综合素质和心理状态等,作为与民

---

① 田平安:《我国民事诉讼构筑模式初探》,载《中外法学》1994年第5期。

事诉讼模式有关的国情因素。但他在之后提出有关我国民事诉讼模式的主张时,并没有对我国的国情做出相应的描述。从他的阐述中,我们大致可以总结出一些涉及我国国情的表达(但不是描述),这些表达大致有二:一是从消极的意义上说我国不具有移植当事人主义的国情基础,二是从积极的意义上说我国民事诉讼模式在长期司法实践中不断变革,已经逐步形成了自己的风格和特色,在基本方面比较符合我国实际。① 除此以外,他对我国的国情再无更详细的表述。他之所谓中国国情,抽象无物,令人难以把握,以至于我在这里几乎无法将其与其他学者之国情描述相比较。

赵刚和刘学在两位教授在一般的意义上将政治、经济、法律文化背景、历史传统、价值观念和心理定势等列为影响民事诉讼模式的国情因素。他们特别选择了法律文化因素来进行考察。但是令人遗憾的是,他们在提出有关我国的民事诉讼模式观点时,对于作为其观点之依据的我国的法律文化,没有任何描述。② 我们因此也看不出他们所谓的我国的法律文化为何。

陈桂明教授在一般的意义上将特定社会的文化历史、法律传统、心理定势、经济基础、基本国情等作为影响民事诉讼模式的国情因素。他在表述上将"基本国情"与其他几种因素并列,令人不解。之后,在提出他的民事诉讼模式观点时,他从历史文化因素、政治因素和经济因素三个方面对我国的国情进行了考察。③ 可以看出,他和田平安教授相似,对我国国情的考察与其在一般意义上列出的国情因素并不是完全对应的。例如他在一般意义上列出的法律传统和心理定势这样的因素,并未在之后获得展开,而他之后所考查的我国的政治因素,也未被列入他在一般意义上所说的国情因素之中。因此,他的论证也是不够严谨的。但是与前述几位学者相比,他的考察显然更加具体,也更加明确一些。

张卫平教授在一般意义上将各国的历史、经济、文化、政治和意识形

---

① 何文燕:《论民事诉讼模式选择与审判方式改革》,载中国法学会诉讼法学研究会编:《诉讼法理论与实践(1996年卷)》,中国政法大学出版社1997年版,第363页、第370—373页。
② 赵刚、刘学在:《从法律文化背景看我国民事诉讼模式的选择》,载《武汉大学学报(哲学社会科学版)》1999年第2期。
③ 陈桂明:《诉讼公正与程序保障——民事诉讼程序之优化》,中国法制出版社1996年版,第164、170—172页。

态等,看作是影响民事诉讼体制的国情因素。他在分析我国传统民事诉讼体制的成因时,提到了前苏联的影响以及经济的和观念的因素,而在分析我国民事诉讼体制转型的根据时,提到了经济改革以及经济改革引起的社会经济、社会观念、社会结构和民事实体法的变迁等。① 他所考察的我国的这些国情因素,与其所提到的一般意义上的国情因素,也没有完全对应起来。因此我们即使不能说张卫平教授的论证不够严谨,但至少也不能说他比之前诸位学者的论证更加严谨。

李浩教授对于与民事诉讼模式相关的我国的国情因素,专门选择了法官素质作为考察的对象。他没有对其他的因素进行考察,只是在这单一的国情因素的基础上,提出了他关于移植当事人主义诉讼模式的主张。若我们承认对民事诉讼模式产生作用的国情因素是多样的,那么这种仅以其中一种因素作为支撑自己主张的论证,显然是不够充分的。

江伟教授在与刘荣军教授一起分析域外之当事人主义和职权主义民事诉讼模式的成因时,并未明确指出一般意义上与诉讼模式存在作用关系的国情因素为何,只是在分析他们所认为的18—20世纪当事人主义向职权主义过渡的历史背景时,提到过各国的文化历史背景和政治、经济状况这些因素的作用。而他们在提出交错论的民事诉讼构造观时,也没有明确指出我国的国情为何,只是说从中国的实践出发,尽快明确当事人与法院在民事诉讼中权能划分,为两种权能的结合寻找有力的黏合剂,形成解决民事纠纷的互动机制,更符合中国现实的需要。② 那么他们所说的"中国的实践"以及"中国现实"到底是什么? 他们没有给出回答。不过,江伟教授曾专门就市场经济与民事诉讼法学的使命发表过观点③,这意味着江伟教授至少是将我国的经济基础做为影响民事诉讼模式的国情因素之一,至于他是否还考虑过其他什么国情因素,我们不得而知。

学者张珉在主张移植协同主义的民事诉讼构造观时,并未在一般意义上就影响民事诉讼模式的国情因素有所表述。而其对我国国情的考察,

---

① 张卫平:《转换的逻辑——民事诉讼体制转型分析》,法律出版社2007年版,第16页,第四章、第五章。

② 江伟、刘荣军:《民事诉讼中当事人与法院的作用分担——兼论民事诉讼模式》,载《法学家》1999年第3期。

③ 江伟:《市场经济与民事诉讼法学的使命》,载《现代法学》1996年第3期。

也仅有关于民事审判方式改革以来,"民事司法实践中出现了法官消极裁判、片面追求法律真实而放弃客观真实、追求绝对地程序公正的现象"①这样的描述。可以看出他所考察的我国的国情因素仅有当下的民事司法实践一项,并未涉及其他的国情因素。

肖建华教授在主张协同主义的民事诉讼模式时,也没有就影响民事诉讼模式的国情因素进行一般性的表述,而他对于影响我国民事诉讼模式的具体的国情因素的考察,除了和学者张珉相似,指出民事审判方式改革"朝着当事人方向前进,出现了许多的问题"这种司法实践的现实以外,还指出了中国司法权力化组织高度发达这样的现实因素。② 他所指出的这一比较特别的国情因素,或许其他学者也有觉察,但是他们并未明确将其列为影响我国民事诉讼构造的因素之一。

从以上各学者对于国情的描述来看,他们关于一般性的影响民事诉讼构造的国情因素的认识(在有这种认识的情况下),是相互接近的;而他们关于我国具体国情的描述,则显然是各不相同的。他们有的描述这样一些国情,有的描述那样一些国情,有的选择这一国情因素作为论证的出发点,有的选择那样一种国情因素作为论证的出发点,有的干脆笼统地一笔带过,或者虽然提到我国国情,但是却对我国国情到底为何未做任何具体描述。这显然严重贬损了国情论的研究范式的有效性,使得依循这一范式所得出的结论千差万别;或者虽然运用了这一范式,但是结论却与这一范式下所设定的前提之间缺乏逻辑上的关联性。

现在来看我在前面针对国情论提出的第二个追问,也就是国情论者所描述之国情的真实性问题。国情问题本属于事实问题,对于国情的描述,必须基于个人体验、社会调查以及历史资料的记载等。这种种途径所获取的对于国情的诠释,都不能够像数学答案那样准确,因此都有着失真的可能性。基于此,我们对于国情论者不能有太过苛刻的要求,要求他们对于国情的描述必须与事实完全相符。但是,在我们事先知道对于国情的描述可能会有失真的情况下,我们就须以谨慎的态度展开研究,对我们

---

① 张珉:《协同主义诉讼模式:我国民事诉讼模式的新选择》,载《国家检察官学院学报》2005年第6期。

② 肖建华:《构建协同主义的民事诉讼模式》,载《政法论坛》2006年第5期。

所总结的任何一种国情因素,尽量做到充分论证,或者归纳,或者演绎,都尽量遵循有效的逻辑形式来寻求结论。当我们只能凭借直观的体验来获取对于某些国情因素的认识时,我们也要尽量使自己的体验不要背离大多数人的感觉,我们可以通过各种话语平台,来获取他人的感受,以纠正自己认识上的偏差。基于此,我们在以国情作为论证的起点时,必须对自己所获得的国情认识的论证路径有所展示,方能令自己的说服对象有充分的依据来判断我们所描述的国情的真实性。但是,在我以上所列出的多数学者的研究中,除了张卫平教授外,几乎找不到其他教授有对于自己获取国情认识的路径的展示。这样的国情描述,显然欠缺逻辑上的说服性。

至此,我已经可以就国情论的范式做一个简单的总结了:就既有研究中的国情论的范式而言,由于他们设定的国情的前提不统一,所以结论也不统一;或者他们设定的前提失真,因此结论也失真;或者不管前提是否失真,在前提和结论之间都缺乏关联性,因此结论总是失真的。即使偶尔有前提失真而结论却可能为真的情形,但这种结论也欠缺逻辑上的有效性支持。

(四)政策迎合论的范式带有明显的投机性

如前所述,那些在"和谐主义"的旗号下所展开的关于民事诉讼构造的讨论,带有典型的政策迎合的特征,因此我把他们称作政策迎合论的研究范式。以这样的表述来称呼他们的研究范式,或者把他们的工作称作一种研究,是对他们的尊重。实际上,我并不认为他们是在做学术研究。因为学术研究是探求真理的活动,而他们不是。也许他们可能认为自己是在从事某种研究,但这样的研究显然不是一种学术上的研究,我们也许可以将其划入对策性的研究中去。这种随着执政党中央的政策指挥棒而起舞的研究,缺乏学术研究所要求的基本的独立立场,因此也缺乏独立的判断是非的标准,所以他们所谓的"研究成果",无非是充当执政党政策的注脚,当执政党的政策变化时,他们的观点也会随之变化。基于此,我不想再对政策迎合论者做出更多的评价,以上这几句话已经足够了。

(五)既有研究在论证路径上未能解决"明希豪森困境"与"休谟问题"

除了以上困扰以外,根据我在本书导论第三部分的分析,横亘在既有研究路径面前的还有一个未能解决的"明希豪森三重困境",同时既有研究路径还面临着"休谟问题"的追问。

"明希豪森困境"源自一个名叫明希豪森的德国人所讲述的故事。他说自己曾经掉进一个泥潭,在孤立无援的情况下,自己抓住自己的头发,把自己从泥潭中拉了出来。之后,德国学者汉斯·阿尔伯特借用这个故事来批判理性主义哲学传统。他认为,任何科学命题都会遭受"为什么"的无穷追问。例如,一个命题在遭受追问后,人们可能为它提供论证上的依据,而这个依据又会遭受同样的追问。在这种无穷追问下,会导致三个可能的结果:一是无穷递归,以至于无法确立任何论证的根基;二是在相互支持的论点之间进行循环论证;三是在某一个主观选择的点上断然终止论证过程,这个点可能是某种具有独断性质的命题,例如宗教教义或者政治上的意识形态等。这三个结果被阿尔伯特称作"明希豪森三重困境"。①

而远在阿尔伯特提出"明希豪森三重困境"之前,英国哲学家大卫·休谟就提出了三个著名的"休谟问题",包括我们之前提到的因果关系问题,以及归纳问题和伦理学问题。关于因果关系问题我们之前已经有所介绍,就是虽然我们观察到事物之间有先后发生的常态联系,但是我们却没有确凿的证据证明在先发生的事物就是在后发生的事物的原因。科学研究所能够发现的只能是这种"常态联系",而不能发现因果关系。归纳问题则是说归纳所得出的结论,永远都是待检验的。即使我们之前所发现的所有事物,都符合我们当下所归纳的结论的描述,但是我们无法保证未来将要发生的事物仍然会符合当下的结论。而伦理学问题则涉及从事实到价值的跳跃问题,也即我们如何从"是"与"不是"的事实描述,过渡到"应当"与"不应当"的价值判断。

上述"明希豪森困境"主要是针对理性主义哲学而提出,"休谟问题"则主要是针对经验主义哲学而提出。根据学说史上的考证,早在古希腊就有了理性主义和经验主义各自倾向的萌芽和初步形成,而亚里士多德制定演绎法和归纳法,既意味着对两种思维倾向的方法论总结,也表明亚

---

① 参见舒国滢为其翻译的德国学者罗伯特·阿列克西所著《法律论证理论——作为法律证立理论的理性论辩理论》(中国法制出版社 2002 年版)所写的序言:《走出"明希豪森"困境》一文第一部分。

里士多德在两种思维之间的动摇。之后到 13 世纪的神学领域,圣托马斯·阿奎那已经将神学分为启示神学和自然神学,前者体现了理性主义的思维,后者体现了经验主义的思维。① 到了大概 16 世纪末开始的近 200 年间,理性主义和经验主义哲学在欧洲正式兴起。理性主义哲学发展于欧洲大陆各国,经验主义哲学发展于英国。理性主义的代表人物有法国哲学家笛卡尔、荷兰哲学家斯宾诺莎、德国哲学家莱布尼茨、法国哲学家马勒伯朗士以及德国哲学家沃尔夫等。经验主义的代表人物则有英国的培根、霍布斯、洛克、巴克莱和休谟等。这两派哲学长期辩论,互有批判也互有吸收。大致来看,他们的重要区别体现在对待真理的态度不同以及论证的路径不同。就真理观而言,理性主义认为人类能够通过演绎的方法获得普遍必然性的知识。但是那个作为演绎推理的大前提在哪里?他们最后只能求助于理性直观,也即他们只好通过诉诸理性直观来结束论证上的递归过程。而经验主义在培根那里也不否认人类获得普遍必然性知识的可能性,但是求助的却是归纳法,认为普遍必然性知识只能来自于经验直观。但是,归纳法的缺点是无法穷尽全部事例。因此到了休谟那里,经验主义就演化成了怀疑主义,也就是否定人类获取普遍必然性知识的可能性。② 这就是"休谟问题"的来源。而理性主义在论证上的难题,则在之后被阿尔伯特以"明希豪森三重困境"予以展现。

欧洲大陆在历史上一直遵循理性主义的法律思维方式,习惯于运用演绎方法展开法律和法学的论证。其典型的体现是对法典的推崇,意图在法律各个领域都制定法典来作为个案法律论证的大前提;而在寻找和诠释法律规范时,又追求以成文宪法作为法律论证最终的大前提。其他诸如一些具体的法学理论,例如德国有关民法领域的请求权基础理论、诉讼法学的规范出发型法律思维等,无不体现着理性主义思维的魅影。而源自英国的普通法则一直遵循着经验主义的思维方式,习惯于运用归纳方法展开法律和法学的论证。判例法的形成以及判例方法,就是经验主义的典型成果。而所谓类比推理、辩证推理的法律方法和功利主义乃至

---

① 陈乐民:《欧洲文明十五讲》,北京大学出版社 2008 年版,第 94 页。陈著并且指出,此后,在欧洲大陆的哲学走的都是理性主义的道路,而英国走的则是经验主义的路子。到了美国建国后,在经验主义的基础上,更进一步走向了实用主义的道路。见陈著第 94 页和第 205 页。
② 陈修斋:《欧洲哲学史上的经验主义和理性主义》,人民出版社 1986 年版,第一章,第二章。

实用主义的法理学观点，都不断提醒着人们经验主义在法学领域的存在。"明希豪森困境"和"休谟问题"既然源自演绎法和归纳法固有的缺陷，则在主要运用演绎法和归纳法进行论证的法学领域当然也有体现。就理性主义法学而言，其难题是作为演绎推理之大前提的元规范如何证成。一些人求助于自然法的精神，然而自然法的精神又如何证成？即使走出法学的视域求助于伦理学原理，仍然存在对于伦理学元规范的追问。而经验主义法学的难题在于休谟所提出的伦理学问题，也即如何从经验描述过渡到价值判断，也即如何从对事实存在与否的描述，过渡到价值层面的应当和不应当的论证。

  上述两种论证上的难题，同样也是我国民事诉讼构造论者乃至整个法学研究者面临的问题。就前述我国民事诉讼构造各研究范式而言，移植论、经济基础决定论以及政策导向论，主要运用的是演绎方法，因此主要面临着"明希豪森困境"的追问，同时其在以归纳法作为二级论证方法时，又面临着"休谟问题"的追问。而国情论者主要运用的是归纳方法，则主要面临着"休谟问题"的追问，同时其在以演绎法作为二级论证方法时，也面临着"明希豪森困境"的追问。例如就移植论者而言，其面临的追问是，为什么域外的民事诉讼构造观，就可以当然地成为论证我国民事诉讼构造问题的大前提？进而，域外的民事诉讼构造观，为什么就是正确的？如果说域外的民事诉讼构造观是经过历史证明符合各该国历史要求的，那么我们还可以追问为什么符合过去乃至当下历史的就一定是符合未来需要的，以及为什么符合他国国情的民事诉讼构造观就当然可以是符合我国国情的？我们还可以继续追问的是，论者对他国国情的考察以及对我国国情的考察，是符合事实的吗？如果符合，那么我国当下之国情作为一种事实描述，为什么就成为一种应当的状态，以及当下的国情不会在未来发生进一步的改变吗？就经济基础决定论者而言，我们可以追问：经济基础决定论是被证明正确无疑的吗？若然，我们还可以追问：我们对当下之经济基础的观察是符合事实的吗？我们甚至还可以追问：在这个经济基础之上，就只能是这样一种诉讼构造吗？就政策迎合论者，我们只须问一个问题即可：执政党的政策，就是不容置疑的真理吗？而对于国情论者的追问，前已涉及。我们首先可以追问：论者所描述的国情，是真实的国情吗？以及，当下的国情，就是我们所要追求的应然状态吗？如此等等。

总之,既有的关于民事诉讼构造问题的研究,无论是理性主义思维下的研究,还是经验主义思维下的研究,都在价值判断上面临着如何证成的追问,也即,在对某种结论或者说解决方案作出应当或者不应当的判断时,所依据的标准是什么,以及这些标准本身是否已经获得了充分证成。若仅从程序法理之视域内来寻找标准并进行论证,则在面对追问时,必然陷入三种困境:首先是论证的依据无穷递归,当递归到程序上的正义、公平、效率等基本价值理念时,必然还要进一步走出法学的视域,在伦理学的视域内来对这些基本的价值理念进行证成,而且还要进一步对正义、公平与效率之间的关系进行证成。这不仅是程序法学无法承受之重,即使法哲学乃至整个法学也未必能够胜任。为此研究者必然会选择另外两种论证的路径:一是在程序法理内进行循环论证,比如以民事诉讼的目的、任务、诉权、既判力等理论作为论证的依据。然而这些理论难道不也需要民事诉讼构造的理论来作为其论证的依据或者至少是论证的依据之一吗?二是直接借用伦理学中有关正义、公平、效率等价值理念的较为权威的观点作为论证程序法上诉讼构造的终极依据,比如像肖建国教授那样直接借鉴美国学者约翰·罗尔斯的纯粹的程序正义观作为论证的依据,并在此一点上终止递归。另外有一些依循经验主义思维的研究,甚至包括一些从法社会学视角所展开的研究,在其对于事实的描述与对于价值的判断之间,从来就没有建立符合逻辑的论证关系,往往陷入"存在即合理"这样一种思维路径,以我国的国情、本土资源、文化甚至历史这样一些所谓具有"中国特色"的因素来作为结束论证的依据。

　　基于以上分析,我国既有之民事诉讼构造研究,在其论证路径上仍有很多困扰未解。当然,像"明希豪森困境"和"休谟问题"这样的难题,既然是理性主义和经验主义思维的固有难题,因此我们没有理由苛求民事诉讼构造论者能够予以解决。但是我们不能因为难题之难,而放弃在论证路径上对严谨性和完善性的追求。本书的目标之一,就是尝试从西方伦理学和哲学为解决上述难题而进行的努力中获得启发,来探讨在民事诉讼构造问题上突破上述难题的可能性。

第二章
商谈正义观与民事诉讼构造的价值选择

第一节 概 述

在第一章中,我已对我国既有的关于民事诉讼构造的研究进行了初步的考察,考察的主要对象,是既有研究的观点、价值取向与论证路径。我选择这三个方面进行考察是有原因的。首先,因为我对民事诉讼构造问题的研究,是要提出一种自己认为适当的民事诉讼构造观,而我在提出自己的民事诉讼构造观之前,有必要对既有之各种民事诉讼构造观点进行考察,以确定我将要提出的民事诉讼构造观既不是对他们观点的重复,也不是毫无意义的标新立异,而是我认为更好的一种民事诉讼构造观。其次,在对既有研究的价值取向和论证路径进行考察前,是难以就其观点做出评价的。因为他们的观点,应该是在某种价值观的引导下,通过一定的论证而得出的结论。如果他们的价值观是适当的,他们的论证也是严谨而充分的,那么他们的观点自然也是站得住脚的。因此我对既有研究的价值取向以及论证路径也一一做了考察。又因为对价值观的评价是一个相对困难的问题,所以我对既有研究价值取向的考察主要是描述性的,而将评价的重点放在了既有研究的论证路径上。

从我在本书第一章第三节对于既有研究的价值取向所进行的简单考察中可以看出,尽管各学者在有关诉讼构造的价值取向上存在分歧,甚至有的学者并未明确表达出他的价值取向,但有一点是共同的,就是他们都支持,至少不反对建构一种正义的民事诉讼程序。他们的问题是,在对程序正义和实体正义进行选择的时候,或者试图在程序正义和实体正义之间寻求平衡的时候,没有对程序正义和实体正义本身以及它们的上位概念,也就是正义问题进行严肃地论证。这本也无可厚非。因为就学术分工而言,正义本是哲学和伦理学上的问题,应当由法哲学或者法理学而不是诉讼法学或者程序法学来承担论证的任务。诉讼法学者或者程序法学者只须在法哲学或者法理学关于法律正义的成果之基础上展开程序问题的论证即可。但我国的现实是,法哲学或者法理学并没有给诉讼法或者程序法学者提供无可争议的或者至少是具有某种程度之权威性的正义观。因此诉讼法或者程序法学者的现实选择只有两种:一是回避对正义问题的探讨;二是直接将目光指向伦理学或哲学领域,来寻求可以作为指路明灯的正义观。就我国民事诉讼构造论者来看,多数的学者在涉及程序正义或者实体正义这样的概念时,并没有对他们的内涵与外延进行认真的界定,因此他们在正义问题上的观点给人一种模糊不清或者飘忽不定的感觉,实际上回避了对正义问题的探讨。当然,也有少数学者选择直面正义问题,例如肖建国教授和张卫平教授即是。肖建国教授对于民事诉讼程序的价值有专门的研究,因此他当然不会回避对于正义问题的讨论。他在发现正义具有一张普罗米修斯那般多变的脸庞后,直接在罗尔斯所列出的程序正义观中,选择了纯粹的程序正义观作为开始自己论证的大前提。张卫平教授也没有回避对正义问题的讨论。他认识到了正义观的多变性,但是他没有从域外学者的正义观中进行选择,而是直接提出了自己的程序正义观。① 上述两位学者在正义问题上的态度表明,对正义问题进行专门的研究,恐怕确实不是诉讼法学者所能够胜任。

　　基于以上现实,也基于正义观具有多变性的现实,本章也没有想过要对作为程序构造之大前提的正义问题展开严肃的论证。况且,如果这种论证仅是在有关正义的汗牛充栋的研究中寻找出一种观点来作为自己立论的依据,那么这种研究不过是一种无意义的重复劳动而已。但是,正义观的多变性,论证正义观的复杂性,以及对于证成某种正义观的信心缺乏,并不是我们回避问题的理由。我们即使没有能力解决,但我们至少应该有勇气面对问题。在漫长的进化发展的历史中,人类为了获取大于个

---

① 肖建国:《民事诉讼程序价值论》,中国人民大学出版社2000年版,第169—177、164、120页;张卫平:《转换的逻辑——民事诉讼体制转型分析》,法律出版社2007年版,第227—240页、第344—347页、第354—366页。

体的力量来对抗源自身外因素的不安全感,形成了群体生活的习惯。而在长期的集体生活中,个体逐渐丧失了自我,形成了对于群体的生存依赖,这种依赖不仅是物质上的,也是精神上的。他们已经习惯于认为像正义这样的观念,不是自己所应当也不是自己所能够去思考的事物,而是应当由群体的精神代表也即那些权威们去思考、去表达,其他的群体成员只需跟随、崇拜与信仰即可。但是关于正义这种引导每一个个体行动的观念,本来就是通过生活实践历史地镌刻在每一个体的精神之中,它永远留有自己的印记。换言之,每一个人都有关于正义的直觉观念,只是我们没有去唤醒它而已。或者它虽然一直警醒,但我们却没有通过反思与它对话,而是将它遗忘在心灵的某个角落里顾影自怜。而那些群体的权威们,不过是从对自身的这种精神印记的反思出发,逐渐及于对群体中众多个体之印记的洞察,他们只是在描述和表达而已,并无创建。我们完全没有必要认为正义只能从权威们的表达中获取。只要我们愿意反思,愿意同历史留在我们精神中的正义的印记对话,我们同样可以成为正义的表达者。基于这样一种反思性判断,我认为,建构一种正义观的艰难性,并不阻碍我在这里说出自己对于正义问题的理解和感受,以及充分阐述我选择某种正义观的理由。

　　前已述及,既有研究在价值观上主要有三种取向,分别是程序正义优先、实体正义优先以及在程序正义与实体正义间寻求平衡。上述三种价值取向中,实体正义优先的支持者已经不多,因此分歧主要存在于程序正义优先和在程序正义与实体正义间寻求平衡这两种价值观之间。这样,我在确立自己的价值取向时就面临着两个选择,一是像既有的多数研究一样,在前述三种价值取向中选择其一,或者走出该三种价值取向的视域限制,确立另一种我认为更好的价值观。我在本章的研究将表明,后一选择更为明智。简单来说,我所选择的价值观,乃是程序正义与实体正义结为一体的正义。在这里,程序正义与实体正义是一枚硬币的两面,它们缺一不可。这个正义就是哈贝马斯所主张的商谈的正义。严格来说,商谈的正义观仍然属于程序的正义,但是这里的程序正义与实体正义之间不是相互割裂甚至相互抵消,而是相互依赖的:程序的正义不仅仅能够证明,而且能够保证实体正义的产生。在这里,我们既可以说因为程序是正义的,所以它所产生的实体是正义的;也可以说,因为实体是正义的,所以产生它的程序也是正义的。当然,商谈的正义在本质上是开放的正义观,所有其他的正义观,包括自然的、历史、功利的、规范的正义观等,甚至商谈者基于个人主观因素而形成的对于正义的认识,都被允许自由地进入商谈,成为商谈的对象,因此也是商谈正义的资源。

第二节 正义观的历史变迁

正义作为最高的伦理学规范,作为元价值观,它与其他规范的区别在于,被称作正义的东西,乃是独断的、不容争辩的最高规范。正义可以作为其他所有规范的论证依据,但是它本身却不可以再被追问。因此,正义实际上乃是来自于直觉观念。要回答"正义是什么"这样的追问,在逻辑上是不可能的。正义虽然在价值体系中具有最高的地位,但其在原初的概念上却并不是体系宏大严谨的长篇大论,也不是形形色色的权威们的只言片语,而是且仅仅是一种关于应当与不应当的价值判断:当我们说某种行为或者事物是正义的或者不正义的,实际上我们所表达的乃是这种行为或者事物是应当的或者不应当的一种判断。除此之外,我们再也找不出能够更直接、更确切地诠释正义的表述。因此,对正义这一概念本身进行定义并不困难,难的是如何确立正义的标准,以及这一标准应当以何种形式呈现。实际上迄今为止所有关于正义问题的争论几乎都是关于正义标准的争论。因为处于不同地理空间和具有不同文化传统的民族,虽然都有关于对某种行为或者事物应当与不应当的判断,但是他们判断的标准却各个不同。就像费尔巴哈曾经说过的:"埃及人离了埃及就不成为埃及人,印度人离了印度就不成为印度人"[1],在讨论正义问题时,我们显然应当考虑到这种不同,而不能随心所欲地将不同地域和不同民族的正义观相互混淆,或者相互援引,相互诠释。离开了特定的民族、特定的历史时期和特定的地理空间泛泛地谈论正义的标准或者说正义的内容,不过是一种呓语。由于正义标准在历史、地理和民族文化上的多样性,每一个论者都可以提出一种正义观并为自己的正义观寻找到依据,因此才有所谓正义拥有一张像普罗米修斯般变化不定的脸这样的比喻。基于这一

---

[1] 〔德〕费尔巴哈:《宗教的本质》,王太庆译,商务印书馆2010年版,第3页。

现实,我对正义观之历史变迁的考察,主要在前述我对正义的定义之下,对于产生正义的路径所进行的考察,也会部分地涉及正义的呈现形式,但是将尽量避开对正义的具体标准或者内容的讨论。不过我对产生正义的路径的考察将表明,当我们选定了产生正义的方法和路径,正义的标准或者说内容自然也就顺理成章,呼之而出了。我还要说明的是,我所谓的正义观的历史变迁,乃是一种学理上和观念上的抽象,不是一种关于具有明确时间节点的历史事实的描述。我只是要表明,在抽象的意义上,正义观经历了这样一种生长的过程。

一、蒙昧时代的正义观:来源于自然的正义

我在这里所说的自然的正义,并非通常论者所说的来源于自然法上的正义。从发生学上观察,自然法上的正义,已经不是自发生成的正义。人类个体在诠释自然现象以及相互交往的过程中,会形成一些引导自己行动的判断准则。但是这样的准则乃是内嵌在每个人的直觉观念中,它的内容虽然具有一定程度的一般性,但它的存在形式却是个体的经验和感觉,具有特殊性。而自然法之"法"的概念,已经意味着它不是存在于个体直觉观念中的行为规范,而是一种具有一般性的规范。此种一般性,非经专门的抽象过程,无从获取。因此自然法这样一种概念,从它产生的那个时候起,就是一个学术语言,而不是生活语言。这意味着,自然法的概念并非一般人内心的观念,但我们却不能因为他们没有自然法的观念而认为他们没有正义的观念。因此自然的正义观必然产生在前,而自然法的概念则产生在后。换言之,自然法只有两千多年的历史,而正义观则显然历史更长。也可以说自然法乃是对自然正义观的学术总结,它的内容来自自然的正义观,而它的形式则来自权威们的赋予。基于这样的分析,我所说的自然的正义,乃是人类作为个体以及作为群体,在与他所处的自然环境相处的过程中,形成的基于经验的观念。这样的观念,表现为禁忌而不是表现为自然法。当然,自然法作为自然正义的抽象形式,在人类摆脱蒙昧状态,进入文明时代以后,和宗教教义一起成了自然正义的孪生子和传承者,当然地成了后世寻找自然正义的来源之一。关于这一点,我在后面还要继续讨论。

在人类社会的最早时期,人类个体及其所处群体既是大自然天然的构成部分,又以自己为中心同身外的自然环境打交道。他们在经历严寒酷暑和雨雪冰霜的过程中,积累了居住与穿衣的经验;他们在获取食物和抵抗异种伤害的过程中,积累了个体相互之间分工合作的经验;他们基于物种繁衍的本能,积累了生养死葬的经验……在这些经验基础上所形成的应当与不应当的直觉观念,就是自然的正义。它来源于自然,也属于自然的一个部分。在这种最早时期的处于自然状态的人类群体中,由于没有既定的规则来约束人们的行为,所以他们只受本能的支配。当然,这些本能也是自然正义的一个组成部分。他们因为不受约束,所以想做什么就做什么。当他们的行为与环境相冲突的时候,他们当然将会付出代价,这些代价主要是身体上的伤害乃至死亡。他们把这看作来自大自然的惩罚。每发生一次冲突,就遭受一次惩罚,然后就形成一种不能再发生冲突的认识,这种认识,就是原始禁忌。禁忌是什么?作为学术上的概念,禁忌一方面是指"神圣的"、"不洁的"、"危险的"、"不可接触的"事物,另一方面又是指言行上被禁止或者心理上被抑制的行为控制模式。禁忌的两个基本特征就是"危险的"和"具有惩罚作用的"。① 简单来说,禁忌就是令人不愉快的或者令人痛苦的某种联系——在某种行为之后,就会发生不愉快或者痛苦的感觉,但是其中是否有因果联系,他们无法证明。但是不论这种联系是必然的还是偶然的,产生禁忌的人把它看做是一种必然的联系。基于这种认识,他就形成了哪些行为可以做与哪些行为不可做的观念。这种观念,就是自然的正义观。因此,在最早时期的人类社会,除了本能以外,人类凭借自己的经验所形成的自然的正义观,就表现为禁忌。

通过这样的一种分析,我们可以看出,自然的正义只有两个来源,一是本能,二是禁忌。但是从发生学上看,本能的正义不仅先于禁忌,而且是产生禁忌的最初来源。因为在禁忌形成之前,人类乃是基于本能而行动;因为有了行动,才可能与身外环境发生冲突,禁忌才得以形成。因此我们也可以将本能视为最初的正义,而将禁忌视为人类基于经验而产生的最早的正义。关于本能,有着一个从绝对的正义到相对的正义的变迁过程。在禁忌产生之前,人类仅受本能支配,本能乃是以绝对命令的方式出现,他无法抗拒。而在禁忌形成之后,禁忌对本能构成了制约——在有

---

① 任骋:《民间图腾禁忌》,中国社会出版社 2009 年版,第 22—25 页。

禁忌的地方,人类不能再遵从本能的命令,而必须依禁忌行动,否则他的本能将遭受更大的惩罚。这样,基于本能的正义逐渐变得相对化,有的本能冲动,因为没有遭遇禁忌的束缚,因此是正义的;而另一些基于本能的冲动,因为受到禁忌的约束,因此是不正义的。这样来看,禁忌虽然发生在本能之后,但是却取得了优于本能的地位。学者的研究表明,"禁忌的主题意义即是反对思想上和行为上的自由化。以乱伦禁忌为例……乱伦禁忌的存在便严格地限制了这一方面的性欲满足,从而使某种社会秩序得以建立。事实上,禁忌是原始社会唯一的约束力,也是以后人类社会中家族、道德、宗教、政治、法律等所有带有规范性质的禁制的总源头。"①

禁忌在形成之后就表现为行为规范而在代际相传。某个婴儿在出生后的最初时刻,只受本能的支配,他不用教育,即知道寻找妈妈的乳头。但是,由于某些禁忌的观念已经在上一代形成,所以在孩子成长的过程中,长辈就会把关于禁忌的观念性知识传授给他。这样,他的某些本能,比如好奇心,还没有发挥作用,就已经遭受了约束。对他来说,禁忌从一开始就取得了优于本能的地位。禁忌的这一发展趋势是长远的,直到它在与本能的斗争中完胜。我们都知道,在人类历史的某些阶段,除了种族繁衍的本能外,几乎所有其他的基于本能的冲动,都被认为是非正义的。相反,正义则几乎成了禁忌的代名词。基于禁忌的自然正义有一个特征,就是这种正义观主要由禁止性规范构成,它只告诉你什么不能做,而不能告诉你什么能做。

随着人类历史的发展,禁忌主要不再是来源于个体或者群体的体验,而是来自代代相传。"在原始初民的生活中,老年人成为经验、知识(尽管相当有限)传统和习俗的储藏者,长者的意见有助于人们与自然做斗争。"②一些年高的长者因为掌握禁忌的内容而成为权威。另外,因为人类对禁忌的反应主要是祈求上苍或者祈求他们的图腾,所以形成了祭祀的仪式。一些人因为掌握禁忌的内容而被选为祭司,他们的后代因为直接的言传身教而比其他人更了解禁忌,因此更胜任于祭司的工作,所以祭祀的职责也被一些家族垄断。这些担任祭司的人,也成为表达正义的权

---

① 任骋:《民间图腾禁忌》,中国社会出版社2009年版,第27页。
② 同上书,第14页。

威。但是在很多时候,年长者往往就是祭司。他们成了表达和诠释正义的权威,正义便从自然的正义时代,进入历史的正义时代——正义观不再来源于个体和群体的直接体验,而是来自于历史相传。在这个过程中,语言发挥了极其关键的作用。因为有了语言,禁忌才可以在个体之间进行横向的交流,形成群体的禁忌;也才可以在代际之间进行纵向的传承,形成历史的禁忌。语言与禁忌的关系如此密切,以至于禁忌本身就是语言的重要来源之一。

在这样的时期,正义观本身就是行为的规范,他们都以禁忌的形式存在。日本学者穗积陈重所谓的记忆法以及以吟唱的方式公布的法律,其所谓法律,在本质上应该就是禁忌。①

二、权威时代的正义观:来源于历史的正义

在人们关于正义的知识不再是来自个体和群体对所处自然环境的直接体验,而来源于历史相传时,则意味着人类已经走出蒙昧时代。因为人类能够通过自己的语言和思维,对于过去的经验进行总结和抽象,逐渐形成自己的知识体系,并且能够根据这些知识来指导自己的行动,这意味着人类已经开始主动创造自己的文明。在这一过程中,权威逐渐形成,他们的权威来自对于禁忌以及围绕着禁忌而形成的一系列风俗和习惯知识的了解,而其权威的表现则是对这些知识的表达与诠释。从某种意义上说,人类历史是权威的历史,因为历史是由权威们通过口述、诗歌以及其他的形式来记载和传承的。而正义观就从这些历史传承物中走出,进入聆听者或者阅读者的精神之中,左右着他们的思维,引导着他们的行动。例如苏格拉底就是这样的权威之一,他声称自己一辈子除了考虑什么是正义,什么是非正义,并且实行正义和避免非正义以外,任何别的事都没有做。② 从古希腊的苏格拉底到柏拉图再到亚里士多德,以及中国的老庄与孔孟,乃至释迦牟尼与穆罕默德,直至后来那些因为自己的杰出贡献而位列历史星空的哲人们,都是这样的权威。

---

① 〔日〕穗积陈重:《法律进化论》,黄尊三等译,中国政法大学出版社1997年版,第79—107页,第166—167页。
② 〔古希腊〕色诺芬:《回忆苏格拉底》,吴永泉译,商务印书馆1984年版,第186页。

这些权威中最为重要的是宗教权威。从发生学的角度来看,宗教也来源于自然。就像费尔巴哈说的那样,自然是宗教的最初原始对象,这一点是一切宗教和一切民族的历史所充分证明的。他又说:"显示于自然之中的神圣实体,并不是什么别的东西,就是自然本身,自然本身以一种神圣实体的姿态显示于人,强加于人。"①而霍布斯则对宗教的起源有着更详细的阐述。他说人类对探究的偏好使得他能够观察一个事件是如何从另一个事件中产生的,并且记住其中的因果关系。若他对事物的真正原因没有把握,便会想象出一种比自己高明的权威,这个权威能够设想出一些原因。那些力求免于所惧之祸,渴求所望之福的人,因为无法掌握祸福根源,就会经常陷入对未来的焦虑之中。神就是从这种焦虑或者恐惧中创造出来的。对原因的不断追问,使得人们认为必然有一个原始的推动者存在,这就是人们所谓的上帝这一名称的意义。人们对于神的形象的想象只能来自于所见之物,所以各种事物都有可能被视作神的形象。②因此就像我在前面指出的,是禁忌(或禁忌引起的恐惧)的存在,导致了图腾的崇拜,而宗教又顺理成章地从图腾崇拜中走出来。我国学者陈炎先生经过研究认为:从逻辑上讲,作为原始的人类活动,图腾崇拜本身便包含着向三个方面转化的内在可能,一是神话其自然的成分,弱化其血缘的成分,从而将其转换成一种与人类血缘无关的宗教信仰;二是强化其血缘的成分,弱化其自然的成分,从而将其转化为一种与宗教信仰无关的世俗理论;三是既神话其自然的成分,又强化其血缘的成分,将二者结合在一起,从而将其转化为一种与宗教有关的种姓制度。前者是西方人选择的文明路径;中者是中国人选择的路径,后者是印度人选择的路径。③ 这意味着,宗教与图腾之间存在着发生学上的联系,后者起源于前者。当人们逐渐信仰某一个神的时候,意味着他们也接受了同一个正义观的体系。此时,正义观开始体现在宗教教义中。而祭司则是正义观的权威诠释者。此一时期,世俗的政治权威,若要披上正义的外衣,也须求助于神。他们或者像欧洲那样,由宗教教宗加冕,而后才被奉为正统;或者像东方的中

---

① 〔德〕费尔巴哈:《宗教的本质》,王太庆译,商务印书馆2010年版,第2页,第7页。
② 〔英〕霍布斯:《利维坦》,黎思复等译,商务印书馆1985年版,第79—84页。
③ 任骋:《民间图腾禁忌》,中国社会出版社2009年版,第15—16页。

国那样,虽然皇帝是世俗的政治权威,但是却必须借助于"天"的名义来使其统治合法化;或者就像伊斯兰国家那样,实行政教合一,由宗教上的最高权威兼做世俗的统治者。这些权威们的合法性是由宗教授予的,而宗教教义则是历史的产物,是历代宗教权威们的理解和诠释的记载,是历史的传承物。因此,体现于宗教教义里的正义观,乃是历史的正义。

但是宗教的教义既然也是来源于早期人类从禁忌中获取的知识观念,那么它实际上与自然法有着同源性。宗教权威虽然借助于神谕来表达正义,但是他们所表达的内容,实与自然法无异。实际上既然神是否存在是无法得到证明的,则由宗教权威所表达的神谕以及经由对神谕的诠释而形成的宗教教义,更大的可能是来源于自然法。他们以自然法的理念,来诠释所谓的神谕或者宗教教义,形成神学权威下的正义观。因此,在像欧洲中世纪这样由神学统治的时期,自然法也经常被作为论证伦理规范的依据。① 换言之,神学中阐述的神谕或者宗教教义乃是披上宗教外衣的自然法,是自然法的另一种表达。当然,我们也可以说,两千多年来,自然法和宗教教义一直处在相互解释的关系中,它们是正义观的两个孪生的历史传承者。

从蒙昧时代走入权威时代,意味着人类逐渐摆脱了对大自然的依赖,开始自主决定自己的行动。按照费尔巴哈的观点,宗教乃是人们的一种依赖感:人们认为若没有一个异于人的东西可以依赖,他就不可能存在。人们觉得他的存在不是由于他自己,而是由于存在于他之外的东西。② 但是,人类既然在他的感觉中开始依赖自己创造的神,而不是直接依赖他所生存于其中的自然本身,他们不是将自然之物作为崇拜的神,而是以自己为模板创造了属于自己的神,并且在自己的共同体之中选择神的代表,来表达自己的正义观,就表明他们已经有了摆脱自然束缚的愿望。而他们通过自己所在群体的人类自己的权威们对于自然法的表达和诠释,来传承这历史的正义观,则表明他们作为一个群体更加自信。这些正义观固然脱胎于原始的禁忌,表现为历史的产物,但是更加系统化了,也被赋予了更加丰富的涵义。那些被历史选中作为正义之代言人的权威,也从

---

① 〔意〕登特列夫:《自然法——法律哲学导论》,李日章等译,新星出版社2008年版,第三章。
② 〔德〕费尔巴哈:《宗教的本质》,王太庆译,商务印书馆2010年版,第2页。

单纯的伦理上的权威,而成为政治上的统治者。因为他们既然掌握着正义以及正义的解释权,则意味着有指导乃至命令他人行动的权力。所以这种权威的时代,必然也是威权的时代,是众人顺从于教宗或者君主的时代。这样的时代,随着作为统治者的教宗或者君主个人在能力和性格上的差异而具有不同的面貌,有的被称作开明时代,有的则被称作黑暗时代。之所以教宗或者君主个人的因素可以左右他所在的时代,其根本的原因就是他们在观念上或者习惯上被看作正义的化身,他们的命令被认为是正义的,因此也就当然地获得了遵守或者执行。例如早在2300多年前,巴比伦国的汉谟拉比王,就曾自诩为"正义之王"。① 而在迟至16世纪的英国,君主仍然被视为正义的化身。② 在中国古代也有着类似的哲学和伦理学观念。所谓"君让臣死,臣不得不死",即是这样一种正义观的经典表达。但是他们权力的正义性无一不是从历史传统中获取:或者来源于世袭,或者来源于历史形成的宗教规制,或者来源于教宗的加冕,而无法来自于自己的创制。例如,汉谟拉比即认为他的权威来自于神的委托。他在制定被后世称作"汉谟拉比法典"的法律时,宣称:"当神命我统治万民并使国家获得福祉之时,使我将公道与正义流传国境,并为人民造福。"③而在我国的古代,皇帝则被称为"天子",亦即他乃是托神意治理天下,因此被认为"口含天宪,言出法随"。

三、启蒙时代的正义观:来源于自然法、功利主义与直觉观念的正义

在欧洲,从16世纪开始到17世纪中,逐渐进入了"科学思维"的时代,再到18世纪发生了产业革命,欧洲进入了启蒙运动时期,这个运动一直延续到19世纪前期,长达两个半世纪。根据康德的说法,启蒙就是"在一切事情上都有公开运用自己的理性的自由"。根据我国学者陈乐民先生的研究,启蒙运动源于英国的经验主义哲学家和法国的理性主义哲学家。在英国,即使是在神学占据统治地位的时代,神学家也强调感觉和经

---

① 赵明:《正义的历史映像》,法律出版社2007年版,第3页。
② 在英国16世纪对叛逆罪的血腥的审判历史上,一些被告虽然清楚自己是被冤枉的,但是仍然坦然地接受死刑判决。他们相信由国王发起的审判以及审判的结果是正义的。参见〔美〕兰博约:《对抗制刑事诉讼的起源》,王志强译,复旦大学出版社2010年版,第82页。
③ 赵明:《正义的历史映像》,法律出版社2007年版,第7页。

验的意义,这意味着英国的神学家对于宗教教义的诠释,从来就没有完全依赖神谕,从而具有一定的自主性。到了中世纪末期的时候,英国经验主义的鼻祖培根提出了实验哲学的概念,强调感官经验是认识的基础。换言之,人类的知识乃是源于自身的经验而不是神谕。如此一来,人类关于正义的知识,就开始与宗教渐行渐远。在法国,启蒙运动的发生和发展一方面受到英国的影响,另一方面也有着17世纪法国哲学家的功劳。作为近代理性主义鼻祖的笛卡尔,首先表达了对于上帝的怀疑。他认为,信仰上帝对于那些信仰上帝的基督徒不成问题,有了信仰就够了:基督徒相信上帝存在,因此上帝就存在。但是,对于那些不是基督徒的人,如何说服他们相信上帝是存在的?要说服他们,就必须以科学的论证,例如几何学和数学的办法来完成。笛卡尔当然无法达到他的目的,他用尽各种科学的办法,都无法证明上帝的存在。因此,理性主义者也与上帝渐行渐远。① 这样,那些神谕和宗教教义开始渐渐暗淡,走下了正义的神坛。离开了上帝,那些靠神授来获得正统性的君主,自然也就不再是正义的代表。其实在世界各民族中,随着个体和群体认识能力的提高,都在不断地自我启蒙。这种启蒙的表现就是在思想上的不断独立,他们对于自身之外的宗教以及世俗权威的依赖性不断减少,而自信却在不断增加。这样的趋势导致了在思想上对过去的反叛,历史固然没有被否认,但是历史留给当下的遗产却在不断受到质疑。人们质疑上帝的存在,自然也会质疑基于宗教的伦理观,质疑由宗教教义所传承的正义观。而对于世俗的君主权威的质疑,则使得君主存在的正统性或者说合法性受到动摇。君主不再是当然的正义的代表,他的行动以及他的命令,都应当接受君主之外的正义观的检验。

在启蒙运动的早期阶段,无论是主要持经验主义的英国还是主要持理性主义的欧洲大陆,都转向自然法来寻求正义观的建构。

在英国的经验主义哲学家中,霍布斯剥掉了君主所披的正义的外衣。首先承认自然法的存在,但是认为在缺乏权威的原始状态中,自然法不可能得到遵守,人们相互冲突,处在一种战争状态。为了保障自身的安全,人们终于相互达成了协议,相互承认某一个人或者某一个集体,放弃自己管理自己的权利,把它授予这个人或者这个集体,但是条件是其他人也把

---

① 陈乐民:《欧洲文明十五讲》,北京大学出版社2004年版,第八讲:话说"启蒙"。

自己的权利拿出来授予他,并以同样的方式承认他的一切行为。这样,统一在一个人格之中的一群人就称为国家。霍布斯认为这样的国家有三种,君主国、民主国家和贵族国家。① 可见,在霍布斯的观点里,君主已经不是当然的代表国家的主权者,他的权利乃是来源于国民的契约授权,而国民授权他的目的乃是维护自然法的规则。因此霍布斯已经开始将正义观的来源从君主转向了自然法,君主不再是正义的代表。在霍布斯之后,洛克继续向自然法中寻找正义的源泉。当然,他与霍布斯不同,他认为人们在建立政权时仍然保留着他们在前政治阶段的自然状态中所拥有的种种自然的权利。② 在欧洲大陆,当法学力图摆脱宗教和神学的束缚而走向独立时,法学家们从一开始便诉诸自然法的观念,来为自己的正义观提供证成。从格劳秀斯、普芬道夫到斯宾诺莎,再到孟德斯鸠和卢梭等,都试图从自然法中寻求正义之道。他们和英国的霍布斯以及洛克一起,被称作古典自然法学派。我们可以看出,直到这个时候,自然法才真正担负起传承正义的角色。正如意大利学者登特列夫所指出的,自然法这一概念在不同的时代具有不同的功能,它总是被用来作为实现某种目的的工具。在罗马帝国时代,自然法被作为建立一种普遍适用的法律体系的手段;在中世纪,自然法被用来为伦理观念提供合理的依据;而近代以来,自然法则被用来论证自然权利。③

但是在继续发展下去的阶段,英国和欧洲大陆在对正义观的论证上开始走上不同的道路。在英国,从休谟开始,一些学者试图在较为纯粹的经验主义基础上建立功利主义的正义观。休谟三大问题之伦理学问题,也就是如何从对事实的描述中获取有关应当与不应当的价值判断,意味着无论是历史事实还是当下的事实,只要在性质上属于事实,其本身都不能为正义观提供证成。这使得世俗的君主或者宗教权威,仅凭其存在的事实本身,不能成为其存在的合理性和正义性的依据。在休谟之后,边沁正式提出了他的功利主义理论,认为应当根据某一行为本身所引起的苦

---

① 〔英〕霍布斯:《利维坦》,黎思复等译,商务印书馆1985年版,第129—132页、第142页。
② 〔美〕博登海默:《法理学:法律哲学与方法》,邓正来译,中国政法大学出版社1999年版,第52页。
③ 〔意〕登特列夫:《自然法——法律哲学导论》,李日章等译,新星出版社2008年版,第二章至第四章。

与乐的大小程度来衡量该行为的善与恶。如果该当事人是一个特定的个人,那么功利原则就旨在增进该人的幸福;如果该当事人是社会,那么功利原则便关注该社会的幸福。① 至此,来源于历史的正义观,包括来自于宗教的和君主的正义观被彻底打破,正义观开始来自于人们当下的经验感受。这样,边沁实际上回答了休谟所提出的问题,也就是当下的事实,包括某种行为或者某种事物,如果是符合功利原则的,就是应当的,因此也是正义的。边沁的源自经验主义哲学思想的功利原则,被英国法理学家奥斯丁接受②,他在此基础上开创了分析主义法学。实际上从培根开创经验主义哲学思想以来,在此后奉行经验主义思维的英美国家,人们一直在自然法所表达的正义观和来自功利原则的正义观之间争论和摇摆。当对现状满意时,人们便以功利原则直至实用主义原则来为现状提供正当性依据;当对现状不满时,人们便诉诸自然法来为自己的主张或者行动寻求依据。而在欧洲大陆,以德国为代表,则发展出了以康德、费希特和黑格尔的观点为主的被称作先验唯心主义的法哲学。③ 但是,先验的观点是来自何处? 所谓先验,乃是意味着不是来自于经验,是无须经验证实即可确认其正确性的观念。因此,这样的正义观,只能是来自于理性直观。这实际上是欧洲大陆理性主义哲学思想的一种延续和体现。但是,我们仍然可以继续追问,这种理性直观又是来自哪里? 一个人总不能在生下来的时候就具有了这种理性直观,他必然要通过生命历程的不断展开而形成自己的理性直观。也即,他的理性直观应当是来自他的身外,来自他所生存的群体的观念。但是这个群体观念的来源是复杂的,应该有宗教教义,也应该有自然法的理念,还应该有风俗习惯的痕迹。但是显然,这些教义、理念或者痕迹已经嵌入群体以及个体的精神之中,否则先验唯心主义论者仅仅通过内省式的理性直观是难以获得有关正义的观念的。

　　根据以上的分析,在启蒙运动后,正义的观念不再是来自于历史传承下来的权威,例如宗教教义或者君主的命令,而是来自于自然法、功利观

---

①　〔美〕博登海默:《法理学:法律哲学与方法》,邓正来译,中国政法大学出版社1999年版,第105页。
②　〔英〕约翰·奥斯丁:《法理学的范围》,刘星译,中国法制出版社2003年版,第75页。
③　〔美〕博登海默:《法理学:法律哲学与方法》,邓正来译,中国政法大学出版社1999年版,第38—80页。

以及理性直观。

四、法治时代的正义观:来源于法律规范的正义

正义和法律之间似乎一直存在着一种难舍难分的关系,在很多时候,人们说到法律时,他所要表达的实际上是正义;而他在说到正义时,所要表达的却是法律。换言之,在很多时候,人们经常把正义和法律作为等同的概念来看待。例如我国学者赵明著有《正义的历史映像》一书,但是从头到尾所叙述的,似乎都是法律的历史;美国学者德沃金著有一本关于法哲学和法律方法论的书,其书名就叫《身披法袍的正义》。① 这些学者在讨论法律问题时,有意无意地将法律与正义这两个概念联系在一起,这意味着在法治的时代,人们所谈论的正义,乃是一种与法律规范相关的正义;而人们所谈论的法律,则是与正义相关的法律。如果他们所说的法律是自然法,那么将正义与法律等同看待,乃是符合正义的发展历史,因此无可厚非。因为正如我在前面所分析的,从历史上的某一个阶段开始,自然法和类似于摩西十诫这样的宗教教义,共同承担起了正义的传承物这样的重任。以至于人们在寻找正义时,若不是求助于宗教教义,就是求助于自然法。但是人们所谈论的法律,并不一定是指自然法,甚至在多数情况下所指的都不是自然法,而是世俗的法律。早在公元前一世纪的古罗马时期,法学家西塞罗就对自然法和世俗法律也即人定法进行了区分,认为自然法是神的理性和自然正义,是衡量人定法的正当性标准。② 可见,至少从西塞罗那个时候开始,自然法就成了正义观的呈现形式,而人定法却被认为不一定就是正义的体现,相反还有可能是违背正义的。若我们回过头去看一看苏格拉底之死,也许会发现,早在古希腊的时候,正义与世俗的法律之间就已经分道扬镳了:苏格拉底自诩一生都在研究正义和思考正义,他认为自己一生都没有做过不义之事,但是他却被人以法律的名义判处死刑。即使是接受判决,拒绝逃亡而慷慨赴死的苏格拉底本人,也认为对他的审判是不公正的。③ 这意味着,法律是法律,而正义是正

---

① 赵明:《正义的历史映像》,法律出版社 2007 年版;〔美〕罗纳德·德沃金:《身披法袍的正义》,周林刚·翟志勇译,北京大学出版社 2010 年版。
② 赵明:《正义的历史映像》,法律出版社 2007 年版,第 30 页。
③ 〔古希腊〕色诺芬:《回忆苏格拉底》,吴永泉译,商务印书馆 1984 年版,第 186—187 页。

义。它们固然不像井水与河水那样疏远,而且法律往往还以正义之名被施行,但是法律,也即世俗的法律,其与正义并不等同。

不过,在进入法治时代以后,这种情况发生了改变。早在古希腊时期,亚里士多德就提出了"法治"的概念。根据博登海默的考察,亚里士多德认为,达至善的生活乃是政治组织的主要目标。同时他又宣称,人在达到完美境界时是最优秀的动物,然而一旦脱离了法律和正义,他就是最恶劣的动物。为此,亚里士多德指出,以正当方式制定的法律应当具有终极性的最高权威。除非在法律未能做出一般规定从而允许人治(即行政统治)的情形下,法律对于每个问题都应当具有最高权威性。但是,亚里士多德也意识到了这样的一个事实,也就是在司法时,可能会出现这样的情形,即法律规则的一般性和刚性可能会使法官无法将该规则适用于个别案件的解决。为此,须用衡平(epieikeia)的方法来解决困难。① 根据亚里士多德对于法治的阐述,在法治的状态下,法律将取得和正义一样的地位,而且法律还将是正义的承载者和表达者。如果这一理想在古希腊得以实现,苏格拉底也许不会被处死。但事实是苏格拉底被处死了,所以亚里士多德的法治理想,也许正是出于对古希腊城邦国家没有实现法治的一种反思。此后的个别古罗马皇帝虽然也曾因崇尚法治而青史留名,但实际上并没有达至亚里士多德所描述的理想状态。在之后欧洲所经历的中世纪长期的专制统治中,只有神治、人治而没有法治。但是在英国制定大宪章之后,并随着法国民法典和德国民法典的制定,人们在心中又燃起了法治的理想,两百多年来孜孜追求这一理想的实现。

英国历史上一直是采行判例法的国家,并且英国人一直以判例法为荣。他们认为判例法具有连续性、永恒性以及自我生长的特征。因为判例法的一个重要传统是遵循先例,对于过去的判例所确立的原则,在后的裁判必须遵守,这就保证了判例的连续性。而法官们在创设判例以及解释判例原则的时候,往往要从良心、理性、正义等自然法的理念中获取依据,所以判例法的原则实际上已经内含着自然法中的正义观,因此具有永恒正义的可能。又由于判例法对于遵循先例的要求,任何人不得随意废

---

① 〔美〕博登海默:《法理学:法律哲学与方法》,邓正来译,中国政法大学出版社1999年版,第52页、第10—11页。

弃判例法的精神和原则,而且必须从先例中汲取营养,方能进一步发展判例,因此判例法的生成和发展具有一定的自发性和相对独立性。基于此,判例法中的一些原则和理念已经浸入国民心髓,与国民之正义观融合在一起,或者说成为国民正义观的一个源泉。如此一来,我们若是按照英美法理学的一般原理,将判例法作为英国法律规范的一种最为重要的渊源,则认为在英国,正义乃是来自法律规范的正义,亦无不可。这是其一。其二,在英国于1215年制定大宪章后,王权就受到了极大限制,贵族以及其他社会阶层的自由开始受到保护,大宪章实际上成了对国民人权进行保护的极其重要的法律依据。这就使得大宪章成为了国民正义观的一个重要源泉和载体,很多判例也都是援引大宪章的精神而做出,这些判例又以先例的地位影响着在后的司法裁判活动。英国遂渐入法治的时代,法律在国民的心中取得了崇高的地位。法律成了可以和正义互换的概念。

  法国的启蒙运动在很大程度上受到了来自于英国的进步理念的影响。在关于法治的理念方面,像孟德斯鸠三权分立的主张,就受到了洛克的思想影响。法国大革命又是启蒙运动的一种剧烈成果。基于法治的理念,在法国大革命后,执政者即开始着手编撰民法典,但是直到拿破仑掌握政权,民法典的制定才最后成功。法国民法典确立了很多进步理念,成为很多国家民事立法的蓝本,以至于拿破仑认为这一法典给他带来的成就远远超过他之前曾经取得的各种军事上的成功,并认为法国民法典将永世长存。法国民法典所具有的崇高地位,使得人们将它与正义相提并论。符合法典规定的行动以及理念,就被认为是正义的行动和理念。此后,法国民法典就成为了国民正义观的一个载体和源泉。

  在法国民法典颁布前后的时期,德国在政治上和法律上都还没有统一。但彼时德意志民族实际上已经继受了罗马法的精神。罗马法的规则和理念已经成为德意志的民族精神。在法国民法典通过后大约十年,德国也开始了关于制定民法典的讨论,但是中间经历了很多波折,直到1896年,《德国民法典》才正式颁布。《德国民法典》在颁布时间上比法国民法典晚了将近一个世纪,却凝聚了德国学者长期以来对于罗马法精神的诠释成果,又受到具有德国特点的理性主义哲学思维的影响,采用了源自罗马法上之《学说汇纂》的体例,也就是德国人所说的五编制的潘德克顿的体例,简单干练,用语和逻辑非常严谨,以至于看起来不像是国民的法律,而像是法学家的法律。《德国民法典》将关于民法典的立法技术水平又推进一步。此后也成为一些国家效仿的对象。由于德国民法典的地位很高,它的规则成为国民的行动指南,体现在罗马法上的自然法的精神,也当然被德国民法典继受,从而进入德意志民族的精神之中,成为国民正义观的来源。

以英国、法国和德国为起点,西方国家逐渐进入法治的时代,法律成为各国国民正义观的重要来源,法律规范有时候就直接成了正义的表达式,守法主义思想也因此形成。按照美国20世纪著名的政治学者朱迪丝·N.施克莱的观点,"所谓守法主义,是指一种伦理态度,它把是否遵循规则当作判断道德行为的标准,将道德关系视为由规则所确定的权利义务关系。就像所有被强烈感受并广为接受的道德态度一样,守法主义不仅体现为个人行为,也表现为哲学思想、政治意识形态、社会制度……这样理解的话,守法主义就常是一套虽难以言传但却一贯被遵循的个人行为准则。"接着,朱迪丝·N.施克莱进一步对守法主义进行更加详细的刻画:"在西方国家,守法主义虽非唯一的一种社会思潮(social ethos),但却相当深入人心。从政府机构到私人会社,形形色色的社会组织都在很大程度上从守法主义中提取了组织的标准和运作的理想。守法主义发挥到极致,就是欧洲各国的伟大法律体系。最后,珍视这些法律体系的人,尤其是直接维护这些法律体系的人,即法律职业者,包括法官和律师,也以守法主义为其政治意识形态。"①我们可以看到,守法主义既然已经成为一种道德观,则意味着守法是道德的,不守法是不道德的,因此守法的思想和行为本身,就具有了一种伦理学的意义,也即守法本身就是一种正义。为什么守法本身就是一种正义?因为法律就代表着正义,守法意味着坚持正义,因此守法本身就是一种正义的要求和体现。当然,朱迪丝·N.施克莱也承认,守法主义只是人们道德观的一种,任何社会要想维持法院和依法审判,都必须贯穿着某些信念、习俗和意识形态。但是,根据她的观察,"几乎所有献身于研究守法主义道德和制度的人,都热情支持和推动守法主义,急于捍卫他们的道德帝国。"②换言之,守法主义虽

---

① 〔美〕朱迪丝·N.施克莱:《守法主义》,彭亚楠译,中国政法大学出版社2005年版,第1页。
② 同上书,第2页。

然只是人们道德观的一种,但却是法律和司法领域最为重要的一种道德观和意识形态,并且几乎所有研究守法主义的人都是它的信徒。

到了这个时候,也就是守法本身被视为一种道德要求的时候,我们已经完全可以把正义称作来自法律规范的正义了。最起码在法律生活领域,法律规范被认为是对正义的表达,遵守法律,就是践行正义。

五、反思时代的正义观:来源于商谈的正义

认为正义来源于法律的守法主义隐藏着一个陷阱,就是在守法之前,不再对法律正义与否提出质疑——既然正义就是来自于法律,那么某一种规范只要具有法律规范的形式,就意味着它是正义的。由于在法律之外不再有相对独立的正义标准,守法主义者失去了对于法律内容进行是非判断的能力和冲动。一旦有人以法律的名义行事,我们就无法阻止,而且根据守法主义的要求,我们还必须支持他,否则就是不道德的。这样一种意识形态发展到极点,就是法律形式主义的盛行。凯尔森是其中最为著名的代表。凯尔森将他的法学理论名之为"纯粹法理论",将他所研究的实在法看作是应然秩序,法律秩序被描述为法律规范而不是事实的结构。在法与正义的关系上,凯尔森曾对西方思想史上的各种正义观专门进行过简明扼要的考察。他几乎对西方思想史上出现的所有的正义观都进行了批判。他对经验主义的边沁的功利主义、形而上学的柏拉图的正义观以及属于理性主义的包括亚里士多德自然法的以及基督教的正义观等都提出了明希豪森式的追问,但是经他的分析,被追问的对象都没有给出最终回答,或者说它们给出的答案不过是其主张者生存当时的社会现存秩序。当然,凯尔森最后也提出了自己的正义观,也就是宽容,并在宽容下解释出了自由、平等和民主等具体内涵。但这难道不也是凯尔森对于其所处时空环境下之社会秩序的一种映象?因此,凯尔森对于正义观的诠释,答案就是以符合当下社会秩序中的一般规范的要求行事。[①]从以上的批判出发,凯尔森认为人们对于正义的绝对效力的要求,实际上超出了人们经验的能力。而且,凯尔森认为在法律上所说的正义,就是指

---

① 〔奥〕凯尔森:《纯粹法理论》,张书友译,中国法制出版社2008年版,第139—165页。

对实在法的符合。说某事公正,等于说某事合法,反之亦然。① 换言之,凯尔森反对在法律规范之外再寻找应然的标准,认为法律规范一旦生效,它就不仅是实然的,也是应然的。也即,根据纯粹法理论,既然在法律之外无法寻找到正义的应然标准,那么实定的法律规范就是正义的标准。从纯粹法理论的逻辑展开,在凯尔森那里,纳粹的法律和原苏联的法律等,都具有法律的性质和特征;又根据他关于法和正义关系的理论,则即使纳粹的法律也是正义的。这种结果必然会与很多人直观的正义感觉相悖。因此来源于规范的正义观或者说规范主义的正义观,必然会受到各种质疑,德国哲学家施密特就是对凯尔森的观点提出质疑的学者之一。

1932年,施密特就出版了《合法性和正当性》一书,对规范主义的正义观提出质疑。施密特是针对魏玛宪法而提出他的批判性观点的。他认为魏玛宪法的原则是规范主义的,也就是只强调规范的形式合法性而不问其实质内容为何。魏玛宪法的民主伦理是多数原则,也即随时让政治对手有同样的机会赢得权力。施密特认为这样很危险,因为它使得某种"合法的革命"成为可能,也即敌视宪法的政党以合法的手段上台后,再将政治对手排除在外,然后关上"合法性之门"。更危险的是,由于议会制立法国家空洞的形式主义和功能主义,即只问合法不合法,而不问是非正义,因而必然会否定反抗权,导致国家权力的滥用和不公正。这种危险的结果之所以可能,是由于立法国家的规范化倾向。规范化的形式主义要求对一切实质正义保持中立,而以纯粹算术的多数统计作为合法性的依据。这种合法性诉求使得一切对非正义和违法的反抗都成为"非法"。为此,施密特提出了"正当性"一词,作为合法性的对立概念。依据他的观点,如果说"合法性"是指是否符合法律规范和程序,那么"正当性"则是体现了一个先于规范化法律存在的、现实的、符合正义的意志。"正当性"本来是"合法性"的存在论前提,但是在现代,二者却成了对立的概念,甚至正当性本身也沦为了从合法性派生的东西,或者合法性完全取代了正当性。我们可以看出,施密特的上述观点好像就是针对凯尔森的纯粹法理论而提出的批判(之后德国发生的事情,证实了施密特的担忧)。之后,施密特又在其代表作《宪法学说》中对规范主义做了进一步的分析

---

① 〔奥〕凯尔森:《纯粹法理论》,张书友译,中国法制出版社2008年版,前言第17页、正文第46—48页。

和批判,且将凯尔森的理论作为他主要的批判对象。①

通过施密特对凯尔森的批判,我们可以看出规范主义的正义观之危险何在。若我们认为正义乃是来自实定的法律规范,而实定的法律规范又是由立法机关制定,这就意味着正义乃是来自立法机关。可是,即使在民主制的国家里,作为立法机关的议会及其组成人员也就是议员,也并不都是真理的掌握者,我们虽然可以期待他们制定的法律能够符合国民的正义观,但不能认为他们所制定的规范在事实上都是符合国民正义观的。换言之,我们即使可以承认恶法亦法,但是我们不能认为恶法亦是善法或者法律皆善。实际上即使是认为法无善恶的观点,其所导致的结果都是培养顺民,而压制来自国民的批判声音。若我们承认立法者不是圣人,则法律必有可能存在错误;若我们承认法律本身也有错可纠,则在一个开放的社会,就必须允许来自国民的批判,否则法律之错将永远错下去。最终受害的不仅是国民,也是国家整体。基于这一认识,我们就有必要对规范的正义观进行反思,并寻找更符合现代社会特征的正义观。

但是,若我们否认规范主义的正义观,那么我们又从何处获得正义?因为在同一个时空环境中,个人或者群体的正义观可能来源于自然法的观念,来源于宗教信仰,来源于风俗习惯,甚至来源于对当下利益的考量,因此离开法律规范的正义观,虽然在抽象层面上仍然有着达成大体上的共识的可能,但是在面对具体事物的时候,或者在采取具体行动的时候,正义观所给出的答案确实存在一定的相对性和不确定性。我们说规范主义的正义观存在导致不正义的风险,可是在摆脱规范主义的正义观后,规范之外的正义观却又千人千面,无法给我们的行动提供确定性的指导。我们又可能陷入正义观不统一和不确定的迷茫状态。价值观上的迷茫必然又会使我们在行动选择上犹豫不定,驻足不前,左右为难。就此,罗尔斯、麦金太尔与哈贝马斯分别给出了自己的解答,罗尔斯提出了著名的"无知之幕"的假设,麦金太尔提出了历史情境主义的观点,哈贝马斯提出了他的商谈理论,也被别人称作"真理共识论"②,或者"商谈法哲学"③。

---

① 张汝伦:《德国哲学十论》,复旦大学出版社 2004 年版,第 272—275 页。
② 〔德〕罗伯特·阿列克西:《法律论证理论》,中国法制出版社 2002 年版,第 140—141 页。
③ 高鸿钧等著:《商谈法哲学与民主法治国——〈在事实与规范之间〉阅读》,清华大学出版社 2007 年版。

罗尔斯的名著《正义论》乃是专门以"正义"这一元伦理学规范作为证成的对象。如我在前面曾经提到的,像正义这样的东西,既然被称作元规则,也就意味着它总是被作为论据而不是作为结论存在,因此在人们的认识中就应当是毋庸置疑的或者是不证自明的。但罗尔斯要将正义这样的元规则作为一个结论来证成,那他如何去寻找以及建立比正义更加原初的论据?他的解决方案很简单,就是先假设一个原初状态下的契约作为正义原则的论据,又将直觉观念作为这个契约的终极依据。而直觉观念乃是不证自明的东西,所以他的论证到这里即可戛然而止。在罗尔斯假设的原初状态中,人们在"无知之幕"的遮蔽下,达成了一种契约。"作为公平的正义的直觉观念是:正义的首要原则本身是在一种恰当定义的最初状态中的一个原始契约的目标……在给定的各方的环境,他们的知识、信仰、利益的情况下,一种基于这些原则的契约,相对于其他可选择原则来说,是每个人实现他的目标的最好方式。"①从上述引号内所援引的表述可以看出,原初状态下的无知之幕仅仅是一个程序性条件而已,真正支持罗尔斯正义原则的是原初状态下的契约,是参与各方的同意。罗尔斯并没有在这儿止住,他进一步提出了"无知之幕"下原初契约的参与者可能达成的契约的内容,也即正义的两个基本原则,然后他的全部论述又在这两个基本原则下展开。但是罗尔斯的全部论证,尚存两个问题:第一个问题就是论证上的问题,他在面对类似于"明希豪森困境"之类的追问时,以"直觉观念"作为回答,因此是在"直觉观念"这一个他所选定的点上,断然结束了递归过程。第二个问题是论证之前提和结论上的问题。他所假设的"无知之幕",实际上就是给参与者提供了一个自由、平等、民主和屏蔽掉偶然性因素的决策环境,而他所设想的原初契约的内容,也不过就是对平等、自由等现代民主国家的政治原则的重申而已。因此他所设定的达成原初契约的条件以及原初契约的内容,不过是他所处的当下的社会秩序在他头脑中留下的一种更加纯粹的映像而已。所谓直觉观念——人生活于当世,他的直觉观念若不是来自于当世,又会来自何处?就此来看,他的论证仍然属于凯尔森所批判的理性主义的论证路径。

---

① 〔美〕约翰·罗尔斯:《正义论》,何怀宏等译,中国社会科学出版社1988年版,第113—114页。

麦金太尔的历史情境主义,也被称作语境主义,其基本观点是应当从特定的历史情境来理解和把握正义的基本含义。但是这样一来,具有不同历史传统的人们以及处于不同历史时期的人们,其对于正义的理解就会不同,同一个时代也会有相互冲突的不同的历史传统并存,因而可能在正义观问题上带来分歧。对此,麦金太尔提出了所谓的"认识论危机"标准,试图消除人们在正义问题上的分歧。他认为,每一个传统在发展变化中都可能遭遇到"认识论危机"。在此情况下,如果有一种传统能够更好地解决了"认识论危机",则该传统被证明是具有优越性的,也就是我们要坚持的。他的这一理论试图通过不同历史传统之间的竞争和争论,来找出关于正义观的最佳答案,突破了传统经验主义和理性主义方法论的束缚,固然有其意义,但是批评者认为,这种观点有导致正义问题相对化或者说导致相对主义的危险。①

哈贝马斯也是试图摆脱传统经验主义和理性主义方法在论证上的桎梏,走出第三条道路。他在提出交往行为理论后,在此基础上进一步提出了商谈理论,从而试图以商谈的正义,来完成正义观的论证问题。简单来说,他的方法就是以交往行为理论给言语行为所设置的四个前提条件,来置换罗尔斯的"无知之幕",使参与者能够在获取为决策所需的充分信息的前提下,达成一致的选择。哈贝马斯认为,任何处于交往活动中的人,在施行任何言语行为时,必须满足若干普遍的有效性要求并假定他们可以被验证。这些有效性要求,就是言语的有效性基础,又包括四个方面:(1)表达的可领会性;(2)陈述的真实性;(3)表达的真诚性;(4)言说的正当性。这四点是保证语言交流或话语沟通的基本原则,只有这四条原则得以兑现,理解与共识才能达成。② 我们可以看出,罗尔斯的"无知之幕"面向的是假设,而哈贝马斯的言语有效性基础则是面向当下的生活事件。他们所立足的,都是契约精神。换言之,我们无须假设无知之幕。在当下的现实生活世界中,只要参与者在哈贝马斯设定的言语有效性基础上进行交往——也即论辩或者说商谈,达成理解和共识——在罗尔斯

---

① 赵祥禄:《正义理论的方法论基础》,中央编译出版社2007年版,摘要之第2页。
② 〔德〕哈贝马斯:《交往行为理论·第一卷:行为合理性与社会合理性》,曹卫东译,上海人民出版社2004年版,第100页;刘少杰:《国外社会学导论》,高等教育出版社2006年版,第389页。

那里,则被看作是一种契约,它们在本质上都是参与者的理性选择——就是可能的。而这个理解与共识,就是正义的。哈贝马斯并未给出这个理解与共识的具体内容,因为交往行为可能会面对任何问题,因此理解与共识可能是针对任何问题的理解与共识。所以哈贝马斯与罗尔斯的另一个不同是,他只是给出了产生正义的路径与方法,而没有武断地给出正义的内容。他的方法又是开放的,任何过去的正义观乃至当下的直觉观念,都可以成为商谈的内容。因此他的正义观是现实的,可以实现的正义观。较之麦金太尔的历史情境主义或者说语境主义,哈贝马斯的商谈理论不仅更具实践性,而且其所产生的关于正义观的实质结果,也应当更具有普遍的可接受性,因此也具有相应的确定性。

当然,对于哈贝马斯的商谈理论,也有批评,就是批评他的交往行动理论对建制性现实熟视无睹,甚至可能具有无政府主义的后果。换言之,哈贝马斯所设定的言语交往的条件在现实的生活世界中能否实现,以及这种基于交往行动理论的商谈的边界如何确定?这一批评是有力的,指出了哈贝马斯观点的弱点所在。但哈贝马斯随后在其所著的《在事实与规范之间——关于法律和民主法治国的商谈理论》中给出了自己的回答,认为在建制性现实中,他所说的商谈也可以展开并取得成果。① 我们可以看出,哈贝马斯的商谈的正义观,也须以自由、平等以及民主等作为前提条件。对此我们不能更有苛求,哈贝马斯也是生活在当下的世界,他也不可能摆脱当下之生活世界的现实来建构永恒的正义观。况且,在他之前的种种正义观在论证上的缺陷也表明,建构一种永恒的绝对正义观也是不可能的。也正因为如此,哈贝马斯也不可能为他的商谈的正义观给出具体的内容。但是他给出了一个寻找符合当下之生活事实的具体的正义观的方法。这个方法由于其具有高度的开放性,因此也具有高度的适应性,可以在任何问题上就应当与不应当的价值判断展开商谈的程序并获得成果。至此,我们已可以发现,哈贝马斯乃是通过将对正义问题的讨论转换为对产生正义的程序的讨论,从而避开了"明希豪森困境"和"休谟问题"的追问,为我们在现实生活中实现正义提供了可能性。因此我们

---

① 〔德〕哈贝马斯:《在事实与规范之间——关于法律和民主法治国的商谈理论》,童世骏译,三联书店2003年版,前言第3页。

可以说，在迄今为止的所有正义观中，商谈的正义观最具有现实意义和实践价值。

第三节 我国民事诉讼构造应当追求的正义观

如前曾指出，本书之所以要就正义问题进行考察，无非是要为本书将要建构的民事诉讼构造观确立价值目标。我的考察表明，正义观的发展经历了蒙昧时代、权威时代、启蒙时代、法治时代以及反思时代五个阶段的变迁。这五个时代的正义观，既有新陈代谢的运动，也有层层积淀的结果，每一个时代的正义观，都对前一个时代的正义观进行了改造，同时也传承了前一个时代正义观的精髓。传承到当下的时代，正义观的来源在现实上已经趋于多元化，来源于历史的、宗教的、功利的、学术的、经验的以及个体直觉观念的正义观，都试图在正义的殿堂寻找到一席之地。要寻求确立一元化的正义观，不仅不可能，而且也不符合开放社会尊重多元价值观的基本要求。因此当下最新的一种正义观，也就是商谈的正义观，已经放弃对于正义内涵的确定，而将讨论的重点放在如何建构产生正义的程序上。就我国来看，目前需要回答的是我国当下有哪一些涉及正义观的价值形态，而我们又应确立何种正义观来引导民事诉讼的程序构造。在回答这一问题时，我还将就程序正义与实体正义的关系，再做一些讨论。

一、我国当下的正义观

我国在走出蒙昧时代后，便进入了长期的权威时代，这一权威时代构成了我国整个的古代史，直到民国成立。在这一漫长的时期内，真正构成我国正义观之权威的，只有三个，一是居于权力巅峰的皇帝，二是被称作圣人的孔子（包括传承孔子衣钵的孟子等），三是佛教教义。如前曾指出，中国历史上的皇帝被称为"天子"，他所说出的话被称为"圣旨"，圣旨的内容总是以"奉天承运"这样的语词开始，他实际上是作为半神接受国民的膜拜。他被认为"口含天宪、言出法随"，他的话语被视为对正义的表达，具有不容置疑的独断性。皇帝的话语当然不是随意说出的，他的圣旨也往往由专门的中央机构草拟，因此我们说皇帝是表达正义的权威，实际上也可以说这个权威是权力中央,皇帝不过是这个权力中央的代表:承接天命,表达真理与正义。这个权力中央的话语当然也不是从无法证明的"天"那里获取,他实际上来源于当时普遍的正义观。而对当时普遍的正义观之形成起到巨大作用的,是学术界的权威,他们主要以孔孟为代表,其他的一些观点及其主张者,多数已随着历史的发展被淘汰。从后世流传的典籍来看,孔孟的正义观一方面来源于对更为古老之经验常识的重述,另一方面来源于他们的理性直观。在中国古代史的中后期,孔孟之学已成官学,这两种权威相互诠释,互为依据,实际上已经结为一体。在这两种权威之外,是佛教的教义。之所以是佛教的教义而不是教宗或者其他的高级宗教官员,是因为佛教讲究内心的修为,因此更注重修行者个人的感受,这使得佛教欠缺基督教那样的高度组织性,除了已经死去的域外的释迦牟尼外,基本上没有人格化的代表。因此影响中国人心灵的,主要是传进中国并经一代代佛教徒诠释的佛教教义。但是佛教教义的影响主要是民间心灵,对于皇帝这样中国本土的半神以及学界权威来说,佛教的影响时强时若,时有时无。而正统的正义观,主要体现在孔孟之学中。这一正义观持续到清末。

　　清末民国时期,国运衰落,学人转向西学。西方的价值观对中国的影响逐渐加大。至"五四运动"后,传统中国的正义观成为被革命的对象,遂退居乡村与市井,苟延残喘。官方的正义观被西方启蒙时代和法治时代的正义观取代。至1949年后,来自西方的正义观又被共产主义正义观取代,甚至早已退居乡村与市井的传统中国之正义观,也在此后几乎被破坏殆尽,空洞的共产主义理想成了占统治地位的正义观,中国进入"反智"时期。"文革"十年,人性之恶被无限释放,斗争哲学之下,一切原属正义的东西,此时都被视为罪恶,而被打入万劫不复之境地。在"文革"结束后的改革开放时期,"文革"期间所奉行的畸形的正义观又被否定,国人一时之间无所适从,那些曾经被当作革命的对象而被丢弃的西方启蒙时代和法治时代的正义观又通过学界返回中国,但是这样的正义观仅仅在学界引起讨论,大众的国民正义观并未受到太多影响。而在此时,西方早已进入反思的时代,关于正义的学术思潮已经进入多元化的时代。这些学术思潮令中国学界应接不暇,要想对不同的正义观进行认真考察,其力尚有不逮,又何谈批判与抉择。因此直到今日,中国再也没有任何一种正义观获得权威地位。官方先是试图坚持共产主义的正义观也即所谓的社会主义精神文明,接着又试图部分借鉴西方法治时代的正义观,如今似又将目光转向传统中国之正义观。与此同时,继续将佛教的正义观斥之为愚昧,又因为担忧基督教之组织性,而不遗余力地持续抑制基督教的正义观。于此期间,官方一直坚持未变的,就是人治的政治哲学。传统中国残存的伦理道德,则顽强地存在于个体精神之中。

总结以上的分析,我们可以看出,当下中国的价值形态,大致呈现三种样态:一种正义观是官方坚持的人治的政治哲学下的正义观,其在本质上与我所说的权威时代的正义观类同。这一形态的正义观,坚持权力中央等同于真理中央的观点,在本质上乃是权威时代皇帝"口含天宪、言出法随"之正义观的变种。此种正义观既容不得他人分享权力,也容不得他人分享真理,拒绝乃至敌视对它的批判和质疑,坚持独白式的正义表达,并且要求国民绝对服从,追求社会在价值观上的绝对化和封闭化。第二种价值观是残存于乡村与市井的传统中国的伦理价值观。这种正义观存在两千多年,早已沁入国人心髓,虽经百年来的乱马纷沓,仍然保持着顽强的生命力,一有机会,便会显示它的存在。只是这种正义观讲究等级秩序,重承担义务,轻主张权利,在话语表达上易于放弃对话机会,具有对权力中央的依赖性和服从性,因此其与官方坚持的正义观具有天然的契合性。第三种价值观是从西方引进的我所说的启蒙时代、法治时代与反思时代的正义观。这样的正义观主要为知识分子群体主张。大致来说,我国目前尚处于启蒙阶段,基于自然法的正义观、基于英国经验主义哲学的功利主义的正义观、基于欧洲大陆理性主义哲学的理性直观的正义观,其所具有的平等、自由、民主等理念,以及反对权力中央垄断真理的主张,天然地与人治的政治哲学下的正义观对立,因此对于我国的学术界仍然具有很大的吸引力。而迄今来自西方的文明史证明,反对人治之最优的途径,目前来看还是法治。基于这样的一种情势,西方法治时代之规范的正义观当然也为我国学术界尤其法学界所青睐。例如贺卫方教授,其观点即具有浓厚的规范主义色彩。而反思时代的正义观,在当下的中国虽也有介绍,但尚未取得与前三种正义观相当的地位。且我国学界在对商谈理论的理解和把握上,也有意无意地进行了曲解与改造。例如一些论者对商谈理论的运用,便是抽去其中对话与论辩的内涵,而将其作为协商与妥协的一种理论依据,并据此提出所谓协商性司法的概念与主张。其真正目的似乎不在于追求正义与真理,而在于迎合执政者的某些偏好。

二、我国民事诉讼构造应当以商谈的正义作为价值目标

根据我在前面的分析,在当下的中国,尚没有一种正义观能够占据权威地位。若要在其中选择任何一种正义观作为引领民事诉讼构造的价值目标,恐怕都不现实。1992年以前的民事诉讼构造,几乎完全是在官方的带有权威时代特征的正义观下建构;1992年以后的民事诉讼构造,少许容纳了一点启蒙阶段的正义观;之后的民事审判方式改革,又进一步体现了一些法治时代的正义观。而就学界观察,更多的观点是继续坚持法治时代的正义观。另外也有一部分学者似乎陷入了价值迷茫之中。我们若要坚持权威时代的正义观,则须忽视当事人的程序机会,导致裁判是法官独白的结果,此与民事实体法上的私权自治和契约自由的精神不符。若要坚持法治时代的正义观,则在程序法律或实体法律脱离生活世界的实践时,裁判的结果将有可能违背当事人和国民源自于生活实践的朴素而直观的正义感,无法吸收当事人和社会的不满情绪,因此又与民事诉讼解纷的功能相悖(我在这里将解纷界定为民事诉讼的制度功能而不是制度目的,是想表明这样一种观点:民事诉讼目的高于其功能,在解纷之外,民事诉讼可以追求更高的目的,且民事诉讼对更高目的的追求,不影响解纷功能的发挥)。若要坚持传统的伦理价值观,则一方面可能出现与采权威时代的价值观下的民事诉讼构造相同的弊端,另一方面更有可能形成鼓励当事人在诉讼外通过非程序手段解决纠纷的趋势(例如寻求以和解与调解的方式解决纠纷),这在乡土和市井纠纷的解决中固然可行,而在涉及像商事纠纷这样对法律规则要求很高的领域,就会遭遇困境。

基于此,我们可否考虑以商谈的正义观作为构造民事诉讼程序的价值目标呢?根据之前的分析,哈贝马斯的商谈理论给出了一个寻找符合当下之生活事实的具体的正义观的方法。这个方法由于其具有高度的开放性,因此也具有高度的适应性,可以在任何问题上就应当与不应当的价值判断展开商谈的程序并获得成果。商谈的正义观体现为由地位平等的参与者充分表达各自的正义观,然后再经由充分的论辩,达成对于正义的一致认识。而且,商谈理论通过将对正义问题的讨论转换为对产生正义

的程序的讨论,避开了"明希豪森困境"和"休谟问题"的追问,为我们在现实生活中实现正义提供了现实可能性。我们可以看出,商谈的正义观并未涉及任何有关正义的具体内涵,而是给出了寻找正义的一种动态的程序方法。因此严格说来,商谈理论是一种方法论,而不是一种实在的正义观。若我们引入这个方法论,则商谈的对象可以是当下中国任何一种正义观,包括权威时代的正义观、启蒙时代的正义观以及法治时代的正义观等,甚至除了正义观外,任何属于历史的、文化的、社会的、经济的、政治的因素以及个案当中存在的需要特别予以考虑的特殊的事实因素,都可以成为商谈的内容。这样,在个案事实的基础上,商谈的参与者可以在时间上和空间上将视域放到足够远,来寻找任何有助于形成共识性正义的资源。在涉及达成共识性正义的可能时,我们没有必要夸大参与者之间在价值观上的差异性。对于多数普通的中国国民来说,由于长期生活在相同或者相似的时空环境下,说着同样的语言,践行着相似的生活方式,分享者相同的历史文化,他们在遵从传统伦理价值、服从国家法律并且服从权力当局的政策方面,并无实质性分歧。在民事诉讼之个案中,分歧的焦点恐怕主要还是集中在利益的安排上。因此,通过商谈性程序达成正义观上的共识,还是可能的。在价值观上存在分歧的,毕竟还是少数。而商谈程序之商谈,恰就是为了解决分歧而设计的论辩程序。所谓真理愈辩愈明,参与各方通过充分的意见表达和相互说服,也应该能够达成那种"求同存异"的共识,也即,各方在部分保留自己意见的基础上,就能够达成一致的问题,先行达成共识,并据此选择共同的行动。

　　要选择商谈的正义观作为构造民事诉讼的价值目标,尚有若干问题要求我在这里做出回答。一个问题是我在前面介绍商谈理论时曾经提到的,哈贝马斯的批评者指出商谈理论是否已经脱离了当下的建制性生活实践,以及商谈理论的践行是否有着带来无政府主义的可能。通过商谈达成共识,需要商谈的参与者有着充分表达意见的自由,有着对所有分歧进行商谈的自由。同时,商谈的参与者之间必须具有平等的地位,这种商谈才有可能展开。在参与者地位不平等的情境下,商谈很难展开,因为地位占优势的一方会不当利用其优势地位,来迫使对方接受自己的意见。在各方地位相差极其悬殊的情况下,地位占优者甚至还可能会拒绝商谈,完全按照自己的意志和利益决定行动选择。而在当下的社会生活实践中,我们受到种种既有的历史形成的制度框架的约束,要寻找到能够完全实现商谈的理想环境,相当困难。而我们若要完全抛开这些既有的建制性框架展开商谈,则无异于在纵容无政府主义——没有法律、没有各种制度安排,完全放任社会成员自主选择行动。这种批评或者说担忧是有其现实基础的。哈贝马斯的回答是,在现有的建制性社会结构中能够找到商谈的空间,他并且对此进行了详细地论证。我在这里要说的是,首先,在民事诉讼中,商谈的对象本来就是十分具体的本案所涉及的事实问题和法律问题,不是对涉及国家政治生活中的重大问题的商谈。这样狭窄的商谈对象,已经过滤了相当大的一部分分歧。其次,民事诉讼的构造会给商谈的参与者提供自由而平等的商谈空间,这又在很大程度上过滤了个别参与者在地位上的不当优势。而由于他们所商谈的,恰恰是对纠纷的司法解决,因此必然是谋求在当下的社会建制中达成共识,而不是试图突破既有建制性生活现实的无政府主义。

第二个必须回答的问题是,商谈理论所设定的言语有效性要求是否脱离了我国当下的社会生活实践,或者说商谈的参与者是否会必然遵从作为商谈之前提条件的言语有效性要求?根据我之前的介绍,哈贝马斯对于交往行为,设定了四个言语有效性要求,分别是表达的可领会性、陈述的真实性、表达的真诚性和言说的正当性。这四个关于言语的有效性要求中,表达的可领会性与言说的正当性要求并不难实现。前者可以通过对于相同语言的使用和通过相同语言对动作习惯之意义的诠释来实现,后者可以通过法律的明确要求以及设定保障法律之要求得到满足的机制(例如妨碍民事诉讼的强制措施)来实现。比较困难的是陈述的真实性和表达的真诚性这两个要求如何实现。这正是我在本书之后的章节中所要探讨的内容。我的研究将表明,这两个要求是可以通过程序的设计来实现的。

第三个必须回答的问题是,就中国当下的国情来看,人们参与商谈的意愿如何?长期以来,中国处在一种封闭性的社会中,真理出自中央权力机构,国民没有参与政治和法律商谈的机会,异见常常遭受严厉压制。这在一定程度上养成了国人明哲保身、不谈国事的性格取向。但是这并不意味着国民缺乏商谈的意愿,缺乏的是商谈的权利和保障商谈展开的措施和路径。实际上只要给予国民任何一点点商谈的机会,他们都会表现出商谈的热情。每一次关于立法的征求意见活动中,立法机关都会收到大量的反馈意见,就是明证。问题是商谈的一方,比如政府,是否会尊重对方的意见。如果在每一次立法征求意见活动中,或者像是各地的价格听证活动中,政府都对来自民众的意见置若罔闻,则国民之参与商谈的热情自然就会遭受打击。解决这一问题的方法很简单,就是执政者要首先遵守商谈的规则。这是就社会生活和国家政治生活中的商谈而言。若是具体到民事诉讼中,或许根本不会产生这样的问题。当事人主动将纠纷提交法院解决,这本身已经证明了他们的商谈意愿。问题不在于诉权主体,而在于审判权的主体也就是法院或者法官是否有商谈的意愿。这也是我在之后的章节中将要讨论的内容。我的讨论将表明,通过程序的设计,可以打破法官独白式裁判的传统,抑制法官在个案裁判中独白的冲动,而使其将自己作为商谈的参与者,遵守商谈的规则。

最后一个需要回答的问题是,无论是罗尔斯假设的"无知之幕"下的契约,还是哈贝马斯的商谈理论,都有一个前提条件,就是契约的参加者或者商谈的参与者,都享有平等、自由和民主的权利。他们的理论之所以都有这样的前提条件,乃是因为他们就生活在这样的建制性世界中,这是他们赖以展开各自理论的当然基础,是他们本人和他们的读者不言自明的共同的生活实践,具有经验直观的性质。而在我国则不一样,我们还不能说这是我们的生活实践,更不是我国民众的经验直观,而且未来能否成为我们的生活实践,尚有疑问。因此在我国的政治生活和公法领域中,是否能够践行商谈的正义观,前景并不明朗。但是在民事诉讼中就不一样了。在民事诉讼领域,我们无论在实践中还是观念上都认可了私法自治和契约自由的原则,因此通过程序的设计来保障参与者在程序的空间内享有平等的地位、自由表达意见的机会以及处理自己私人事务的主权,是可能的。

基于以上分析,本书选择以反思时代的商谈的正义观,作为构造民事诉讼程序的价值目标。事实上,我国既有的兼顾"情、理、法"的传统民事司法观念,已经具有在各种不同的正义观中寻求共识的意义:所谓情,是指个案之特殊情节,本属于事实的范畴,但也表达了对于特殊正义的需要;所谓理,是指基于传统伦理道德的正义观;所谓法,是指规范主义的正义观。后二者可视为一般正义观。但是,上述我国传统民事司法观念,是指法官独白式的裁判观。换言之,在"情、理、法"之不同正义观中寻求共识的活动,是由法官独自完成,或者当事人虽然可以提供意见,但是当事人的意见仅能起到供法官参考的作用,裁判结果仍然由法官单方完成,而裁判文书在本质上仍然是法官的独白。这也正是本书所要致力于解决的问题。

三、商谈正义观下的程序正义与实体正义

在选择以商谈的正义观作为民事诉讼构造之价值目标后,接下来需要解决的问题是如何看待和处理程序正义与实体正义的关系。根据我在第一章第三节对于我国既有民事诉讼构造观所持价值目标的考察,他们的观点大致可分为三种取向,一是程序正义优先,二是实体正义优先,三是二者兼顾。当下实体正义优先的声音已经渐趋稀落,程序正义优先的主张已然成为主流的观点。在程序正义优先的主张中,肖建国教授的阐述较为充分,他选择了罗尔斯的纯粹的程序正义理论作为民事诉讼程序构造的价值目标。而所谓兼顾程序正义与实体正义的观点,最先是为纠正程序正义优先的做法可能导致的程序本身的不正义而提出。他们认为过去一些年来西方主要国家程序正义优先的做法,导致对当事人程序自由的放任,因此使得当事人之间实质上的程序平等地位可能无法实现,还使得程序的效率低下。这些问题显然都是程序正义本身的问题,而不是实体正义问题。但是他们在提出自己的混合主义的或者协同主义的民事诉讼构造观时,往往声称这样的诉讼构造不仅能够解决单纯的程序正义优先所带来的程序上的不正义的后果,也能够进一步实现实体正义。所以我在一种较为笼统的意义上,把他们都归入兼顾论中。

民事诉讼构造论者之主流观点向程序正义倾斜,有着我国司法实践和域外正义理论的双重支持。就我国过去的司法实践来看,既有的经验已经证明,曾经的追求实体正义的做法,在极度压制程序正义的前提下,并未使实体正义获得更大程度的实现。而且那种在追求实体正义的目标下所展开的程序活动,甚至还有可能进一步损害实体正义。实体的正义是什么?是实体法所规定的权利和义务得到最大可能的实现。可是在民事生活领域,实体法本身就将尊重当事人的选择作为其基本的精神之一。而在诉讼中,当事人对于程序权利的选择,其最终目的往往就是对实体权

利义务的安排做出选择,程序上的选择权常常只是实体上选择权实现的手段。基于此,抑制当事人程序上的选择权,就有可能最终抑制了当事人实体上的选择权,从而损害了实体法尊重当事人选择权的精神,并因此导致实体上的不正义。

就域外的正义理论来看,程序主义的论证路径自古就有,而在现代已然成为一种最终的选择。在自然法和宗教教义所传承的绝对正义观距离人们的生活世界越来越远时,人们只能自己承担起对正义的判断责任。此种情况下,正义的主观性无可避免,每个人都有自己的正义观。这不仅仅是因为个体可能基于对自己以及社会的功利判断的不同而主张不同的正义观,即使同是来源于习俗、惯例、自然法或者宗教教义的正义观,他们在理解上也不一定相同。人们生下来就受到被给予的时空环境的影响,他总是从自己当下的历史情境出发来与历史传承的精神对话,对来源于习俗、惯例、自然法或者宗教教义的正义观做出各自的理解和诠释。就像在看李安的电影时,每一个人都有自己的"玉娇龙",每一个人都有自己的"断背山",他们的诠释各个不同。在尊重个人自由的开放性社会里,绝对的正义即使没有弃我们而去,也总是魅影朦胧。在这样的情况下,正义观的研究者只能试图寻找一个统一的能够产生正义的程序,而不能实现正义观在内容上的统一。尊重个体选择自由的契约主义,其在本质上就是程序主义。罗尔斯是这样,哈贝马斯也是这样,他们的区别仅在于各自所设计的程序有所不同。而麦金太尔没有选择程序主义的论证路径,他的结论就无法摆脱相对主义。

因此,多数的民事诉讼构造论者选择以程序的正义优先,有着历史和现实的原因,也有着学术研究和生活实践的基础。但是,根据我在前面对于正义史的简略描述,从发生学上观察,实体的正义并非经由程序产生,因此它不是被程序决定的。为什么发展到现在,实体的正义反倒要由程序产生?我们承认不承认有一个大体上的不依赖程序的正义标准?若我们认为在程序之外再没有标准,那么我们又如何判断一个程序是否正义?若是我们无法判断程序的构造是否正义,又何来程序正义之说?这是程序正义论者必须面对的一个悖论。罗尔斯解决这个悖论的方法是诉诸直觉观念。① 但是我在这里必须指出的是,他所说的直觉观念,无论是来自于向外体验的经验直观还是来自于向内省察的理性直观,究其根本都应当是一种判断正义的标准。当然,论者可以争辩说,对于正义范畴,应当有抽象的判断标准和具体的正义结果这样两个层次的理解。抽象的正义标准相对独立,而个案具体的正义结果却必须来自于程序。那么我要追问的是,既然在程序之外存在一个相对独立的抽象的正义标准,那么为什么这个标准可以是对程序是否正义进行判断的标准,而不能同时又是对个案具体结果是否正义进行判断的标准?程序对于结果的生成,难道不应当使其尽量向抽象的正义标准靠拢吗?以上的追问表明,将程序正义和实体正义分开,且主张程序正义优先,有着无法克服的论证上的障碍。

基于以上的分析,我们可以得出,实体正义即使在内容上有着千人千面的困惑,也并不意味着实体正义本身不存在。只是裁判的结果只能有一种正义,而这种正义又只能通过程序的进行而被发现,所以论者才将实体正义的发现,寄托于一个正义的程序,也才有所谓程序正义优先的思想。我使用"发现"二字,是要表明,实体的正义并不是由程序生成,而是通过程序来发现。实体的正义就在那里,等待着程序的走近。这个正义可能不是一个,而是复数的,程序能够接近哪一个,哪一个就会被选中作为裁判的结果。关于这一点,我想还是应该通过一个例子来说明。我们假设某一个纠纷发生了,等在程序尽头的结果至少有五种:第一个结果是发现真相并在真相的基础上寻找到恰当的规范;第二个结果是发现真相,但是未能寻找到恰当的法律规范;第三个结果是发现的事实偏离真相,但是所寻找到的规范对于这个偏离真相的事实是恰当的;第四个结果是所发现的事实偏离真相,而且所寻找到的规范对于这个偏离真相的事实也是不恰当的;第五个结果是声明无法发现真相,适用证明责任规范进行裁判。在以上五种结果中,第一种结果应当是最符合实体上正义的,第四个结果是最不符合实体正义的,第二到第三个结果居中。在经过同样的一个按照程序正义的要求被严格设计的程序后,如果我们能够发现第一种结果,则绝不会认为其他四个结果是正义的。只有当我们用尽程序机会也无法发现第一个结果时,才会在另外四种结果中选择一个,通过对程序

---

① 〔美〕约翰·罗尔斯:《正义论》,何怀宏等译,中国社会科学出版社1988年版,第80页。

正义的严格设计,来拟制这个被选择的结果是正义的。基于这种拟制,上述五种结果都是正义的,但是程序仍然应当追求第一种结果,而将其他四种结果作为备选。因此,以程序正义来证成实体正义,乃是民事诉讼构造之不得已的选择,是次优方案,而不是最优方案。若我们能够既坚持程序上的正义,又发现实体上的正义,那必是民事诉讼构造的理想状态。

　　罗尔斯之所以选择了纯粹的程序正义观,首先是因为他对作为正义之元规则的两个原则的论证,就是通过一个"无知之幕"下的契约这样一种程序上的安排来完成的。既然他的正义的元规则都是通过程序而产生的,那么要求他在程序正义和结果正义之间进行选择,他当然选择程序正义。但是我不知道罗尔斯以及采用罗尔斯纯粹的程序正义观的肖建国教授想过没有,罗尔斯在假设他的"无知之幕"的情境时,是根据什么样的价值标准来假设的?他为什么假设了这样的情境而不是其他的情境?他的"无知之幕"的参与者为什么会达成他所描述的那种契约?显然,在罗尔斯的头脑中有一个先于"无知之幕"以及"无知之幕"下的契约的正义标准,他设定一个"无知之幕"以及"无知之幕"下的契约,只不过是要把这个先在的作为一种前理解的正义标准以他认为合理的方式表达出来。因此,他的程序正义在事实上并没有先于他的实体正义。而他的实体正义,乃是来源于程序之外的因素,他称之为直觉观念。在我看来,这种直觉观念,就是英美经验主义哲学思维下的经验直观,它的内容可以来自当下的生活实践,以及历史、风俗、惯例、自然法观念和宗教信仰等。这意味着,罗尔斯的正义观在起源上并不是他所说的程序,而他从一个假设的"无知之幕"情境下的契约程序开始论证,实际上不是在创设一种新的正义观,而是在诠释既有的表现为直觉观念的正义观。基于以上这样的分析,我不认为纯粹的程序正义具有不证自明的优先地位。

　　哈贝马斯商谈的正义观所采取的也是一种程序主义的论证方法。但是哈贝马斯与罗尔斯的不同之处在于,他没有给出商谈程序所达成的作为结果的正义之内涵,而是认为这种共识即可以被看作是一种正义。因此,哈贝马斯虽然也是从程序的正义出发来证成实体的正义,但是他却并没有将程序摆在优先于实体的地位。他的程序是开放的,向迄今为止所有的正义观开放,这些正义观当然也包括罗尔斯所说的直觉观念,因此他的商谈程序是对既有各种正义观通过论辩与融合这样的方式"加工"的结果。这个结果意义上的正义,一方面承认是经由程序的加工而来,另一方面也承认其材料来源于程序之外。因此,在哈贝马斯的正义观中,程序正义与实体正义之间没有冲突,越是严格遵循了商谈的要件,其结果越是正义。当然,经过哈贝马斯商谈的程序所加工出的作为结果的正义,只能是具体的正义,而不太可能是抽象的正义。这就使得他的结果的正义具有一定的相对性,将会因商谈程序所要解决的具体问题,而产生不同的正义的结果。但是这种相对性是有限的,因为商谈程序的参与者既然生活在相同的时空境遇中,共享相同的历史、风俗、惯例、自然法观念甚至宗教信仰等,那么他们一般也共享着相同或者相似的抽象正义观,只是这抽象的正义观在个案中的体现有所不同而已。还有一点可以肯定的是,哈贝马斯的结果的正义,必是商谈程序的全部参与者都满意的正义,是最符合个案中各方利益需求和价值观标准的正义。这对于引导民事诉讼构造观来说非常重要。因为民事诉讼程序应当具有的一个重要的机能就是吸收不满,如此方能使民事纠纷得到真正地化解。而就商谈程序所产生的个案正义与一般的、抽象正义之关系,我们可以通过这样的反问来回答:如果每一个案的解决都能够达至当事人满意的具体正义,那不正是一般的、抽象的正义观在生活世界的实现吗?

基于以上的分析,我的结论是:将程序正义与实体正义分开,乃是学术上为了研究的必要而进行的一种假设,从发生学的角度观察,程序正义和实体正义都来自一般的、抽象的正义观。将程序正义与实体正义分开实际上已经背离了正义观的历史和现实,而将它们对立起来,则类如一种学术研究上的精神分裂了。据此,我在这里选择了哈贝马斯的商谈的正义观作为引导我国民事诉讼构造的价值目标。从这一正义观出发,程序正义和实体正义乃是相互促进的关系,而不是相互冲突或者抵消的关系。

第三章
法律商谈理论与民事诉讼构造的路径选择

在第二章中，我已就民事诉讼构造的价值目标问题进行了讨论，并主张以反思时代的商谈的正义观作为建构民事诉讼程序的价值目标。因为在反思的时代，已经没有任何一种传统的正义观——来自习俗与惯例的正义观，来自传统权威的正义观，来自功利主义或直觉主义的正义观，或者来自规范的正义观——可以占据主流地位。在这样一种充满对历史的反叛又充满对未来的迷思的时代，只有商谈才能为我们提供具有实践价值的正义观。当然，商谈作为一种论辩活动，它本身除了具备反思时代的基本理性例如平等、自由和宽容等以外，并不当然地包含有能够指导我们行动的正义观，它只是作为一个产生具体正义的公式存在——通过这个公式，所有可能存在的正义观都有机会成为备选的对象，商谈的结果是产生一个具体的能够指导我们当下行动的正义。商谈理论由德国学者哈贝马斯提出，但是从商谈理论的基本观点来看，它并非完全脱离历史传承的产物，而是带有明显的历史基因，这个基因就是在西方法治发达国家沁入国民心髓的契约精神。试图通过对传统契约理论的改造来建构反思时代的正义观的学者，并非只有哈贝马斯，我在第二章提到的罗尔斯也是其中最为著名的学者之一，且罗尔斯的研究体系庞大，出入于巨细之间。对该二位学者的研究做一个简单比较，将会有助于我们对商谈理论的把握，进而有助于我们在商谈理论的引导下更为严谨地论证民事诉讼构造问题。本章将首先对罗尔斯和哈贝马斯的观点做一简单的比较性质的考察，阐明哈贝马斯之商谈理论的实践价值所在，然后再展开对民事诉讼构造问题的讨论。

第一节　从抽象契约理论到法律商谈理论

一、罗尔斯的抽象契约理论

罗尔斯对于契约理论的运用,主要是为了建构一种不同于功利主义,且较之传统的直觉主义更具说服力的正义观。他的理论集中体现在他的那本《正义论》中。

（一）罗尔斯选择契约理论的目的

在《正义论》中,罗尔斯开宗明义,首先在序言中声明了他的研究目的和研究方法。根据他的说法,在时下的道德哲学理论中,占优势的一直是某种形式的功利主义。出现这种现象的原因是功利主义一直受到一些杰出思想家的支持,这些思想家所确立的道德理论旨在满足他们更宽广的兴趣和适应一种内容广泛的体系。而在罗尔斯看来,那些批评功利主义的人常常站在很狭窄的立场上。这些批评者指出了功利原则的模糊性,注意到了功利原则的许多推断与人们的道德情感之间存在明显的不一致。但遗憾的是,这些批评者并没有建立起一种能够与功利主义抗衡的实用的和系统的道德观。换言之,这些批评者有破而无立,只是在批评,却未能够有所建树。这样的结果就是,人们似乎只能在功利主义和直觉主义之间进行某种选择,最后仍然选择功利主义,然后以直觉主义对功利主义进行一些限制和修正,也就是罗尔斯所说的停留在某一功利主义的变种上。

罗尔斯显然赞同那种认为功利主义与人们的道德情感不相符合的观点,但是他希望自己能够比在他之前的那些功利主义的批评者做得更好。换言之,它要突破以前的直觉主义者的视域局限,建立起站得住脚的不同于功利主义的观点。他所选择的方法是进一步概括洛克、卢梭和康德所代表的传统的社会契约理论,使之上升到更高水平,提供对于正义的系统解释。他认为,他所概括出来的抽象的社会契约理论所提供的对于正义的系统解释,不仅可以替换当时占支配地位的功利主义,而且或许还优于功利主义。罗尔斯承认,他的观点可能不具有创始性,且其中主要的观念都是传统的和众所周知的,他只是通过某些简化的手段把这些观念组织成一个一般的体系,他希望人们能够通过他的研究更清楚地看到隐含在契约论传统中的正义观的主要结构特点。他认为,这种契约论的观点最接近人们所考虑的正义判断,并构成一个民主社会的最恰当的道德基础。①

　　从罗尔斯对自己研究正义理论之目的的上述简单说明可以看出,首先,罗尔斯仍然是站在直觉主义的立场来批评功利主义的正义观,他比其他批评者的高明之处在于引入了在西方学术界占有重要地位的契约理论,来和他的直觉主义相互支持。由于契约理论在西方学术界被高度认可,至少其地位不低于功利主义,而且契约理论实际上也比功利主义产生的历史更加悠久,所以罗尔斯选择的这一武器的力量是相当强大的,至少可以使他站稳脚跟,不至于像其他仅仅依赖直觉主义的批评者那样最后仍然沦为功利主义的俘虏。其次,罗尔斯的正义理论确实对正义提供了系统的解释,他的系统结构严谨,体系庞大,足以对抗所有过去的功利主义理论。最后,罗尔斯的研究在本质上仍然是一种诠释性的研究,这从他对正义之内涵的界定仍然以传统的和众所周知的观念为材料可以看出,而且他也不否认这一点。换言之,他只是提供了一种新的诠释方法而已。认识到罗尔斯的研究在本质上仍然是一种诠释性的研究,这一点非常重要。其重要性体现在:罗尔斯是以一种新的论证路径,来对正义观作出重新的诠释,因此如果说他的正义理论在某些地方做到了胜人一筹的话,则他之胜出,乃在于方法而不是观点。而他的方法无非有二:一是将关于实体性质的正义的讨论,转化为对产生正义的程序的讨论;二是在涉及产生正义的程序如何建构的问题时,他选择了契约理论——达成一个以正义为内容的契约所需要的程序,就是他要建构的程序。按照罗尔斯的说法,他为什么选择契约论,是因为契约论"可以把正义原则作为将被有理性的人们选择的原则来理解,正义观可以以这种方式得到解释和证明"②。这就是罗尔斯选择契约理论的目的。

　　(二) 罗尔斯对契约理论的运用:抽象契约理论

　　根据罗尔斯的说法,他的正义观进一步概括了人们所熟悉的社会契

---

① 〔美〕约翰·罗尔斯:《正义论》,何怀宏等译,中国社会科学出版社1988年版,序言第1—2页。
② 同上书,第14页。

约理论,包括在洛克、卢梭和康德那里所发现的契约论,使之上升到一个更高的抽象水平。因此,我们可以把罗尔斯的理论称作抽象契约理论。罗尔斯使用"更高的抽象水平"这样的表述,是要表明,他所设想的原初契约,不是指进入某种特殊社会或者建立某种特殊政体的契约,而是以对某种社会基本结构的正义原则达成一致为目的的契约。这个社会基本结构的正义原则,按照罗尔斯的说法,是"想促进他们自己利益的自由和有理性的人们将在一种平等的最初状态中接受的,以此来确定他们联合的基本条件。这些原则将调节所有进一步的契约,指定各种可行的社会合作和政府形式"。罗尔斯将他这样界定的正义原则称作"作为公平的正义"[1]。接着,罗尔斯提出了他认为处在原初状态的人们将会通过契约来选择的两个正义原则:第一个原则要求平等地分配基本的权利和义务,第二个原则认为社会和经济的不平等,只要其结果能给每一个人,尤其是那些最少受惠的社会成员带来补偿利益,它们就是正义的。[2]

我们可以看出,罗尔斯为了使原初契约的参与者选择他所表述的两个正义原则,为他所说的抽象契约的参与者设定了四个条件,分别是:具有想促进自身利益的目的、处于自由状态、具有理性和地位平等。为了保证上述四个条件能够实现,罗尔斯又进一步提出了"无知之幕"的假设。这个"无知之幕"必须能够保证以下三个目标实现:首先,参与选择正义原则的任何人都不会因天赋或社会背景的关系而得益或受损;其次,不会把原则剪裁得适合于个人的特殊情形;最后,被采用的原则不会受到特殊的爱好、志趣及个人善恶观的影响。凡有可能违反上述三个目标的信息,都应当被屏蔽。罗尔斯认为,在无知之幕所保证的上述四个条件下,他所提出的两个原则将会被契约的参与者一致选择。按照他的说法,就是"某些正义原则得到证明是因为他们将在一种平等的原初状态中被一致同意"。不过罗尔斯也承认,他所说的这种一致同意不是现实的。因为无知之幕的条件不具有现实性。但是他却坚持认为:"体现在这种原初状态的描述中的条件正是我们实际上接受的条件。或者,如果我们没有接受这

---

[1] 〔美〕罗尔斯:《正义论》,何怀宏等译,中国社会科学出版社1988年版,第9页。
[2] 同上书,第7页、第9页、第12页。

些条件,我们或许也能被哲学的反思说服去接受。"①在这一句话中,所谓"正是我们实际上接受的条件"这样的表述,就好像在提出一个如下的反问:"这难道不正是我们实际上接受的条件吗?"而罗尔斯在这里所说的"哲学的反思",乃是指站在自我之外的他者的立场所进行的思考,类似于中文语词中的"换位思考"。他要表达的意思是:"即使你还没有接受这些条件,那么若是做一下换位思考,你或许也会接受。"因此我们可以看到,罗尔斯的这句话在表述上带有明显的直觉主义色彩,这意味着他实际上是站在直觉主义的立场来展开论证,且以某种直觉观念作为最终的依据。

(三) 罗尔斯抽象契约理论必须面对的追问

就上述罗尔斯的论证路径观察,其中有两个环节是必须面对追问的。第一个追问是,为什么是无知之幕而不是其他的什么条件,才能够保证他所说的正义原则被一致接受;第二个追问是,为什么在无知之幕下,人们就一定会选择罗尔斯所说的两个正义原则。

我们先来看看他对第一个问题的回答。罗尔斯承认,他的无知之幕可能被认为是非理性的,他的批评者可能会提出相反的主张,也就是应当借助于所有可利用的知识来选择正义原则。对此,罗尔斯提供了四个理由为自己辩解:

首先,在无知之幕下,由于各方的差别不为他们所知,每个人都是理智等同和境况相似的,每个人都是被同样的论证说服的。所以我们可以从随意选择的一个人的立场来观察原初状态中的选择。如果有什么人在经过必要的反思之后比较偏爱某种正义观,那么所有的人都会这样做,一种一致同意的契约就能够达到。这样就产生出一个很重要的推论:各方不再具备通常意义上讨价还价的基础。这样,对原初状态的有关特殊信息的限制就具有基本的意义。没有这些限制,我们就完全不可能建立任何确定的正义理论,且将满足于一种含糊的公式化的陈述,说正义是将被一致同意的东西,而不能对这一契约本身的实质说更多的东西(如果有的话)。无知之幕使一种对某一正义观的全体一致的选择成为可能。没有这些知识方面的限制,原初状态的订立契约问题将是无比复杂的。其次,

---

① 〔美〕罗尔斯:《正义论》,何怀宏等译,中国社会科学出版社1988年版,第11页、第16—19页。

康德的伦理学中无疑包含有无知之幕的概念。"原初状态可以被看成是对康德的自律和绝对命令观念的一个程序性解释。"①再次,如果允许各方有对特殊事态的知识,那么结果就会被任意的偶然因素扭曲。世界的偶然性必须通过调整最初契约状态的环境来纠正。如果在选择原则时我们虽占有充分信息但仍然需要达成一致同意,那就只有一些相当明显的情况能被决定。最后,罗尔斯指出,无知之幕并不是屏蔽所有信息,他在大多数地方假设各方掌握所有的一般信息。② 这些一般信息无非是自由、平等、理性等知识,如果连这些知识也被排除,那无知之幕下的人们恐怕与白痴无异,连契约能力也没有,又如何就正义问题来达成契约呢?

我们可以看到,罗尔斯的第一点和第三点理由表明,他之所以要假设一个无知之幕,是因为他认为只有在无知之幕下,人们才能够就正义问题达成一个一致同意的契约。在他看来,若没有这个无知之幕来消除偶然性的和主观性的因素,契约将无法达成。一旦一个一致同意的契约无法达成,罗尔斯便只能够提供一个产生契约的公式,而不能给出这个公式所演算的结果。也就是他所说的"我们就完全不可能建立任何确定的正义理论,且将满足于一种含糊的公式化的陈述,说正义是将被一致同意的东西,而不能对这一契约本身的实质说更多的东西(如果有的话)"。这样一来,他便与哈贝马斯没有区别了——哈贝马斯就像罗尔斯所说的那样,只是给出了一个寻求正义的公式,而没有给出具体的演算结果。这实际上是罗尔斯对提出无知之幕的目的所做的说明。

而罗尔斯对他所提出的无知之幕的正当性证成则体现在第三点理由中。他在这里试图向康德求助。为了证明自己关于无知之幕的假设不是心血来潮,罗尔斯援引了康德的理论来为自己辩护。他说康德在他的伦理观中所提出的自律和绝对命令这样的理论,隐含着对无知之幕的假设。也即若没有类似于无知之幕这样的前提,像康德这样伟大的哲学家所提出的自律和绝对命令都将成为无源之水,无本之木。换言之,罗尔斯要表明,关于无知之幕的假设,并非他的心血来潮,而是有先例可循。并且,若我们能够接受康德的论证,则也应当接受他的论证。但是康德并没有明

---

① 〔美〕罗尔斯:《正义论》,何怀宏等译,中国社会科学出版社1988年版,第247页。
② 同上书,第133—136页。

确阐述过无知之幕,甚至根本没有提到这样的概念。如果说康德的自律或者绝对命令意味着必须以一种无知之幕作为前提,那么这种无知之幕又为什么必须是罗尔斯所描述的样子,而不是别的样子?对此,罗尔斯的理由只有这么一句话:"体现在这种原初状态的描述中的条件正是我们实际上接受的条件。或者,如果我们没有接受这些条件,我们或许也能被哲学的反思说服去接受。"除此以外,他没有再提供更多的理由。罗尔斯就以这样一句带有浓厚直觉主义色彩的表述,结束了对我们第一个追问的回答。换言之,他对无知之幕具体条件的设置,乃是基于直觉观念。他认为他所设定的条件带有某种自明性,无须再为之提供论证依据。

因此,罗尔斯为了使他所立论的正义的两个原则能够被原初状态的人们一致选择,不得不假设了无知之幕。为了支持他的无知之幕的假设的合理性,他又不得不求助于康德。而康德的自律与绝对命令,又是来源于理性直观——这是和罗尔斯的直觉观念相似的一个概念。因此罗尔斯关于无知之幕的假设的必要性的证立,在根本上是诉诸于直觉观念。而他对于无知之幕的具体条件的设定,更是直接诉诸直觉观念。因此,对于我们的第一个追问,罗尔斯实际上只提供了一个答案,就是直觉观念。

对于我们的第二个追问,也就是为什么在他所设定的无知之幕下,人们会就他所立论的两个正义原则达成一致,而不是达成别的什么正义观,罗尔斯的回答也只有一个,就是直觉观念。

这样我们可以清楚地看出,罗尔斯用来论证他的正义观的程序,以及作为这个程序的结果的正义观的内容,都是来自直觉观念,而这个直觉观念却是无法通过演绎的方法加以证明的,他的递归过程因此戛然结束,实际上陷入了"明希豪森困境"之中。罗尔斯绕了那么大一个弯子,又是契约论,又是无知之幕,并将康德也拉进来助阵,宣称自己的研究是康德式的[①],是像康德那样先设定一个被称作绝对命令的元规则,然后在这个元规则之下通过演绎的方式展开对具体正义的论证。他的目的无非是想突破经验主义的论证方法,借鉴理性主义的论证方法,从而避开"休谟问题"的追问,但是却又必然地陷入了"明希豪森困境"中。为了弥补这种

---

① 〔美〕罗尔斯:《正义论》,何怀宏等译,中国社会科学出版社1988年版,第2页、第241—248页。

论证上的缺陷,走出"明希豪森困境",他在之后的第二部分论证中又在自己的正义观下继续进行制度建构,并试图证明在他的正义观下所建构的制度是符合当下人们的道德情操的。所谓符合当下人们的道德情操,不过是符合当下人们直觉观念的另一种表述而已。因此罗尔斯的全部论证过程,从根本上看,乃是以直觉主义为圆心的循环论证:根据直觉观念来立论,又以自己的立论符合直觉来证明立论的正确——从直觉观念出发,最后又回到直觉观念。

(四)对罗尔斯抽象契约理论的评价

罗尔斯最初选择了契约主义的论证路径——正义乃是为促进自身利益的、地位平等、享有自由表达意见之权利的理性的参与者所达成的共识。当然,罗尔斯未能将契约主义贯彻到底,他的论证始于契约主义而终于直觉主义,但这不是契约主义的错,错在罗尔斯为了他所设定的过高的论证目标——试图建立统一的抽象的正义标准——而偏离了契约主义。

我之前曾经指出,罗尔斯所要论证的对象,乃是正义这种伦理学中的元规则。元规则之"元"体现在哪里?就体现在这种规则乃是对人们行为选择作出最终价值评判的规则。元规则既然是最终的规则,就意味着这种规则总是被作为其他规则的论证依据,而它自己却是无法证明的。若是在元规则之外仍然有着更高级的规则,那么这个元规则就称不上是元规则。因此正义既然是伦理学的元规则,那么它就总是被作为论证其他下级规则的依据,它自身则难以被证明。所以长期以来,人们在说某一种事物或者行为是正义的或者不正义的,总是从直觉出发。经验主义者为了克服直觉观念难以把握的困难,提出了功利主义的理论,但功利主义之所谓的"幸福",作为一种感觉,又如何才能把握呢?所以无论功利主义的正义观还是直觉主义的正义观,都是未经逻辑上证成的正义观。而罗尔斯要将正义作为证成的对象,也就是将正义作为一个结论,来寻找其逻辑上的依据,也就是寻找比正义更高的规则来作为正义的论证依据,其艰难可想而知。但是罗尔斯几乎就做到了。那个助他接近成功的方法,就是抽象契约理论。抽象契约理论的意义在于,参与者关于正义问题所达成的契约,已经不再是纯粹的功利感觉或者直觉观念的产物,而是参与各方经过论辩所达成的一致认识,因为是一致的认识,所以就不再是飘忽不定或者千人千面的东西,而是一个具体的可以把握的东西。

抽象契约理论首先要求参与者之间必须是平等的。若各方在地位上优劣不一，则地位上占有优势的一方，就有可能利用自己的优势，强迫他方接受本来不愿意接受的观点，这种在强迫之下达成的一致，显然不具有契约的性质。其次，契约的参与者之间还应当有着充分发表意见的自由，相互尊重不同意见。如果各方不能自由地发表自己的观点，而是被迫闭嘴，或者被迫支持某一方的观点，那么论辩又如何展开呢？这样所达成的一致，显然也不具有契约的性质。不经过充分的论辩，共识又如何能够达成呢？最后，契约的参与者必须是理性的，具有通常的认识和判断能力。若参与者缺乏认识能力，那么他就难以形成自己的意见并予以表达；若他欠缺判断能力，则他对别人的观点就无法发表意见，这样的情况下当然也无法展开商谈活动，因此参与者具有基本的理性，也是达成契约的必要条件之一。基于以上的原因，罗尔斯为他的抽象契约的参与者设定了平等、自由和理性的前提条件。实际上直到这里，罗尔斯的论证还是顺利的。然而在之后继续展开的论证中，罗尔斯开始偏离契约主义。

契约这样的概念，意味着在契约达成之前，所有参与者的各种观点都应当获得尊重。这些参与者各自的正义观，可能来自于功利，也可能来自于直觉，或者来自于任何其他可能的途径，他们各自的正义观的内容也可能是千变万化的。在论辩或商谈的过程中，这些不同的观点都应当获得尊重，每一个参与者都应当有着充分的机会来发表自己的观点，并且有着充分的机会来对他人的观点进行判断，并且自由地反对、质疑或者赞同他人的观点。因此，在最终的契约达成之前，我们不知道各方将要达成的共识会具有什么样的内容。进而，这种关于正义的共识，乃是一种个别的具体的共识，一次商谈，达成一种具体的共识。

但是罗尔斯认为对正义的论证不能止步于此。他认为若是止步于此，正义理论就只能提供一个产生正义的公式，而不能提供具有实质性内容的正义标准。因此他前进了一步，试图为这个将要达成的契约赋予一个确定的内容。但是这个内容将会是什么呢？罗尔斯根据自己的直觉，提出了两个正义原则，并认为这两个正义原则就应当是参与者所要达成的契约的内容。为了确保参与者所达成的契约是他提出的正义两原则，罗尔斯只好进一步偏离契约主义，强行为参与者设定了一个"无知之幕"，要求参与者只能在他所给定的条件下展开论辩和商谈。"无知之幕"屏蔽了可能使参与者提出不同于正义两原则的观点的任何知识,只保留有利于达成正义两原则的知识。我们可以看出,"无知之幕"的假设,在本质上偏离了罗尔斯对参与者提出的平等、自由和理性的要求:因为被强制生活在"无知之幕"中,所以参与者是不自由的;因为被屏蔽了很多知识,他们实际上也不一定是理性的。

  罗尔斯为什么要这样做?我认为根本的原因,是罗尔斯深受柏拉图的影响,他想建构一个像柏拉图的"理念"那样的具有实质内容的一般正义观,从他之后的论证,尤其是从正义两原则演绎出完整的社会制度来看,罗尔斯具有深深的柏拉图式的"哲学王"的情结。"哲学王"的提法意味着什么?意味着哲学家要将自己认为正义的观点强加于社会公众,意味着哲学家的思想必须被社会公众接受,意味着社会公众不得有自由的思想,意味着思想的钳制,意味着不自由和不平等,意味着独裁与专制。关于这一点,波普尔在他的《开放社会及其敌人》一书中已经说得很清楚。① 但罗尔斯没有生活在古希腊时代。现代社会是反思的社会,是开放的社会,是容纳异议的社会。因此罗尔斯要想证成他的观点,就不能离开当下的社会,因此他最终转向求助于当下社会人们的直觉观念,连对于"无知之幕"的条件的设定,他都是说"体现在这种原初状态的描述中的条件正是我们实际上接受的条件。或者,如果我们没有接受这些条件,我们或许也能被哲学的反思说服去接受"。"原初状态可以被看成是对康德的自律和绝对命令观念的一个程序性解释。"② 换言之,他的无知之幕的条件,所求助的也是当下人们的直觉观念。因此罗尔斯的全部论证,以直觉主义告终,从而必然地陷入明希豪森困境之中。

  根据以上的分析,在处于反思时代的当下境遇中,罗尔斯设定的目标不仅是难以实现的,也是没有必要去追求的,甚至是反动的。反思的时代本来就没有抽象的和统一的正义,只有具体的个别的正义。离开具体事物,我们无法想象什么是正义——就像我们在谈到正义问题时,总是要通过或者设想一个具体的事例才能表达出自己的正义观那样。因为在反思

---

  ① 〔英〕卡尔·波普尔:《开放社会及其敌人(第一卷)》,郑一明等译,中国社会科学出版社1999年版,第六章、第八章。
  ② 〔美〕罗尔斯:《正义论》,何怀宏等译,中国社会科学出版社1988年版,第247页。

的时代,社会主体相互之间地位平等,且具有肉体和精神上的自由,任何一个人的思想包括正义观都不可能凌驾于其他人之上。每一个个体都有着自己对于世界的理解和诠释,这种理解和诠释是平等的。追求统一的正义观,显然是强求不同的人具有相同的思想,这种思想上的独裁必然导致专制的产生。或者反过来说,只有在专制的体制下才有可能实现思想上的独裁,从而强制人们遵从某一种统一的正义观。平等、自由和理性这些反思时代的理念,其在实践上的一个重要体现就是宽容,是对异议的容忍。而容忍异议,就意味着承认人们在正义观上的各持己见,承认个别的具体的正义观存在的正当性。罗尔斯不愿意承认这一点,认为若是承认每个人都具有充分的知识,他们就会受到各种主观因素和偶然因素的影响,因此正义的理论就只能提供一个产生正义的公式,而无法演算出一个统一的具有实质内容的正义标准。但我要反问的是,提供了这样一个公式还不够好吗?真理前进一步就可能成为谬误。反思的时代只需要这样的一个公式,而不需要一个在本质上具有独裁性甚至反动性的结果。

(五)契约理论的方法论价值

在反思的时代,罗尔斯选择契约理论作为论证正义观的方法,这本是一个符合生活世界之现实的具有很高实践价值的方法。罗尔斯的缺陷在于强制性地要求参与者达成的契约之内容必须是他所设定的两个正义原则,并认为他这样设定的契约比以往各学者所主张的契约具有更高的抽象水平。契约依其本质乃是具体的,一次商谈形成一种共识,不同时空境遇下的商谈所达成的共识的内容必然是不同的。罗尔斯从他将传统契约理论改造为抽象契约理论开始,就逐渐脱离了生活世界的实践。契约的理论可以是抽象的,但是契约的内容却只能是具体的。契约的最终内容如何,决定于契约的全部参与者,而不是决定于参与者之外的人。即使罗尔斯是契约的参与者之一,他的观点也只是契约的参与者之一的观点,而不能武断地将之强加于其他的全部契约参与者。因此,罗尔斯若是将努力集中在建构一个达成具体的契约正义的公式上,他就不会偏离契约主义并退回到直觉主义,他的成就也并不会因为没有提供具有实质内容的正义标准而遭减损。

契约主义的正义观之所以符合反思时代的实践要求,乃是因为在反思的时代,每一个体都是平等、自由并被假设具有理性的,任何人不得将自己的观点强加予他人,因此要获取共识,只能通过商谈的方式达成,而商谈的结果即体现为契约。这个商谈的结果,必须是参与者全体一致同意的结果,即使是多数人赞同某一种选择,也不能强迫异议者放弃自己的观点。这是由参与者的平等地位决定的。在契约主义的正义观中,在契约达成之前,应当尊重每一个参与者的个体正义观,然后在商谈的基础上达成一个参与者共同选择的正义观。因此,这样一种正义观内容如何,应视商谈的结果而定。在商谈的结果出来之前,所有其他的正义观都可以加入成为商谈的内容。因此,在契约达成之前,我们无法规定作为商谈结果的最终正义观的内容,每一个人都将为商谈的结果作出贡献。即使那些原本反对那个最后被大家一致同意的观点的人,他的反对与质疑,也促使参与者在决定支持这一观点时更加理性,更加谨慎,因此使得最后被选择的观点更具有实践性。

契约理论的上述实践价值,表明它对于本书即将展开的关于民事诉讼构造问题的讨论,亦有方法论上的意义。

民事诉讼是当事人各方与法官共同参与的目的在于解决争议的一种活动,其对于争议的解决,也力求符合正义的要求。而如前述,在反思的时代,人们关于正义的认识是不一致的:他们的正义可能来源于直觉观念,可能来源于功利的思考,可能来自于对历史观念的传承,可能来自于法律规范的表达。法官固然主要地是从规范的正义出发,但当事人却未必与法官持有相同的正义观,且当事人相互之间,恐怕对于正义的认识也不相同。而且,即使当事人各方所持之正义观接近,由于双方对于各自利益的表达与追求不够一致,其对于纠纷应以何种方案解决方能符合正义的要求,观点也不相同。此种情况下,参与诉讼的任何一方,包括法官,要将自己的正义观强加于他方,恐怕都不能获得他方的认可。因此最为理想的裁判,应当是在各方对于事实认定和法律适用达成的一致认识的基础上做出。这样一种基于共识的裁判,显然更易于被各方接受。基于此,民事诉讼在构造上,恐怕也要考虑以促进共识的达成为其目标。在此目标下展开观察,当下各国的民事诉讼程序构造,都有检讨的必要。无论大陆法系还是英美法系各国的民事诉讼,由于历史的原因,审判权在民事诉讼程序构造中一直占据优越地位,可以表现积极,也可以表现消极,而当事人之间的关系则被以"攻击防御"这样一种极具对抗意味的语词来比喻。审判权在表现积极时,裁判往往是审判权独白的结果,其所表达的正义,仅是规范的正义,或者是法官个体或集体的正义观;审判权在表现消极时,又任由当事人的正义观占据裁判的内容。而程序法对当事人双方之间对抗行动的支持,又意味着即使是当事人的正义观,往往也只是对抗行动中战胜者的正义观。这种对于当事人之间对抗行动的鼓励,看似公平,实际上默认占有更多资源者获胜,因此裁判中所表达的正义,乃是强者的正义,而非共识的正义。这是其一。

其二,罗尔斯始于契约主义之后又偏离契约主义,其在偏离之后的论证所遭遇的困境表明,契约应当以实现个别的具体的正义为目的,而不应当以实现统一的抽象的正义为目的。我们不否认在契约的共识之外,还会有其他各种内容的正义观。但是这些尚未进入契约的正义,都还不是各方的共识,因此持有这些正义观的任何一方,都没有理由要求他方奉行。所以我在前面指出,民事诉讼在构造上最好以达成共识作为其目标。但是,罗尔斯追求抽象的统一的正义之努力陷入明希豪森困境,意味着作为一种共识契约,其所达成的正义只能是针对具体事物、具体事件或者具体行动的个别的正义。就民事诉讼而言,只要这个裁判所表达的正义是被参与各方所接受的,或者说裁判被参与各方认为是正义的,那么这个裁判就应当同时被参与者之外的人所接受。旁观者不能以自己的正义观来衡量裁判,某种被法律所表达的抽象层面的规范的正义观,或者社会上存在的其他的抽象层面的正义观,都不应当凌驾于裁判所表达的正义之上。人们不能离开个案情节,抽象地评价裁判的正义问题。个案裁判的正义只要符合本案对于正义的要求即可,其所表达的正义观,不一定必须在其他案件中获得同样的遵从。反之,其他个案所表达的正义,也不一定非要本案裁判来遵从。每一个案裁判的正义,都是审理个案之程序的参与各方商谈的结果,是仅仅针对本案的理性共识,离开了本案事实,将不能被保证仍然是正义的。这里尤其需要指出的是,传统民事司法中僵化的规范主义的正义观应当被打破。一方面,规范乃是过去形成,其正义观不能对未来的生活实践具有专制效力。生活世界是在过去的历史的末梢继续生长的新芽,总会应环境的变迁形成自己的特点,既有之规范的正义若不能促其成长,则应放弃或者修正既有规范的正义。另一方面,规范中所体现的正义,乃是抽象层面的一般正义,而生活事件则各个不同。所谓世上没有两片完全相同的树叶,生活实践也是这样。如此一来,若强行剪裁生活实践,使其适应既有规范的一般要求,则无异于削足适履,无法实现个案的具体正义。基于此,程序的构造应当允许乃至鼓励法官对既有规范进行符合生活实践的诠释,以使规范的适用在每一个案件上都能够产生个别的具体的正义。也许论者会说,在具体正义与规范中所体现的一般正义之间可能会存在冲突,此时应当令个案正义服从一般正义。但是我要反问的是:若诉讼中每一个案件的审理都能够实现个案的正义,那么这些个案的正义加起来的和,难道会是非正义?若我们承认这些个案正义之和仍然是正义的,那么个案正义为什么要服从它之外的其他的正义?实际上在我看来,离开个案事实,我们无法想象出规范主义下的一般的抽象的正义到底为何。一般正义并非空谈的产物,它只能蕴含在个案正义之中。

其三,从罗尔斯的论证可以看出,为了确保作为裁判结果的共识是正义的,契约的参与者必须具有平等的地位,享有自由表达意见的机会,具有理性判断的能力。具有了这三个条件,即使参与者都是为了促进自身利益而参加契约的商谈,他们所达成的共识也应当被承认为正义的。因此,民事诉讼程序作为产出具体的正义裁判的程序,也应当在尊重参与者对自身利益的追求、参与者地位平等、享有自由表达意见之机会以及具有理性判断能力这些条件下展开其构造。也即,在这样的程序构造中,诉权和审判权应当符合平等、自由和理性的要求,并各自尊重对方对于自身利益的追求。诉权之利益,无非是程序利益和实体利益,审判权之利益,无非是规范正义的实现和裁判风险的规避。若诉权和审判权之间地位平等,审判权不强求优于诉权之地位,诉权亦不强求优于审判权之地位,且诉权和审判权都有着充分的机会来表达自己的利益和正义观,又诉审双方对裁判所涉及之利益和对方的观点有着理性判断能力,则个案之共识的达成就是现实的,可追求的。

当然,就我国当下的情形来看,诉权和审判权的设置和运作尚未满足这样的条件。

首先,我国当下的诉权和审判权之间呈现出一种不平等的样态,诉权的地位远远低于审判权。在诉权和审判权之间是命令与服从的关系,审判权总是发出命令,而诉权总是服从,若诉权拒绝服从,则将遭受惩罚,或者诉权的行使不能发生效果。在命令者和服从者之间,显然难以建立对话与沟通的关系。诉权所表达的意见可能被听取,也可能被漠视,而审判权所表达的意见则必须被听取,审判权甚至可以完全不理会诉权而独立决定裁判的结果。此种审判权独白式的裁判,与反思的时代中契约主义的要求相差千里。

其次,在当下的我国,诉权和审判权各自的自由都不够充分。诉权的行使受到种种约束,诉权行为动辄得咎。例如,《最高人民法院关于审理证券市场因虚假陈述引发的民事赔偿案件的若干规定》第6条规定:"投资人以自己受到虚假陈述侵害为由,依据有关机关的行政处罚决定或者人民法院的刑事裁判文书,对虚假陈述行为人提起的民事赔偿诉讼,符合民事诉讼法第108条规定的,人民法院应当受理。"为什么必须先要有行政处罚决定或者刑事裁判文书后,方能提起民事赔偿诉讼?这一规定的合理性在哪里?又例如,在离婚诉讼中,对于当事人第一次起诉离婚而对方不同意的,法院一定是判决不准离婚,使得起诉一方若要离婚,至少须两次提起诉讼。而在劳动诉讼中,则规定必须调解前置,当事人不得选择。此外,不知为何,当下之司法实践中对于法律明确规定的人数确定的和人数不确定的代表人诉讼,拒不受理,要求当事人必须各自就各自的诉讼请求单独起诉。以上种种对于诉权的限制,在我国民事诉讼领域比比皆是,诉权之不自由的状态由此可见一斑。在诉权不自由的同时,审判权之境遇也未好到哪里。在我国当下高度集权的政治体制中,审判权也时刻受到高度组织化的体制束缚,没有独立的地位。执政者可以随意发布政策或者通过任何形式的命令,来约束审判权的自由。例如,当前的委托调解、调解前置以及拒绝受理代表人诉讼等,无一不是为了迎合执政者的目的,而减少审判权自由行动之风险。审判权既然也处于不自由的状态,那么任何不符合当权者的意见当然是被禁止表达的。审判权所遭受的束缚不仅来自中央集权中心,也来自地方集权中心,地方法院在行使审判权的活动中,有任何令地方集权中心例如执政党的地方委员会或者地方政府不悦之举动,都将招致惩罚。对于审判权来说,诉权固然非自由之诉权,审判权又何曾是自由之审判权。在诉权和审判权都处于不自由的状态,它们各自的意见自然也难以充分表达,符合反思的正义的裁判,又如何能够达成?

最后,在我国之当下历史境遇中,诉权和审判权各自都还处于非理性的状态。诉权之非理性表现多样。例如,诉诸法律却又不敬畏法律,任意曲解法律,或者当法律于我有利时则诉诸法律,当法律于我不利时则拒绝法律。诉诸司法却又不尊重司法的权威,当裁判于我有利时则服从裁判,当裁判于我不利时则拒绝履行确定之裁判,或者干脆拒绝法律和司法,在遇到纠纷时惯于寻求非司法的途径,或者寻求非司法的力量来迫使审判权的行使有利于己方。这些都是诉权非理性的表现。其形态多样,难以一一列出。而审判权也好不到哪里。在当下之我国,审判权的非理性亦有多种表现。例如随意限缩主管或者管辖的范围,推诿塞责,拒绝诉权的请求,将诉权拒之门外;或者随意扩张管辖范围,互争管辖;或者曲解法律、恣意擅断、枉法裁判;或者以改革的名义违背程序;或者因被迫服从法律之外的权力而漠视法律、漠视程序、漠视当事人诉权和实体权利等,诸如此类,不一而足,都是审判权非理性的表现。

但是,以上所指出的我国诉权和审判权缺乏独立、自由和理性的现状,并非不可改变。经由民事诉讼程序构造,并经相关周边制度之保障,推动和实现诉权与审判权的独立、自由和理性,并非不可期待。若该三项前提条件获得满足,再尊重诉审双方对各自利益的追求,一种旨在促进诉讼参与者达成共识的裁判正义,就是可以实现的。

二、哈贝马斯的法律商谈理论

前已指出,罗尔斯之所以始于契约理论而终于直觉主义,并非契约理论自身存在不足,而是罗尔斯为自己设定的目标过高:他要强行为契约的参与者设定一个共识,要求他们接受。他不想把自己运用契约理论的成果,止于建构一个产生正义的公式。他想要在这个公式下继续求解,这本身没有错。他的错误在于,他想为这个公式设定一个唯一的、抽象的、必然的答案。因此他最后偏离了契约理论,回归直觉主义。而哈贝马斯比罗尔斯更加现实:他的商谈理论在本质上也是以契约理论为其精神内涵,但是他的目的止于建构一个产生共识的公式,而不追求为共识设定唯一的、抽象的和必然的内容。因此罗尔斯的理论是以产生正义的结果命名,称做正义论;而哈贝马斯的理论则以这个公式本身命名,称作商谈论(the theory of arguementation),也就是关于论辩的理论。

（一）哈贝马斯的交往行为理论①

哈贝马斯的交往行为理论，在本质上属于语言哲学的范畴。语言哲学是继本体论和认识论之后的第三波哲学思潮，从语言出发来研究哲学问题。像维特根斯坦、伽达默尔以及哈贝马斯等，他们的研究成果都与此相关。语言哲学的兴起，意味着人们已经从以人为中心对外部世界的观察，转向对人类生活世界内部的观察，转向对人类行为本身的观察。人类从本体论时期对存在自身的茫然追问，经历了充满自信地以自我为中心向外部世界的探究，复又回归自身，开始了对人类自身行动的反思。在认识论发达的时代，人们自信心膨胀，认为可以发现自然现象背后的规律，从而可以掌握自然，成为人类所生活于其中的自然世界的主人。这种思潮极大地促进了自然科学的发展。又由于自然科学的发展，人们又试图以自然科学的方法来研究人类社会自身，认为人类社会中也存在着必然性的规律，这个规律可以被发现，从而人类可以摆脱不自由的状态，掌握自己的命运，成为自己的主人。马克思的历史唯物主义就是这种思潮的典型——认为历史的规律可以被发现，从而人类可以安排和预测自己的未来社会形态。这种思潮受到了波普尔的严厉批判。关于这一点，我在本书导论中已经有所提及。而在第三波哲学思潮中，人们转向了自身，一些学者认为语言是解开人类历史以及行为的密码。语言哲学的时代因此开始。

交往行为理论即来自于哈贝马斯的言语行为理论。最早，哈贝马斯将他的言语行为理论命名为普遍语用学（universal pragmatics）。从普遍语用学的角度，将人类的社会行为划分为交往行为和策略行为两大类型。这两大类型社会行为的区别在于直接目标的不同：交往行为的直接目标是利用语言沟通，寻求交往行为者相互之间的理解与共识；策略行为的直接目的是行为者实现自己的某些功利性目标。不过，这种区别仅仅在直接目的的意义上才是成立的。哈贝马斯认为，在间接的意义上，策略行为也要以理解作为追求的目标，因为"冲突、竞争、通常意义上的策略行

---

① 本部分关于交往行为理论的介绍，除已注明出处的以外，均参见刘少杰主编：《国外社会学理论》，高等教育出版社2006年版，第22章。感兴趣的读者也可以阅读〔德〕哈贝马斯：《交往行为理论·第一卷：行为合理性与社会合理性》，曹卫东译，上海人民出版社2004年版。

为——统统是以达到理解为目标的行为的衍生物"[1]。因为策略行为同交往行为一样,都是社会行为,只要是社会行为就一定是人与人相互作用的行为,而只要发生人际间的互动作用,就一定要求通过语言达成理解与共识。

再进一步的考察,交往行为又可分为以达到理解为指向的行为和论战性行为;策略行为又可分为公开的策略行为和隐含的策略行为。哈贝马斯认为,任何处于交往活动中的人,在施行任何言语行为时,必须满足若干普遍的有效性要求并假定他们可以被验证。这些有效性要求,就是言语的有效性基础,又包括四个方面:(1)表达的可领会性;(2)陈述的真实性;(3)表达的真诚性;(4)言说的正当性。这四点是保证语言交流或话语沟通的基本原则,只有这四条原则得以兑现,理解与共识才能达成。

后来,哈贝马斯又提出了规范语用学(formal pragmatics)的概念,将言语的功能分成三种,在此基础上提出语用学的规范性。言语有三种功能:一是显示客观世界某种事物的功能;二是表达主观世界某种意愿的功能;三是调节或联系社会世界中的人际关系的功能。哈贝马斯最为看重的,是第三种功能。正是这一功能,使言语沟通具有了规范的作用。言语行为的规范作用表现在角色的交往关系中。由于在社会世界中开展言语行为的人们,都是在特殊条件的限制中存在的,各种矛盾关系或具体条件限制着行为者只能以特定的角色表现自己,并且由于每个人都有自己的主观意愿,都会对交往关系或者交往对方提出自己的主张和要求,每个人的主张或要求只有符合具有一般性的、人们共同接受的规范才能得到对方的认可,言语行为才能是有效的。另外,人们在其中交往的社会世界本身都存在特定的种种规范,这些作为社会制度、群体纪律或文化传统的规范,对于个体来说是预先设定的,言语行为者是无可选择地进入其中并不得不遵守的。

康德在意识领域为理性分区化界,试图以此来调和科学、道德和审美三种意识活动的冲突。哈贝马斯模仿康德,在社会活动领域为理性分区

---

[1] 〔德〕哈贝马斯:《交往与社会进化》,张博树译,重庆出版社1989年版,第1页。转引自刘少杰主编:《国外社会学理论》,高等教育出版社2006年版,第389页。

化界,试图以此来调和不同社会行动的矛盾冲突。他将人的社会行动划分为三种类型,分别是目的性行动、规范性行动和戏剧性行动。目的性行动以行动者与客观世界之间关系为活动领域,展开了一个客观世界;规范性行动以行动者之间的社会关系或交往关系为活动领域,展开了一个社会世界;戏剧行动只与行动者自己的主观世界发生关系,它以自我表现为中心,以自我意识为内容,展开了一个主观世界。

哈贝马斯主要关注的是社会世界。他认为,社会世界是由系统世界或者说建制化的世界和生活世界构成。系统世界是体制化、制度化和组织化的世界,包括按照政治制度和法律制度建立起来的国家机关、按照经济制度建立起来的经济系统或市场体系。系统世界是占有各种社会控制权力的领域。生活世界是交往行动展开的领域,包括两个层面:一是开展言谈沟通、追求话语共识、发挥舆论评价作用的公共领域;二是维持私人利益、追求个人自主性的私人领域。

对于哈贝马斯的交往行动理论,可以总结如下,社会世界是由人的社会行动展开的,社会行动有两大类型:目的理性行动和交往行动。目的理性行动的组织形式或制度化形式,一是国家权力机关和政治团体,它们构成了政治世界;二是市场体系和经济体制,它们构成了生产世界或经济领域。交往行动是从私人领域进入公共领域的活动。在交往行动中,人们的角色是一种变换过程,当人们从自己的家庭生活或个人独处情境中走出来,在一些公共场合发生交往时,人们实现了从私人领域向公共领域的交换,私人变成了公众。反之,当人们从公共场合返回家庭或个人独处情境时,又实现了从公众向私人的转换。哈贝马斯在论述公共社会结构时曾指出资本主义社会公众和私人的不可分性,即公众必须是由私人自立、自主地位的人们转换而来的,并且二者是一个不断的角色变换关系。因此,在交往行动展开的生活世界里,公众与私人、公共领域与私人领域发生直接联系,不断转换统一的领域。

以上对于交往行动理论的总结,可以从哈贝马斯自己对于交往行动理论的评价中找到依据。哈氏指出,他是在批判实践理性的基础上,提出交往行动理论,以交往的理性取代实践理性。他认为,"交往理性之区别于实践理性,首先是因为他不再被归诸单个主体或国家—社会层次上的宏观主体。相反,使交往理性成为可能的,是把诸多活动连成一体、为生活形式赋予结构的语言媒介。这种合理性是铭刻在达成理解这个语言目的之上的,形成了一组既提供可能又施加约束的条件。任何人只要用自然语言来同他的对话者就世界中某物达成理解,就必须采取一种施为的态度,就必须承诺某些前提。"① 因此,交往行为理论主要是把语言作为沟通的媒介,把沟通当做协调行动的机制,因此以理解为取向的语言使用便成了协调行动的机制,具有了社会整合的作用。②

从以上对哈贝马斯交往行为理论的简单考察,我们可以发现,罗尔斯以及罗尔斯之前的契约理论,实际上都是以交往行为作为其前提的——达成契约之前的论辩和商谈的行为,就是一种交往行为。罗尔斯对他的抽象契约行为设定了四个前提条件,包括参与者目的在于促进自身利益（他们对于其他参与者的利益表现出一种冷淡状态,但是并不反对其他参与者追求自身的利益③）、参与者地位平等、参与者享有表达意见的自由和参与者具有理性等。罗尔斯的交往行为理论,所要解决的恰是上述罗尔斯所列的抽象契约之四个条件中的理性条件。所以哈贝马斯的交往行为理论,所追求的实际上乃是一种交往的理性。这种理性是达成共识的条件,而所谓共识,在本质上就是罗尔斯所说的契约。哈贝马斯为交往理性设置了四个言语行为的条件,包括表达的可领会性、陈述的真实性、表达的真诚性以及言说的正当性等,都必须在交往行为的参与者地位平等以及具有表达意见的自由的环境下才具有其意义。若是交往行为的参与者之间地位不平等,或者交往行为的参与者根本就没有表达意见的自由,那么以达成共识为目的的交往行为,根本就不可能展开。因此,有论者认为哈贝马斯所预设的言语行为的上述四个有效性要求,在社会实践中很难实现。因为这四种有效性要求,只有在未被压抑和扭曲的环境下方可实现,而实际的言语实践过程是被压抑的扭曲状态。若以此四种有效性来衡量现实的言语实践,会发现实际的言语沟通过程几乎都是无效的。论者据此认为哈贝马斯提出的言语的有效性基础,体现了他对社会现实

---

① 〔德〕哈贝马斯:《在事实与规范之间——关于法律和民主法治国的商谈理论》,童世骏译,三联书店 2003 年版,第 3—5 页。
② 高鸿钧等著:《商谈法哲学与民主法治国——〈在事实与规范之间〉阅读》,清华大学出版社 2007 年版,第 30 页。
③ 〔美〕罗尔斯:《正义论》,何怀宏等译,中国社会科学出版社 1988 年版,第 138 页。

的批判,以及推进社会理性化的一种主张。①

但是,从哈贝马斯的观点中,实际上看不出他对社会现实的强烈批判,相反,哈贝马斯认为他所提出的言语有效性要求,乃是日常语言交流中真实存在的。② 也即,哈贝马斯提出的上述四个言语有效性要求,是在他所认为的日常语言交流的实践的基础提出的,是符合他所生活的社会的现实的。在这个社会现实中,交往行为的参与者之间地位平等,享有表达意见的自由,他们促进自己利益的目的也被理解和尊重。在这样一种现实环境下,交往行为的参与者只需使自己的言语行为符合上述四个要件,他就具备了交往的理性,因而可以就所交谈的内容达成共识。就此来看,在共享平等、自由的环境,并在同样承认尊重参与者促进自身利益之目的的情况下,哈贝马斯对言语行为所提出的四个有效性要求,其实践性远远大于罗尔斯的"无知之幕"。因为"无知之幕"要求屏蔽掉所有可能影响共识达成的偶然性和特殊性信息,这种要求只能存在于假设之中。而哈贝马斯却没有要求屏蔽掉可能影响共识达成的信息,相反,他认为,即使是在日常生活这样一种实践状态下,只要言语行为符合上述四个有效性要件,即具备了交往的理性,共识就可以达成。而且,哈贝马斯所说的四个言语行为的有效性要件,即使对于罗尔斯假设的"无知之幕"下的契约的参与者也同样适用——若缺乏这个四个要件,即使在"无知之幕"下,人们也不可能就罗尔斯所提出的正义两原则达成契约。

不过,哈贝马斯交往行为理论的高度实践性,是以放弃追求统一的、抽象的具有确定性的社会共识为代价的。我们之前在讨论罗尔斯的抽象契约理论时曾经指出,罗尔斯之所以要假设一个"无知之幕",其目的在于使"无知之幕"下的契约参与者能够选择他所确定的两个正义原则——在罗尔斯看来,这两个正义原则应当是全社会统一适用的抽象正义原则。而哈贝马斯放弃了对可能影响参与者行动选择的偶然性和特殊性信息的屏蔽,把交往行为的参与者放在了现实的日常社会生活实践中,那么若想要求他们就全社会统一适用的抽象正义原则达成某种完全一致的共识,恐怕是非常困难的。因为每个人都有自己的正义观,这些正义观

---

① 刘少杰主编:《国外社会学理论》,高等教育出版社2006年版,第389—390页。
② 同上书,第389页。

可能相同,也可能不相同,在参与者人数不受限制,参与者所发表的观点也不受限制的情况下,交往行为即使持续地进行下去,恐怕达成完全一致的共识这一目标也会非常遥远。但是,在现实的生活实践中追求抽象的统一的关于正义的共识存在困难,并不意味着交往行为的参与者不能就具体的个别的观念或者行动达成共识。这就是交往行为的实践性所在——在现实生活中,一定范围内的具备交往理性的人们,总是能够就某些具体的观念或者行动达成共识。这一点对于我们建构民事诉讼程序具有重要的启发意义——在个案的诉讼中,参与程序的人数总是有限的,若是程序的设计能够保障他们在地位上的平等,保障他们表达意见的自由,并尊重他们对自己利益的追求,那么只要再通过相应的程序机制促使他们的言语行为符合表达的可领会性、陈述的真实性、表达的真诚性以及言说的正当性这四个要求,则程序的参与者就个案的事实认定和法律适用问题达成共识还是有着现实可能性的。若每一个案的裁判都能够在包括法官和当事人在内的程序参与者所达成的共识的基础上做出,那显然就是民事诉讼所追求的理想状态了。

(二)哈贝马斯的法律商谈理论①

在交往行为理论的基础之上,哈贝马斯提出了自己的商谈理论。他的商谈理论实际上包括了道德、伦理以及法律等不同层面的商谈。但我们所关注的,是他的法律商谈理论。哈氏的法律商谈理论,集中体现在他所著的《在事实与法律之间——关于法律和民主法治国的商谈理论》一书中。

哈贝马斯通过对内在于语言以及语言使用中的两种理想化的要求,得出了事实性和有效性之间存在张力这样的一个结论。他在事实性和有效性问题上的基本观点可以表述如下:关于事态(真)的陈述,不但要求句子的语言符号和语法规则在不同的使用者之间具有同一的意义(意义普遍性的理想性要求),而且要求陈述命题的句子必须是有效的,即能够被所有可能听到语言的人合理地接受(命题有效性的理想性要求)。然

---

① 本部分内容关于法律商谈理论的介绍,除注明出处的以外,均参见高鸿钧等著:《商谈法哲学与民主法治国——〈在事实与规范之间〉阅读》,清华大学出版社2007年版;以及[德]哈贝马斯:《在事实与规范之间——关于法律和民主法治国的商谈理论》,童世骏译,三联书店2003年版。

而,无论是语言符号和语法规则的同一性,还是句子的有效性,其理想性的要求在现实中都无法完全实现。一个陈述只能在此时此地被提出,也只能在此时此地被接受。从而,内在于语言以及语言使用中的两种理想化的预设,使得语言中事实性与有效性之间产生巨大的张力。

当语言作为交往媒介进入社会中时,内在于语言及语言使用中的事实性与有效性之间的张力无可避免地要进入到生活世界中,表现为无处不在的异议风险。为应对此种风险,可采两种策略:一是限制交往机制,二是开放交往机制。通过限制交往机制而稳定行为期待,只能针对小型的相对来说尚未开放的社会而言。因为在那种社会中,生活世界和古代权威建制分别以特殊的方式将事实性与有效性混合了,因此可以通过限制交往机制的途径来稳定人们的行为预期。而在现代多元复杂的大型社会,法律并不是通过神灵等权威来获得其有效性,而是已经充分实证化。对此可以这样理解:生活世界以背景知识的确定性来稳定行为预期,古代建制以魅惑性权威对信念的巩固来稳定行为期待,其事实性与有效性并未明确分开。而现代社会的法律,其事实性与有效性已经分开,人们对于行为期待的稳定,只能诉诸国家对于法律的严格执行,也即法律被充分实证化了。然而实证化的法律又如何证明自己是合法之法?也即,实证化的法律规范之所以被接受,不仅是因为强制,而且也因为规范的接受者是因为道德义务而自愿地接受。基于此,现代实证化的法律必须将所有规范与价值置于可批判性的检验之下,直到法律共同体成员通过商谈达成受理由推动的合理共识。

这样,实证化的法律必须一方面通过事实性的限制,降低异议风险,稳定行为期待;另一方面要通过民主立法程序来确保法律的有效性。为此,必须开放交往机制,使得民主的商谈能够实现,使得事实性与有效性既能分开,又能够得到控制,从而实现社会整合。现代的法律因此也呈现出双重品性:强制之法与自由之法、实证之法与合法之法;法律的有效性也相应地分化为社会的或者说事实的有效性和规范自身的合法性这样两个向度。实证之法要证明自己同时也是合法之法,就必须诉诸一种"特殊种类"的立法过程,这种立法过程对法律共同体的成员提出了一种理想化的预设。所谓特殊种类的立法过程,按照哈贝马斯的观点,是指在民主的立法过程中,立法参与者必须放弃以意志自由为基础的个人权利,而行使以自主性为基础的公民权利。如果说一般的民主立法程序中，立法参与者是以私权主体的身份参与，追求的是利益的实现，那么在哈贝马斯所主张的立法程序中，立法过程虽然也进行事关利益妥协与平衡的实用商谈，但更主要的是事关"对与错""好与坏"的道德商谈和伦理商谈，而且实用商谈最终要经得住道德商谈的检验。

哈贝马斯认为，交往行为理论要实现对社会的整合，必须通过实证化的法律才能实现，因此法律范畴在他的交往行为理论中获得了中心地位。按照他的观点，现代法律所具有的上述双重品性，既保证了交往行为中关于有效性商谈的可兑现性，又使得商谈中的异议风险得到合理控制，从而稳定了行为预期。反过来，现代法律在规范性自我理解面临崩溃的时候要想重整旗鼓，也必须借助交往行为理论的解释力，对权利体系和民主法治国进行商谈论的重构。[①]

哈贝马斯的法律商谈论在上述观点之下继续展开。他在《在事实与规范之间——关于法律和民主法治国的商谈理论》一书中，开始借助于社会学的法律理论和哲学的正义理论两种路径，先解释了为什么法律范畴在交往行动中获得中心地位，同时解释了交往行动理论又进一步为法的商谈论提供了合适语境。接下来，他在商谈论的视角下对法律系统的规范内容和法治国观念进行了重构。哈贝马斯的研究还继续延伸到司法的合理性问题、宪法判决的合法性问题、商议性民主的模式以及复杂社会中对权力运行的法治国调节是如何起作用的。最后，哈贝马斯指出，法的商谈论有助于引入一个程序主义的法律范式，"这种范式，……将走向对资产阶级形式法和社会福利国家这两种模式之间对立的超越"。[②]

至此，我们可以看到，哈贝马斯以其商谈理论在法律领域的具体展开，回答了一些人对他的商谈理论的质疑。那些质疑者认为基于交往行为理论的商谈理论对建制性现实熟视无睹，甚至可能导致无政府主义。而哈贝马斯通过特殊种类的立法过程这样的概念指出，商谈可以在建制性现实中展开，只要立法者不是以个人的视角，而是以公民的视角来参与

---

① 高鸿钧等著：《商谈法哲学与民主法治国——〈在事实与规范之间〉阅读》，清华大学出版社2007年版，第22—23页、第40—42页。

② 〔德〕哈贝马斯：《在事实与规范之间——关于法律和民主法治国的商谈理论》，童世骏译，三联书店2003年版，第9—10页。

商谈。在建制性现实中,这个要求并非难以企及,而是可以满足的。在之后的关于司法裁判中的商谈的讨论中,哈贝马斯进一步证明了在建制性现实中展开商谈的可能性。当然,那样的一种商谈,已经是对建制性现实有所妥协的商谈。关于这一点,我在稍后考察哈贝马斯所描述的司法裁判中的商谈时,还会继续讨论。

　　根据以上对哈贝马斯法律商谈理论的初步考察,我们可以看出,哈贝马斯所要解决的他所说的法律的事实性与有效性之间的张力问题,乃是西方法理学中一个古老的问题,这个问题被许多学者称做实证法与自然法之间的关系问题,西方学者津津乐道的安提戈涅悲剧,就是关于实证法与自然法之间紧张关系的一个隐喻。而按照哈贝马斯的商谈理论,该二者之间的紧张关系并非不可调和。在开放交往机制下,实证法的制定过程乃是一个商谈的过程。在这个商谈的过程中,所有参与者的观点都可以自由地表达,那些秉持自然法之精神的人,当然也可以充分表达他们的意见,而道德规范乃至习俗惯例,自然也被允许纳入商谈的内容。在经过这样一种商谈而达成之共识的基础上所制定的实证的法律,显然已经吸收了自然法以及道德规范乃至习俗与惯例的精神,实现了实证的法律和自然法以及道德、习俗、惯例之间在基本精神上的融通,因而经过商谈的程序而产生的实证的法律,不仅具有事实性,同时也具有有效性,从而会被人们自愿地遵行。

　　从上述法律商谈理论的基本架构观察,哈贝马斯选择的是从对实体问题合理性的探讨,转向对产生实体结果之程序的合理性探讨这样的研究范式。更进一步说,他是以他所认为的在现代复杂多元社会中更为合理的商谈这样的程序,来解决过去其他法学研究范式中争论不休的有关法律之事实性和有效性之间关系这样极其困难的问题。关于这一点,哈贝马斯并不否认,他自己也明确承认,法的商谈论有助于引入一个程序主义的法律范式。就此来看,哈贝马斯的方法与罗尔斯的方法有着相似性——罗尔斯是以程序主义的路径来解决正义原则的证明问题,而哈贝马斯则是以程序主义的路径来解决法律的事实性与有效性之间的张力问题。不同的是,罗尔斯通过直接改造古典契约主义,以他所说的抽象的契约来解决人们对于正义两原则的一致选择,而哈贝马斯则以继承了契约主义精髓的以达成共识为目的的交往行为理论来解决人们在法律之事实性和有效性问题上的分歧。罗尔斯为使参与者达成抽象契约而设置的"无知之幕",乃是一种限制交往机制;而哈贝马斯的交往行为理论,则显然是一种开放交往机制。按照哈贝马斯的观点,在现代多元社会,限制交往机制显然已经失去存在的基础,我们只能以开放的交往机制,来解决法律的事实性和有效性之间的张力问题。这种开放交往机制,不仅不限制,而且还鼓励参与者获取各种有利于形成其意见的信息,并鼓励他们把这样的意见自由而充分地表达。在此基础上通过充分商谈而形成的共识,显然比人们在"无知之幕"下所达成的共识更具有实践性。

经过之前对哈贝马斯的交往行为理论,以及交往行为理论在法律领域的具体化——法律商谈理论的考察,我们会发现哈贝马斯与罗尔斯在论证上的一个关键性的区别:罗尔斯的正义理论,不仅要设定产生正义的公式,还要设定这个公式运算的结果也就是正义两原则;而哈贝马斯的交往行为理论以及法律商谈理论,仅仅是建构一个达成理性共识的公式,而没有刻意追求这个公式的运算结果。

第二节 司法裁判中的法律商谈问题[①]

交往行为是人们为了达成共识而展开的一种言语沟通行为,法律由语言构成,所以制定法律和实施法律的活动,本身就具有言语行为的性质。而即使是在反思的时代,人们的反思也是在法律的建制内展开。就交往行为而言,哈贝马斯为言语行为所设定的四个有效性要求中,其中一个就是言说的正当性。在法治国家,言说行为必须具备合法性,才具有正当性。因此交往行为无时无刻不是在法律所划定的范围内展开,而交往行为因此也不能无视法律的存在。而且,根据我们之前对哈贝马斯关于法律商谈理论的考察,在哈贝马斯看来,在法治的国家,交往行为要实现其社会整合的功能,也必须围绕着法律展开——道理很简单,只有法律才真正具有事实性,也就是实证性,可以以其强制力来实现整合社会的目

[①] 本章内容,除已注明的以外,均参见〔德〕哈贝马斯:《在事实与规范之间——关于法律和民主法治国的商谈理论》,童世骏译,三联书店2003年版,第五章;以及高鸿钧等著:《商谈法哲学与民主法治国——〈在事实与规范之间〉阅读》,清华大学出版社2007年版,第五章。其中部分内容是对该两本著述之相关章节内容的直接援引。

的。交往行为介入法律领域,不是为了减弱法律的事实性或者说实证性,而是一方面通过法律商谈来消除法律之事实性与合法性之间的张力,另一方面也借助法律来实现其整合社会之目的。而法律的事实性或者说实证性则是通过司法裁判来体现的——没有司法裁判,法律的强制力将无法体现。因此,要探讨法律领域的商谈,就必须涉及司法裁判问题。所以哈贝马斯认为,法律商谈理论不能忽视法官的视角,所有的法律交往都指向可诉诸法律行动的主张,所以法庭程序为分析法律系统提供了视角。基于此,他在《在事实与规范之间——关于法律和民主法治国的商谈理论》一书中,专门于第五章讨论了司法中的商谈问题。

实际上所有以法律为依据的主张,若是相互之间存在异议,最终都将诉诸司法解决。因此司法裁判机制本身,就是为了解决法律领域内的异议风险而设。而交往行为理论恰也是为了解决异议风险,寻求理性共识而提出。但是,传统的司法裁判行为乃是以国家的强制力为后盾来解决异议,这种解决方式显然有其缺陷。其缺陷在于,裁判固然被强制性地要求服从,但当事人对裁判的服从却不一定是发自内心。而交往行为则不然,它是以异议者之间的充分商谈来解决异议,经过商谈而达成的共识,不是被强制性地要求服从,而是被参与者发自内心地服从。这样一比较,两种机制高下立分。因此,若能以交往行为理论来改造传统的诉讼机制,促使裁判在各方通过商谈所达成的共识基础上做出,显然是一种更为理想的选择。

一、裁判的确定性与合理性之间存在张力

在分析司法领域的问题时,哈贝马斯认为,在司法领域同样存在着事实性和有效性之间的张力,这一张力体现为法的确定性原则和对法的合法运用(也就是做出正确的或正当的判决)之主张这两者之间的张力。他认为,事实性与有效性之间的张力内在于法这个范畴本身之中,并表现于法律有效性的两个向度之中。一方面,现行法律确保以国家制裁为后盾的行为期待的落实,同时也确保法律的确定性;另一方面,制定和运用法律的合理程序,担保着对用这种方式加以稳定的行为期待的合法性——规范值得法律上的服从,并且任何时候都可能出于对法律的尊重而得到遵循。也即,一方面,法律规范经制定后,必须保持其确定性,既不

能朝令夕改,亦不能一案一法;另一方面,法律规范在任何特殊事实上的适用,又必须符合规范本身以及当事人对于正义的要求,其所适用的后果,必须获得当事人发自内心的接受。哈贝马斯认为,这两种保证必须在司法决策层面上同时加以兑现——裁判必须既保证法律规范的确定性,又保证法律规范在个案上的适用效果乃是当事人自愿接受的后果。

哈贝马斯认为,当出现不同主张之间冲突的时候,把它们转换成法律主张,并且在法庭听证之后以一种具有实际约束力的方式加以裁决,这是不够的。因为这样的裁判,不一定能够消解法的确定性原则和对法的合法运用之主张这两者之间的张力。若此种张力不能通过裁判来消解,则法律的社会整合功能以及当事人和社会公众对于正义的要求,都难以获得实现。为了实现法律秩序的社会整合功能和法律的合法性主张,法庭判决必须同时满足判决的自洽性与合理的可接受性这两个条件。所谓判决的自洽性,乃是指判决对于法律规范的适用,被认为是正确的,符合法律规范的精神和要求的;所谓合理可接受性,则是指判决将法律规范适用于具体的正义事实的结果,是符合当事人以及社会公众对于正义的要求的。用我国司法部门一句通俗的话来说,就是判决要符合"人民群众的感觉"。

然而,哈贝马斯认为,这两个条件,也就是判决的自洽性与合理可接受性,并非当然可以满足,它们面临着进一步的追问。第一,法的确定性原则要求判决是在现行法律秩序之内自洽地做出的。但是,现行法律是一张由过去的立法决定和司法决定或者习惯法的种种传统所构成的不透明网络的产物。法的种种建制史构成了每个当代的判决实践的背景。最终最初的法律情境的偶然性,也反映在法律的实证性当中。换言之,既有的现行有效的法律规范,实际上带有其制定时的一些偶然性因素。这些因素在制定的时候存在,而在当下却可能已经消失。第二,合法性的主张要求判决不仅与过去类似案例的处理相一致、与现行法律制度相符合,而且也应该在有关问题上得到合理论证,从而所有参与者都能够把它作为合理的东西加以接受。也即,当下裁判的合法性不仅仅体现在其与过去的案例以及现行的制度保持一致,而且还体现在裁判对于当下的事实争议的处理,被它所要约束的参与者认为是合理的,认为是符合当下的正义要求的。而在一种当下的未来的视域中判决实际案例的法官,是以合法的规则和原则而主张其判决的有效性。但是这些合法的规则和原则,若不符合当下特殊事实对于正义的要求,就难以被认为是合理的。就此而言,对判决的论证必须摆脱法律之形成情境的种种偶然性。因为我们没有理由要求具有时间上的偶然性的过去情境,对当下以及未来已经变化了的情境构成约束。

因此,司法的合理性问题就在于:对一种基于偶然的情境而产生的法律规范的运用,如何才能既具有内部自洽性又具有合理的外在论证,从而同时保证法律的确定性和法律的正确性呢?对这一追问我们可以这样理解:一方面,作为司法裁判之基础的纠纷事实乃是当下的事实,而解决纠纷的法律依据却不是专门针对当下事实所制定的——法律制定时的事实背景,从当下的视角观察已经成了历史;另一方面,无论是过去制定的法律,还是当下制定的法律,都不是专门针对纠纷事实所制定的法律——法律规范总是具有一定的抽象性,以使其能够针对某一类事实,而本案之纠纷事实却是特殊的,因此其与规范所描述的事实假设之间并不总是完全契合的。如此一来,根据既有法律规范所做出的裁判,就不一定完全符合本案事实对于正义的要求,因此不一定是当事人所满意的。而若要追求最符合本案事实的正义,则法律适用的确定性就将遭到动摇:同样的法律规范,何以过去的适用,与现在的适用不一样;或者,同样的法律规范,何以他案的适用,与在本案的适用不一样。

以上哈贝马斯对司法裁判的自洽性与合理可接受性的追问,乃是针对实证的法律而言。就自然法来说,由于其一度被认为是永恒的法则,没有制定和产生的问题,所以人们一般不会提出自然法产生时代的偶然情境问题,自然法的永恒效力对于尊奉自然法的人来说,是不容置疑的。因此,对于实证法的事实性与合法性问题,以及作为这种事实性与合法性在司法裁判中之体现的裁判的自洽性与合理可接受性问题,自然法理论有它自己的一套方法,这套方法简单来说无非是要求实证法尽量接近自然法的要求,从而使实证法摆脱种种历史的偶然情境的约束,而具有不受时代变化以及个案特殊事实影响的普遍的和一般的合理性。例如,德沃金对于法律的道德性的要求,就具有明显的这种倾向。但是自然法这个概念,实际上已经同正义概念一样,其本身已经是千人千面的事物,又如何能够为实证的法律提供合理性的证成?基于此,哈贝马斯将自然法的理

二、先于法律商谈理论的四种解决方案

根据哈贝马斯的考察,法律诠释学解决这一问题的方案,是一个关于诠释的"过程模型"。诠释活动开始于一个受评价影响的前理解[①],这种前理解在规范与事态之间确立了一种在先的联系,并开启建立进一步关联的视域。这种起初弥漫不清的前理解,随着在它引导下规范和事态互相使对方具体化或者说互相使对方得以构成,而变得更加确切。根据这种解决方案,法官的前理解受到一种伦理传统情境之传统主题的影响。这种前理解根据得到历史确证的种种原则来协调规范和事态之间的相互关联。诠释学的方法认为,一个判决的合理性最终应该根据那些尚未拼合成规范的习俗所提供的标准来衡量,也即根据先于法律的法理睿智来衡量。循环的诠释过程的不确定性,可以通过诉诸种种原则而得到降低。但是这些原则只有从法官碰巧身处其中的法和生活的既有形式的效果历史(所谓效果历史,是德国哲学诠释学者伽达默尔提出的概念,大致意思是认为随着时间的经过,作为诠释对象的历史传承物会获得新的意义,或者说随着时间的经过,诠释者在对历史传承物进行理解和诠释时,会不断发现新的意义——作者注)中,才能加以合法化。通过以上哈贝马斯对诠释学方法的分析,我们可以看出,他所说的诠释学提供的"过程模型",就是诠释学意义上的循环。在司法裁判领域,这种循环体现在:在法律规范形成之后的任何某个时期,法官都基于其所处历史情境给予自己的知识和经验,而对法律规范有一个前理解,然后根据其要处理的当下的纠纷事实,而在前理解与规范的本来意义之间往复循环,同时在所理解的规范的意义与当下的纠纷事实之间来回循环,使得自己所把握的规范的精神与当下的纠纷事实不断靠近,最终将最为适切之规范适用于特定事实,从而

---

① "前理解"是诠释学上的概念,类似的概念还有"前有"、"前见"、"前把握"等。这里所说的前理解,是指法官基于其法律知识、裁判经验以及生活常理等,对事实和法律之间关系的一般理解。这种一般理解帮助法官在个案事实和应当适用的法律规范之间建立最初的联系。

证成裁判的合理性。简单来说,诠释学通过以情境主义方式,把理性置入历史的传统关联之中,来解决司法的合理性问题。①

法律实在论在诠释学循环方法的基础上,对引导诠释进程的前理解做出了不同的评价。在司法判决的选择性结果中,法律之外的背景发生了作用。这些外在因素解释了法官是如何填补他们在判决中所享受的自由裁量余地的。这些因素使人能够确定司法判决的历史的、心理的或社会学的预设。然而哈贝马斯认为,法律实在论的观点所导致的法律怀疑论的后果是显而易见的:一个法庭程序的结果如果可以根据法官的利益状况、阶级隶属关系、政治态度和人格结构来说明的话,或者通过意识形态传统、权力格局以及法律体系内外的经济因素和其他要素来说明的话,判决的实践就不再是由内部因素决定的,也就是说由对程序、案例和法律根据的选择决定的。如此一来必然弱化了法的内在逻辑,法律也因为被置于传统之中而相对化了,从而法的适用的确定性并未能够得到保证。

与法律实在论者不同,以凯尔森和哈特等为代表的法律实证论者,则试图通过阐明法律规则内在的规范性质和规则体系的内部结构,强调一个不受法律之外的原则影响的法律体系的封闭性质和自主性质。哈贝马斯认为,这样一来,法律规则的规范有效性,仅仅是根据是否遵守法律所规定的立法程序来衡量的。这一观点过分重视法律制定的程序的合理性,而贬低了规范之内容的合理论证的重要性。因此过分重视了司法判决的确定性保证,而忽视其合理性保证。②

德沃金的理论则提出了一个"融贯性"的概念。德沃金的目的是论证法官如何根据既有的法律规范做出一个针对当下具体的争议事实来说是唯一正确的裁判。他认为,法律原则和立法者与之相容的政治政策为人们提供了论辩手段,去对现行法律的复合体进行重构,直到它被认为是规范的正当的为止。德沃金指出,(司法裁判的)任务不在于对以诸正义原则为根据的社会秩序进行哲学重构,而在于发现这样一些有效的原则和政策:从这些原则和政策出发,可以在本质方面对一个具体的法律秩序

---

① 关于诠释学方法和诠释学循环、前理解以及效果历史等概念,读者可以参见〔德〕汉斯—格奥尔格·伽达默尔:《诠释学 I:真理与方法》,洪汉鼎译,商务印书馆 2007 年版。

② 关于法律实证主义观点,读者可参见〔奥〕凯尔森:《纯粹法理论》,张书友译,中国法制出版社 2008 年版;〔英〕哈特:《法律的概念》,许家馨、李冠宜译,法律出版社 2006 年版。

进行辩护,从而使它的全部个案判决都作为一个融贯整体的组成部分而契入其中。在德沃金所处的英美法律传统背景中,判例法一直在发挥着重要的作用。判例法与制定法不同,制定法至少在规范的语言表达上具有某种体系性,而判例法的规范则体现在过去判决的表述中。我们知道,即使在制定法国家,由于语言固有的多义性,以及制定法体系内部的不完全协调的事实,法官在将规范适用于具体的个案事实时,都经常陷入困境,例如请求权竞合的情形即是适例之一,因此需要法教义学与法解释学的帮助。而在判例法的传统中,这种规范之间的凌乱与不协调的情形就更多了,因此在具有普通法传统的国家,法官们更依赖于法律方法论所提供的各种方法来进行裁判。由于当下事实不可能与在先判例所描述的事实完全一致,当下的社会政策和价值理念也不可能和在先判例所处时期一致,所以要将在先判例所表达的规范适用于当下的事实,就必须依赖于解释。而判例法传统的弊端就在于,由于历史上不同阶段所发生的事实均不完全相同,各历史阶段的政策也不一样,所以法官们通过具体的判决对在先判例所表达的规范的解释也不一样。即使是在同一时期,法官们在使用同一个先例时,所进行的解释也不相同。这些判决又形成了新的判例,从而不断加剧判例所表达的规范在内容上的不确定性。规范本身既已具有很大程度的不确定性,而更要求法官们在适用这些规范时所作出的裁判具有当下的合理可接受性,则其难度可见一斑。德沃金所要追求的目标是提供这样一种方法,一方面法官遵循这种方法寻找到的规范,在适用于本案事实时,其所做出的裁判在当下来看,是针对本案事实唯一正确的裁判;另一方面,法官对于在先判例的意义解释以及本案判决所表达的规范意义,与历史上既有的判例所表达的规范的意义保持一种连贯性和融通性。因此,裁判既符合个案正义,又符合法律规范所表达的一般正义。

  这种理想性任务,正如德沃金所意识到的,只有一位具有其智力可同赫拉克勒斯的体力相媲美的法官才能担当。① 德沃金的理论受到一些批评,主要是他的理想是现实的法官难以完成的。他对此也有所回应,认为

---

  ① 〔德〕哈贝马斯:《在事实与规范之间——关于法律和民主法治国的商谈理论》,童世骏译,三联书店2003年版,第261页。

可以通过在裁判当时占主导地位的范式性法律理解来降低法官任务的复杂性或者说难度。这个范式性法律理解的意义在于,法官作为一个法律专家,可以与所有公民共享一个关于法律的背景情境,因此可以使各方对于程序的结果都可以预见。① 德沃金所说的法律范式,典型例子之一的就是英美法律传统中的正当程序范式。关于正当程序的最早的表述范式是一个人不能成为自己案件的法官;之后进化而来的表述是法律"不能剥夺甲方而授予乙方";再之后发展而来的表述是更简单的"禁止剥夺甲方"。②

我们可以看到,以上四种旨在消除司法裁判确定性与合理性之间张力的方案,都具有两个共同的特点:第一,它们都是从实体法律的视角出发来寻求解决问题的答案,没有任何一种方案是从程序法的视角来解决问题。换言之,他们都是试图通过建构某种方法论,来解决法官寻找法律的困难。这些方法论指向的都是实体法,没有一种方案尝试过通过程序法的适当设计,使得作为程序之产物的裁判结果,实现确定性与合理性的结合。第二,这些方案,都是站在法官视角来讨论解决问题的方法,没有考虑当事人在法律适用上的参与可能性。例如德沃金,他甚至想到了请赫拉克勒斯来帮忙,却没有将视线哪怕是眼角的一点点余光转向当事人。也许他们认为适用法律是法官的任务,当事人既没有义务,也没有必要参与其中。但是,在诉讼的实践中,尤其是在民事诉讼中,不仅争议的事实由当事人主张,关于争议事实的最初的法律适用的意见,经常的也是由当事人提出。在规范出发型的诉讼中,甚至争议事实和法律适用的意见都是由当事人提出,法官只是对当事人的法律适用意见作出一个适当与否的判断而已。因此忽视当事人在寻找法律方面的作用,显然是法学家们的偏见。况且,既然裁判是将特定之法律规范适用于特定的争议事实,而争议事实又是由当事人提供,那么裁判的合理可接受性首先应当接受作为诉讼程序参加者的当事人的检验。如果裁判形成的过程就吸收了当事人的意见,那么最后形成的裁判的合理可接受性,至少在当事人那里会获得更为积极的评价。

---

① 关于德沃金的观点,读者可以参阅〔美〕德沃金:《法律帝国》,李常青译,中国大百科全书出版社1996年版。
② 参考〔美〕约翰·V.奥尔特:《正当法律程序简史》,杨明成、陈霜玲译,商务印书馆2006年版。

三、法律商谈理论的解决方案

对于如何消除司法判决确定性与合理性之间的张力,哈贝马斯以德沃金的理论为基础,从商谈论的视角提出了自己的看法。他首先提出了这样一个思路:"对于所设定之理论提出的那个理想要求(兼顾判决确定性与合理性——作者注)……转化为对一种合作的理论形成程序的理想要求,也就是对这样一种法律商谈的要求,它既考虑到唯一正确判决这个范导性理想,也考虑到实际判决活动的可错性……商谈的法律理论——它把司法判决的合理可接受性不仅同论据的质量相连接,而且同论辩过程的结构相连接——可能还解决不了,但至少是加以认真对待的。"① 换言之,哈贝马斯是将关于司法判决的唯一正确的衡量,从实质性的或者说实体性的讨论,转移到对于形成判决的程序的讨论。这个程序,就是法律商谈的程序。仅就这一点来看,哈贝马斯的工作就应当获得我们的尊敬——在他之前,还没有法学家从程序的视角来考虑解决问题的方案,因此哈贝马斯的观点可能会为问题的解决作出创造性的贡献。但这仅仅是哈贝马斯的贡献之一。他的思路还有另外一种创造性贡献,就是将当事人也纳入寻找法律的主体之中。我们知道,无论刑事诉讼还是民事诉讼,法官已退居坐堂问案式的中立角色。就民事诉讼而言,争议是由当事人提交法院,当事人在将争议提交法院的时候,往往认为自己的请求有着法律上的依据,能够获得裁判的支持,否则他也不会将争议提交法院解决。而对方在抗辩的时候,不仅会对事实问题进行抗辩,也会对法律问题进行抗辩。这意味着在民事诉讼中,当事人事实上在参与着法律的寻找,尤其在有律师参与诉讼的时候,就更是如此。而法官们在事实上也没有忽视当事人的意见,他们在多数时候是愿意倾听当事人在本案法律适用上所提出之看法的。因此,司法裁判权就其实际运作而言,在本质上已经不是法官独白式的裁判,或者说虽然法官们还享有独白的权力,但是他们多数时候还是愿意在独白中吸收当事人的一些看法。只是立法者在制定程序时,没有特意从商谈的角度展开思考,没有从程序上明确当事人在寻找法

---

① 〔德〕哈贝马斯:《在事实与规范之间——关于法律和民主法治国的商谈理论》,童世骏译,三联书店2003年版,第277页。

律的活动中的地位。因此当事人在寻找法律方面所发挥的作用,仍然主要停留在事实的层面,而没有获得规范的关怀。

哈贝马斯将商谈理论引入司法裁判领域,意味着双方当事人和法官都是商谈的主体,他们通过交往行为的实践来发现事实和寻找法律,并以形成关于裁判内容的共识为目标。对此,哈贝马斯解释说:"不管怎么样,规范性判断的正确性是无法在真理的符合论的意义上来解释的,因为权利是一种社会构造,不能把它们实体化为事实。'正确性'意味着合理的、由好的理由所支持的可接受性。确定一个判断之有效性的,当然是它的有效性条件被满足这个事实。但是,要澄清这些条件是不是被满足,不可能通过直接诉诸经验证据和理想直觉中提供的事实,而只能以商谈的方式,确切地说通过以论辩的方式而实施的论证过程。实质性的理由绝不可能在逻辑推理关系或判决性证据的意义上具有'强制性'——逻辑推理关系仅仅阐明前提的内容,而经验证据不过是单称的直觉判断,即使在经验领域它的作用也不是没有争议的。因此对于可能的实质性理由的链条来说,是不存在'自然的'终端的:我们无法断然否定有可能会提出新的信息和更好的理由。我们在有利的条件下要在事实上结束一场论辩,只有当先前一直不成问题之背景假设的视域中的那些理由凝聚成一个融贯整体,从而导致对那个有争议之有效性主张出现一种无强制同意。"① 根据哈贝马斯的交往行为理论,"法律商谈程序需要满足一些语用性条件,这些条件以理想的方式确保同特定时刻与某一给定问题有关的理由和信息有充分机会发挥作用,也就是说,确保内在于这些理由和信息的合理推动的力量能够得到充分展开……一方面是那些至多有一些说服力的单个的实质性理由和原则上始终未完成的论据系列,另一方面是对于'唯一正确'判决之主张的无条件性,这两方面之间的合理性缺口,是通过合作地寻求真理的论辩过程而理想地闭合的。"②

哈贝马斯以上所解释的,主要是对于事实的商谈问题。他认为,过去那种基于形而上学的思维认为作为真理的真相是可以被发现的,但是在

---

① 〔德〕哈贝马斯:《在事实与规范之间——关于法律和民主法治国的商谈理论》,童世骏译,三联书店2003年版,第278页。
② 同上书,第278—279页。

后形而上学时代,这种思维显然已经没有说服力了。即使是以赫拉克勒斯的力量,所能够发现的事实也只是在目前看来具有有效的融贯的理由,而被暂时地建构起来的秩序。这种秩序应当随时准备接受批判——也许在某个未来,当出现新的信息的时候,这个秩序将被证明是错误的。因此,司法裁判过程中所能够发现的事实,只是暂时地被认为是真实的,也就是我们通常所说的法律真实。这个法律真实既然只是暂时的一种真实,就意味着它可能与绝对的真相不符。而裁判要以这样一种事实作为基础,且要求裁判具有合理可接受性,就只能诉诸商谈的程序来解决。因为商谈的程序可以保证当事人和法官有着充分的机会表达意见,保证当事人和法官所获得的作为判断基础的信息是最充分的,在这种情况下,司法裁判中的商谈的参与者之间就事实问题所能够达成的共识,即使不是绝对的真相,也是从当前的视角来看最合理的,因此也是最能够被商谈的参与者接受的。

这是就作为法律适用前提条件的事实问题的商谈而言。而就规范运用也就是寻找最适切的法律规范的商谈来说,哈贝马斯认为:"规范和价值能否得到所有相关者的合理地推动的共识,只有从第一人称复数这个主体间扩大了的视角出发,才能加以判断。这个视角将每个参与者的世界观和自我理解的种种视角以一种既不强制也不扭曲的方式整合起来。论辩实践的作用,就在于这样一种共同实践的普遍化的理想的角色承当。作为交往行动的反思形式,论辩实践在所谓社会本体论上的特征就在于参与者视角的完全的可逆转性,它使商谈性集体的高层次主体间性成为可能。"①哈贝马斯的意思是指,每一个参与者都是个体的和具有主观性的,而商谈所要达成的共识,乃是在每一个个体的和具有主观性的观点中寻找共同之处。通过商谈这样的论辩活动,参与者都充分地表达自己的观点,相互说服对方和被对方说服,最后就会形成这样一种共识:这种共识使得商谈的参与者即使与对方互换视角,也能够承认其合理性。而这种共识,在哲学的意义上,就是商谈参与者之间所谓的主体间性。(我们可以发现,哈贝马斯在这里使用的"完全的可逆转性"这样的表述,正是

---

① 〔德〕哈贝马斯:《在事实与规范之间——关于法律和民主法治国的商谈理论》,童世骏译,三联书店2003年版,第280页。

罗尔斯为契约的参加者设定一个"无知之幕"所要达到的效果,罗尔斯对类似效果的表述是"我们假定各方的思考一定是相似的"。① 但是他们二者所使用的路径完全相反:罗尔斯的路径是限制交往机制,而哈贝马斯的路径是开放交往机制——作者注)也即,在这里,我们可以将主体间性与主体间的共识等同看待。但这是就一般的抽象层面的商谈而言。对个案的司法裁判中有关规范运用或者说法律适用上的商谈,还需要做进一步的说明。

对此,哈贝马斯的说明是:"在运用性商谈中(指关于规范适用的商谈——作者注),被默认为有效的那些规范的参照物,仍然是全部可能有关的人们的利益。但是当问题在于对一给定情况来说哪个规范是恰当的规范的时候,那些一般的参照关系就让位于直接有关的各方的具体利益。随之而走到前台的是各种依赖于行动者和相关者的自我理解和世界观的情境诠释。从这各种各样情境诠释中,必须产生出一种已经具有丰富规范性涵义、但不简单地抽象掉既有经验差异的情境描述。这涉及的仍然是对不同诠释视角的协调问题。当然,在运用性商谈中,具体的参与者视角必须同时保持与那些在论证商谈中被认为有效的规范背后的普遍视角结构的联系。因此,根据一个融贯的规范体系而形成的个案诠释,依赖于这样一个商谈的交往形式:由于这个商谈的社会本体构成,参与者的视角和由不偏不倚的法官所代表的共同体中那些非参与者的视角,有可能发生相互替换。"②哈贝马斯的这一说明主要是为了避免这样一种质疑,就是司法裁判领域有关个案的商谈,因为所涉及利益的特殊性,有可能导致法律适用的不确定性,也就是一案一判,各个不同。而根据哈贝马斯的观点,个案中的商谈当然无法排除当事人主观因素和特殊利益的影响,实际上这样的商谈主要就是围绕着当事人的特殊利益而展开——每一方当事人都从自己利益的视角,根据自己的世界观来诠释法律规范的意义。但是,一方面,经过商谈,包括法官和当事人之间对于个案法律适用的视角会逐渐趋同而达成共识;另一方面,由于法官所代表的乃是整个法律共同

---

① 〔美〕约翰·罗尔斯:《正义论》,何怀宏等译,中国社会科学出版社 1988 年版,第 133 页。

② 〔德〕哈贝马斯:《在事实与规范之间——关于法律和民主法治国的商谈理论》,童世骏译,三联书店 2003 年版,第 281 页。

体的视角,所以这个共识也将是符合,至少是不会大幅度偏离共同体视角的共识,因此基于这样的共识所作出的裁判,其对于法律规范的适用,仍然是具有确定性的——这种确定性来源于法官所代表的法律共同体的视角对个案共识的参与。

哈贝马斯关于司法裁判中的商谈理论,乃是他的商谈理论在司法裁判领域的展开。而他的商谈理论是以交往行为作为其核心的。这意味着,司法裁判领域的商谈若要展开,也需要满足交往行为所设定的言语有效性的四个条件,即表达的可领会性、陈述的真实性、表达的真诚性、言说的正当性等。不仅如此,我在之前也曾经指出过,哈贝马斯为交往行为设定的上述言语有效性条件,实际上是对罗尔斯为抽象契约行为所设定的四个前提条件——尊重参与者促进自身利益的目的、参与者之间地位平等、拥有表达意见的自由和具有判断的理性——中之理性条件的进一步展开。也即,商谈活动若要顺利进行,不仅要求商谈的参与者遵守四个言语有效性条件,还要求我们为商谈提供包括尊重参与者促进自身利益的目的、保证参与者之间地位平等并拥有表达意见的自由这样的理想的商谈环境。然而现实司法中的法律商谈,看起来却很难完全满足以上这些条件。因此哈贝马斯必须对人们的质疑做出回应。例如其中一个质疑是:支配各方的法庭诉讼行动的那些具体约束,似乎根本不允许人们用合理商谈的标准来评价法庭程序。各方并不受合作寻求真理的义务的约束,他们的行为可能是为了获胜而采取的策略行为,而不是交往行为。对此,哈贝马斯解释说,所有诉讼过程的参与者,不管其动机是什么,都对一个从法官的视角来看有助于得到公平判断的商谈过程做出了贡献。而只有这种视角才是对论证判决来说具有构成性意义的。

哈贝马斯指出,在诉讼中,法律商谈被程序法所具体建构。他认为,法庭程序规则的目的是补偿由以下事实所导致的可错性和判决上的不确定性:合理商谈之高要求交往预设,是只可能被近似地实现的。司法判决的确定性与合理性之张力,要求对于论辩性程序的理想性要求与由于事实上的调节需要而出现的种种限制,必须协调起来。法庭程序规则将司法判决实践建制化的结果是,判决及其论证都可以被认为是一种由特殊程序支配的论辩游戏的结果。程序法并不对规范性法律商谈进行调节,而只是在时间向度、社会向度和实质向度上确保受运用性商谈之逻辑支配的自由的交往过程所需要的制度性框架。但是哈贝马斯也承认,司法裁判中的商谈仍然存在真空地带,也即事实问题的最后确定是由法官通过自由心证来决定的。

第三节 诉审商谈主义的提出

在人类进入专制社会以来,法官一直是专制统治者的代表,或者代表国王,或者代表皇帝。在进入资本主义民主社会后,专制统治者或者被废黜,或者已经走下专制神坛,政府由人民选举,法律由民选的议会制定,再也没有人能够享有独裁的权力。然而司法裁判领域却有不同,法官少有人民直选者,且任期很长,非有宪法规定之重大事由,不得被弹劾。司法的人民主权性质,始终模糊不清。在诉讼程序的建构方面,审判权一直居于优势地位,诉权则地位卑微。占据审判权地位的法官,常以独白式的裁判来体现其权威。虽然在所谓当事人主义的诉讼构造下,两造双方对于诉讼程序的进行不再完全处于被动地位,但是法官的优越地位并未受到动摇,而当事人双方的所谓攻击与防御,也无非是为法官的裁判提供资料,独白式的裁判传统始终未受实质性动摇。当然,就一般抽象的意义而言,法官是国家法律的具象化,而法律乃由民选的立法机关制定,代表人民意志,当事人之具体纷争,不得违背法律所设定的秩序,法官的优势地位因此而来,并无与法治相悖之处。但是具体纷争之当事人,也属人民的一分子,他们内心的法律感与正义观,在本质上与体现人民意志的法律是一致的,因此程序并无排除他们就规范适用问题发表意见的正当理由。且当事人对其具体纷争的事实和利益感受最深,又将直接承受裁判所安排的利益和责任之结果,基于私权自治精神,裁判本应更多地尊重和体现当事人的意见。但是若当事人的意见仅仅是供法官参考,法官对于当事人的具体利益仍然握有独白式的决定权,则私法自治的法治精神又如何体现呢?又法官所代表的主要是规范正义和抽象的一般正义,而当事人所表达的主要是个案正义,若坚持法官独白式的裁判,难免以规范正义和一般正义来排除个案正义,使得个案的处理难以最大可能吸收当事人不满,也使得当事人对于规范正义和一般抽象的正义观有畏而无敬,难以产生亲近感。基于以上认识,哈贝马斯提出的司法中的商谈理论,具有重要意义,它意味着裁判不再是法官的独白,而是各方通过论辩和商谈所达成。在这样一种论辩的过程中,当事人尽可以充分表达其对个案正义的观点,而法官则充分表达规范正义或者一般正义的观点,各方经过充分论辩,最终必然会形成一种共识,这种共识的意义在于,它是规范正义或者一般正义与个案正义的整合,是社会公共利益与当事人私人利益的整合,因此裁判既体现规范正义和一般正义,也体现了个案正义,既维护了社会公共利益,也维护了当事人的私人利益。

司法裁判领域的商谈,其参与者包括当事人与法官。当事人至少有两造双方,在多方当事人或者共同诉讼的情形,人数会更多。法官则有独任制法官、合议制法官以及陪审团参加审判的不同情形,在后两种情形,法官也为复数。在商谈中,当事人之间、法官之间以及当事人和法官之间,地位平等。就民事诉讼程序的一般构造观察,当事人相互之间本来就具有制度上的平等地位,他们之间的言语交往行为在一些情形下已经具有商谈或者论辩的性质。当然,由于当事人两造利益对抗,他们之间除了发生具有交往行为性质的言语行为外,经常发生的乃是以自身利益最大化为目的的策略行为。也正是因为这样,所以诉讼法学理对于当事人之间的言语行为,常以攻击防御喻之。且当事人的策略行为,除了在相互之间发生外,也有可能指向参与商谈的法官。换言之,当事人一方甚至双方,其指向法官的言语行为,除了交往行为外,还包括策略行为。而就法官来说,其在复数的情形下,相互之间所发生的言语行为,以及指向当事人的言语行为,应当都是交往行为。因为法官乃规范正义和一般正义的代表,其所处理的纠纷,也与自己利益无涉,无展开策略行为的动机。但是在有着积案压力,法官意图尽快解决纠纷,或者法官在遭受庭外因素干扰之情形,不排除其针对当事人或者针对其他法官做出策略行为的可能。但是不管怎么说,由于传统民事诉讼已经承认当事人之间以及法官之间的平等地位,所以要促成当事人之间以及法官之间展开交往行为,还是有着制度上的基础的。但是传统民事诉讼并不承认当事人和法官之间地位平等,一直所采的立场都是支持程度不同的法官独白式的裁判,所以要促成司法裁判领域的商谈活动顺利展开,恐怕最为关键的还是要移除横亘于当事人和法官之间的障碍,为法官和当事人之间的交往行为铺平道路。也即,司法裁判中的商谈理论所要突破的,主要是当事人和法官之间交往行为的促成问题,或者说是诉权与审判权之间的商谈问题。为突出诉权和审判权之间商谈的重要性,我在这里将依照法律商谈理论而建构的程序构造观,称做诉审商谈主义。但是,在正式提出诉审商谈主义的民事诉讼构造观之前,尚须将哈贝马斯理论中的几个薄弱之处予以补强。

一、法律商谈理论的补强

哈贝马斯在将他的法律商谈理论在司法裁判领域进行了一般性的理论展开后,开始就法律商谈理论在诉讼程序中的具体体现进行考察。他的考察是诠释性的,而不是创设性的。也即,他是对既有的程序法中可能存在的促进商谈的因素进行考察,以证明他的理论不仅是具有高度实践性的,而且正是被当下之司法裁判活动所实践的。因为带着这样一种目的去展开论证,所以他在这一部分的论述,有些薄弱。这种论述上的薄弱之处体现在,一方面,他为了使自己的商谈理论看起来符合既有的诉讼程序建制,而降低了对于商谈理论之预设前提的要求;另一方面,他为了使既有的诉讼程序建制看起来符合商谈理论的要求,而拔高了既有程序建制之促进商谈的可能性。具体来说,哈贝马斯关于司法裁判中的法律商谈理论的建构是不彻底的,其中存在如下三个薄弱环节:一是关于当事人在诉讼中的策略行为问题。他认为即使是当事人的策略行为,从法官的视角观察,都对有助于得到公平判断的商谈过程做出了贡献。这一论断有些勉强,而且他对此种情况下的"贡献",论证得确实不够充分。因为即使当事人的策略行为不会影响法官对于事实的认定或者对于法律的适用,但是这种策略行为毕竟不是交往行为,策略行为的目的显然不是为了达成共识,从而不应当属于商谈的范畴。二是关于法官的自由心证问题。他认为这是法律商谈的"真空地带",这意味着他承认司法中的法律商谈难以贯彻到底,只能结束于一个具有法官独白性质的行为——自由心证。三是除了以上两个薄弱环节外,对于作为司法裁判活动中法律商谈主要参与者之一的法官是否会做出策略行为以及法官策略行为的作用与效果问题,他的理论根本就没有涉及。因此,本书所要建构的诉审商谈主义的诉讼构造观,既要以哈贝马斯的法律商谈论为基础,又必须解决上述三个方面的难题,方能最大可能的实现观点的逻辑自洽。

在试图解决上述三个难题之前,有必要对哈贝马斯提出法律商谈论时所处的法治环境做一简单介绍。哈氏的法律商谈理论形成于20世纪90年代初。彼时乃至之前很长一段时期里,德国以及大部分西方主要民主国家都已经是成熟的法治国家,法律规范以民主代议制程序形成,司法在很大程度上保持着独立,国民的法治意识浓厚。此种情况下,对于既存司法体制以及诉讼程序的尊重,存在于哈贝马斯的潜意识之中,也因此而在实际上成为哈贝马斯法律商谈理论的出发点。这样,哈贝马斯在讨论司法裁判中的法律商谈时,其所选取的视角不在于批判既有的程序构造,而在于诠释既有程序构造中的商谈内涵。因此,他有意无意地对于既有程序构造中可能存在的参与者的策略行为予以牵强解释,以使其不至于从根本上破坏他从诉讼程序中"发现"的商谈成分。而对于诉讼程序中存在的具有浓厚的法官独白色彩的自由心证,他则无法自圆其说,只好承认这是商谈的"真空地带"。又基于同样的对于既有司法体制的尊重,他并未对作为程序参与者之一的法官是否可能做出策略行为,提出任何质疑。也许他认为,法官乃是代表规范正义和抽象的一般正义,他的目的就是在发现最接近真相的事实的基础上做出确定且在法律规范上自洽的裁判,而这一目的的实现以获得充分的信息为前提,因此法官不会做出影响所获信息之充分性的策略行为。但实际上也许并不是这样,即使在法治成熟的国家,为了发现事实或者解决纠纷这种正当化的目的,法官也是有可能作出策略行为的。当然,此种策略行为,是为了化解当事人策略行为给信息提供带来的消极影响,因此我们也可以称之为审判技巧。例如在那个著名的有关所罗门王裁判孩子应当归属于哪一位母亲的故事中,所罗门王为了发现真相,就采取了策略行为。中西各国有关这方面的传闻和故事还有很多。这是其一。其二,若是法官具有从法律角度观察属于不正当的目的,则其做出策略行为的可能性就更大。例如法官基于个人信仰、偏见、情感等,或者受到其他庭外因素的干扰,都有可能做出策略行为。

　　根据我在前面的分析,哈贝马斯的交往行为理论之所以比罗尔斯的"无知之幕"更具现实可行性,是因为交往行为理论设定的参与者达成共识的前提不是难以实现的"无知之幕",而是参与者获得信息的充分性。因此对于以交往行为理论为基础的法律商谈理论,参与者获得的信息越充分,达成以共识所体现的共同理性选择的可能性就越大,或者说,参与者获得的信息越充分,其所达成的契约中共识的成分就越多。就此来看,尽量使诉讼程序中参与各方遵守交往行为的规则行事,并尽量避免策略行为的出现,乃是最优的选择。我们不应当因为既有的程序未能抑制当事人的策略行为,就转而认为当事人的策略行为对于诉讼中信息的充分提供具有积极意义。换言之,在任何情况下,司法裁判中的商谈活动都应当鼓励参与者选择交往行为,抑制其选择策略行为。不能鼓励当事人交往行为或者允许当事人采取策略行为的程序,不是好的程序,至少从法律商谈的角度来看不是好的程序。因此,在司法裁判活动中贯彻商谈理论的正确态度应当是直率地发现并指出既有民事诉讼程序中不能促进商谈行为展开的缺陷,并根据法律商谈的精神要求弥补缺陷,完善程序,以鼓励参与者选择交往行为,抑制参与者采取策略行为。首先要抑制的当然是当事人的策略行为。在当事人未采策略行为的情况下,法官自然也没有必要再为化解当事人策略行为的消极后果而采策略行为,因此法官的策略行为也应当在程序的设计中予以抑制。而对于法官在非正当目的下所可能采取的策略行为,更应严厉禁止。这是其一。

其二,关于司法裁判活动中法律商谈的"真空地带",也就是具有独白性质的法官的自由心证问题。哈贝马斯基于对既有程序法的尊重,认为司法裁判活动中的法律商谈不得不结束于法官的自由心证。对此我们要反问的是,难道当事人对于法官心证的形成过程以及心证的形成结果就没有任何施加影响的机会?答案显然是否定的,因为法官的心证必须在当事人提供的信息基础上形成。那么,我们能不能更进一步,要求法官的心证形成过程必须是公开而且透明的,并且在此基础上允许当事人对法官心证形成的过程以及任一阶段形成的临时心证随时拥有表达意见的机会,进而,使法官最终心证在当事人全程参与的过程中形成?这样,由于当事人的全程参与,法官心证的形成显然就不再是法官独白的活动,因而也不再是所谓的"真空地带"——换言之,即使是法官的自由心证活动,也是一种法律商谈的活动,因而心证的结果也就是法律商谈的结果,从而在民事诉讼的过程中完全贯彻了法律商谈的精神。这样一种程序并不是乌托邦,我在后面对于具体程序构造的讨论将会表明,设计出这样一种程序是可能的。

基于以上分析,哈贝马斯在他司法裁判中的法律商谈理论中所留下的三个难题,也可以说三个薄弱环节,是可以解决的。在解决了上述三个难题后,我们所建构的诉审商谈主义的程序构造,其所产生的裁判必然是法官和当事人共同的理性选择结果,因此也是最为公正的结果,并且也是所有参与者满意的结果。

二、诉审商谈主义的提出

诉讼行为与一般交往行为并不完全相同。就一般的交往行为来说,应当尽量满足言语行为有效性预设的四个条件,包括表达的可领会性、陈述的真实性、表达的真诚性以及言说的正当性等。然而诉讼乃是当事人之间发生利益对抗后所引起的程序,为达到自己的私人目的,当事人的言语行为经常会有意识地偏离言语行为有效性的要求,例如最为经常发生的情形就是缺乏陈述的真实性。因此,当事人在诉讼中的言语行为理论,更符合策略行为的特点。此为其一。其二,就主持庭审的法官而言,他的言语行为,虽然一般可以被要求达到言语行为有效性的预设条件,因为法官的中立地位,使其没有进行策略行为的动机。然而在当下的中国,法院和法官尚缺乏司法活动所必须的独立地位,法官行使审判权的行为,常常受到各种来自外部或者内部的制约和干扰,使其难以严守中立地位,或者难以保持其法律专家的身份。他们往往还会受到执政党临时发出的各种政策的影响,例如由于被要求追求调解结案,而不是裁判结案。这就导致法官们会采取一些策略性的行为,而不是严格的交往行为。

如前曾述及,对于司法活动中当事人采取策略行为的可能,哈贝马斯已经注意到。但他认为即使是策略行为,也是能够为法官获取裁判所需的信息提供帮助的。但是对于法官可能采取的策略行为,他则没有涉及。当然,这与西方法治发达国家司法具有较高的权威有关。然而在我国,这确实是一个无法回避的现实性问题。因此,诉审商谈主义之于我国,在其作用上应当发生变化。在法治发达国家,例如德国,依哈贝马斯的观点,既有之传统诉讼程序之中,即嵌有商谈的逻辑。而在我国,司法程序本身以及司法活动的现实,却制约了商谈机制的形成。因此我们应按照诉审商谈主义的基本精神,来推动民事诉讼程序的改造。为达成此一目标,我们应以更宽的视域来把握诉审商谈主义。

（一）诉审商谈是一种程序理念

诉审商谈主义首先应当作为一种程序上的理念。因为裁判在实体上的自洽性与合理可接受性完美结合的理想目标，无法从实体本身获得论证。一个裁判的形成，有很多需要考虑的因素，当事人和法官所处的历史时空中存在的各种因素，都有可能对裁判的形成产生影响，有的因素影响明显一些，例如裁判当时的立法、社会价值理念、当事人双方对于利益的衡量等；有的因素影响更为微妙一些，例如一些事实和规范之外的因素。所以对一个裁判的公正性进行评价的时候，最好能够站在特定时空背景或曰历史处境下的特定案件之当事人和法官的立场来观察。但这几乎是做不到的。任何人仅凭裁判呈现的信息和资料，都难以复原那个特定场景中发挥作用的全部因素。因而一个未参与诉讼的人要从程序之外对裁判之公正性进行评价，总是会有所偏离。迄今为止的绝大部分法理学和法哲学的学者，对于裁判公正性的讨论都是从实体的角度出发，因此都不得不在裁判之外设立一个正义或者公正的标准，然后根据这些假设的标准来对裁判的公正性进行评价。然而他们所设立之标准的逻辑起点，往往也是一些假设的前提，例如"无知之幕"这样的条件，但这些假设的条件在现实生活中往往无处安身。

也正是基于这种原因，哈贝马斯才在对从实体的角度探讨裁判确定性与合理性的理论观点进行批判的基础上，将目光转向程序。因为相对于实体来说，程序较为简单，也较为直观，易于观察。但是程序仍然存在公正与否问题，存在所谓程序上正义与否这样的疑问。哪一种程序才是最为公正的程序？这也是见仁见智的问题。对于程序的公正与否，任何旁观者的评价，都没有程序参与者的评价权威，也即程序参与者的评价应当优于程序旁观者的评价。因为他们是直接参与者，并且他们参与这个程序不是为了游戏，也不是为了表演，而是为了对直接涉及自身的实体上利益进行分配。因此，程序之参与者认为公正的程序，就应当是公正的程序，至少对于参与者来说，是一种公正的程序。那如何才能保证在每一个案件中，每一位程序参与者都能够将程序评价为公正？这一目标未必能够百分百实现，但是至少可以最大可能地实现。实现的途径，就是让程序参与者充分表达其意见，并在充分表达意见的基础上进行论辩，以论辩消除冲突，以论辩产生真理，产生妥协，从而形成共识，最终在共识的基础上形成裁判。这就是诉审商谈主义解决实体公正和程序公正的路径。哈贝马斯以诉审之间商谈的程序理性来为裁判的唯一正确性提供保证,他确实也在很大程度上做到了。从哈贝马斯的论证来看,迄今为止,他的观点虽然也会受到挑战,但是对于程序建构来说,诉审之间的商谈确实是一种最合乎理性的安排。

基于此,诉审商谈首先应当作为建构民事诉讼程序的一种理念存在。这一理念要求我们在程序建构以及诉讼活动中转变观念。由于当事人之间的商谈(当事人之间的攻击防御)和法官之间的商谈(合议庭合议)本已在传统诉讼程序中存在,因此诉审商谈主义对于程序所提出的新的要求,主要是在当事人和法官之间的商谈。此种商谈要求法官从独白式的裁判惯习,转向与当事人进行商谈,将商谈结果作为程序上合作的成果来对待,并在该成果的基础上形成裁判。诉审商谈主义作为一种理念,于诉讼中的体现有二,一是商谈主义的裁判方法,二是商谈主义的程序构造。

(二)诉审商谈是一种裁判方法

哈贝马斯在建构其法律商谈理论时,对诠释学方法是有批判的。他批判的焦点是法律诠释学所提出的方法,导致的结果是裁判的相对性和不确定性。因为法律诠释学的观点要求法官综合考虑其所处之历史处境的各种相关因素,然后做出裁判。而个案之裁判者所处的特定之历史处境并不相同,因此法官需要综合考虑的因素就不一样,其所导致的结果是裁判的相对性或不确定性。然而哈贝马斯所提出的法律商谈理论,必然也要考虑特定案件所处历史处境的各种背景因素。因为所谓商谈,乃是允许当事人以及复数的法官各自表达自己的意见,而这些不同的意见,必然也是程序参与者考虑了所处历史处境的不同因素而提出。只不过商谈论下对于特定历史处境下各种因素的考虑,是由当事人和法官共同完成的;而在法律诠释学那里,是法官单独完成的。此外,商谈论下法官和当事人对于特定历史处境下各种因素的考虑,具有随机性;而法律诠释学下法官对于特定历史处境下须考虑的因素的种类和范围,乃是法律诠释学在理论上所预先设定的。因此商谈论下所形成的裁判,也会因程序参与者的历史处境不同而具有一定的相对性——对同样事实,在不同的历史处境下,会有不同的裁判。虽然哈贝马斯竭力要避免这一点,但这仍然是不可避免。在我看来,这不仅不可避免,而且也是我们应当欢迎或者至少应当顺应的。作为程序法和实体法之基础的伦理和道德规范本来就是随时间而流动的规范之河,并且此一规范之河在流经河床之不同空间时还将因河床结构的不同而显现不同的波痕。因此,变化或者说相对性乃是司法裁判的常态——随着作为法律论证前提的伦理和道德价值的变迁而变化,恰恰是裁判实质公正的需要。然而商谈论中的相对性较之法律诠释学下裁判的相对性,又有其确定性之一面——在法律诠释学下,裁判活动是法官的独白,裁判结果是法官独白的结果,因此其相对性是不可控的。也即对于特定之事实,不同法官独白下的裁判结果可能是不同的。而在商谈论下,裁判是当事人和法官间商谈的结果,因此其相对性是可控的,也即对于特定之事实,经过程序参与者充分商谈所获取的裁判结果必定是唯一且自洽的。又因为裁判乃是程序参与者充分商谈的成果,因此也是程序参与者愿意接受的结果。

正是裁判的唯一且自洽性与合理可接受性,体现了诉审商谈主义所具有的作为一种裁判方法的价值。对此可以这样来阐述:诉审商谈主义之所以能够获得具有唯一性的裁判,乃是因为在诉审商谈下,程序的参与者能够相互提供与特定案件相关的最为充分的事实方面和规范方面的信息。因此也能够在最为充分的信息的基础上,对于特定案件的事实问题做出最接近真相的判断,对于特定案件的规范问题能够做出最符合实体法核心意旨并最符合特定案件之事实的适用方案。因此裁判才具有唯一确定性——对最符合特定案件真相的事实,进行最符合该事实的规范适用。

因为诉审商谈主义给当事人提供了最为充分的提供资料和表达意见的机会,所以当事人可以为案件事实提供最为充分的证据资料,展开最为充分的事实论证,进而法官可以在当事人所提供的证据资料的基础上,对于当事人的论证展开最为充分而彻底的检验,并将检验之结果也即对于事实问题的判断向当事人充分展示,接着进一步听取当事人对于事实论证的修正意见,并在此基础上进一步修正对于事实问题的判断,如此循环往复,就事实问题在诉审之间展开诠释学意义上的循环,直至诉审之间在事实问题方面达成认识上的一致,从而使最后所发现之案件事实,最接近案件真相,亦最能为当事人接受。

又因为当事人可以对案件的规范适用问题表达最为充分的意见,法官能够在充分听取当事人意见的基础上寻找规范并形成规范适用的方案,同时能够将所发现之规范以及规范适用的方案最充分地向当事人展示,在此基础上听取当事人的意见,接着进一步修正对于规范的寻找以及规范适用的方案。如此循环往复,规范适用问题在诉审之间展开诠释学意义上的循环,直至诉审之间在规范适用问题上达成一致。

因此,诉审商谈主义,乃是诠释学循环方法在诉审之间的展开,或者说诉审商谈主义,乃是诠释学循环方法的一种特殊形态。基于此,我们当然可以得出如题所述之结论——诉审商谈主义也是一种裁判的方法。

(三)诉审商谈是一种程序构造

前已提及,从论辩行为的角度观察,诉审商谈具有一定的直观性。商谈不仅意味着不同意见的提出,而且还意味着不同意见之间的冲突与协调,也即各方都在提出自己的主张、论证自己的主张并且反驳他方之主张。这样,某种主张的提出、论证以及被反驳,必然存在着时间上和论题上的先后顺序。也即,先有主张的提出,然后有对于主张的论证,接下来才会有反驳。这样一种时间先后的必然性,要求一种秩序的存在。如果任何一方可以随意制止或者打断他方对于观点的主张和论证,那就会导致他方的主张无法充分主张。若各方都没有充分的机会表达自己的主张,那商谈又如何展开呢?因此商谈本身,即意味着秩序的存在。而这种秩序若要得到保证,则须具象化为法定的程序,方能得到各方的遵守。实际上之前在讨论哈贝马斯的法律商谈理论时,我已经指出,商谈的理论,是将实体法上难以解决的问题,转移到程序上来解决。因此我们也可以说,法律商谈理论在本质上乃是一种关于商谈的程序的理论。

诉审商谈主义乃是法律商谈理论在司法领域的存在,其存在的外观,便是商谈的程序,或者说诉审商谈主义是通过程序的构造来体现。在诉讼中,无论当事人还是法官的行为,都须遵守程序的安排。如果要在司法中展开诉审之间的商谈,首先必须有程序上的商谈机会、程序上的商谈权利、程序上的商谈义务和程序上的商谈秩序。因此,诉讼程序本身就应当是一种诉审商谈的程序,而不仅仅是单纯强调法官优势或者说强势地位的"审"与"判"的程序。这种程序上的构造要做到当事人和法官对程序的遵循本身,就是商谈的展开,而不是说程序只是一种商谈的平台,当事人需要有商谈的意愿才可展开商谈。也即,进入程序,就当然地进入了商谈。

第四章
诉审商谈主义的民事诉讼构造观

在第三章的最后一节，我已正式提出了诉审商谈主义的民事诉讼构造观，并且对这样一种构造观的三重意义，包括理念、方法和程序，进行了初步的阐述。但是，仅仅做到这一步恐怕还是不够的，因为一种构造观的实践价值，不仅在于它能够指明方向，还在于它能够身体力行，带领我们一直走到目的地。此外，在当下弥漫着实证主义气氛的民事诉讼法学界，若我所提出的民事诉讼构造观，不经过具体程序构造上的逻辑证明，恐怕也难以获得学界对其实践性的认可。因此，在这一章中，我将继续前一章的立场，进一步就诉审商谈主义的具体程序构造问题进行讨论。但限于本书的篇幅安排，我不可能就诉审商谈主义在民事诉讼程序中的全部体现进行展示，而只能择其要者进行讨论。不过我希望这种要义式的讨论，已经能够充分展现诉审商谈主义的实践价值。另外，我在第三章曾经指出，哈贝马斯在将其商谈理论扩及司法裁判领域时，是以一种诠释的态度来对既有的程序构造进行透视，其目的是在既有的程序构造中找寻商谈的因素，以对他理论的实践性进行证明。而基于我国的现实，我在这里的讨论将不会拘泥于既有程序的规定，而是试图突破诠释的立场，以一种批判与革新的态度，来探讨如何在诉审商谈主义的引领下，建构我国的民事诉讼程序。当然，我不可能完全抛弃诠释的立场，这是因为即使在我国既有的民事诉讼程序中，也不是完全没有商谈的因素。另外，在一定程度上保持诉审商谈主义的诠释性，也可以使其能够在当下以及未来的程序建制中发挥裁判方法的作用。

第四章 诉审商谈主义的民事诉讼构造观

第一节 诉审商谈主义的程序品格

我在之前的讨论中曾经指出,哈贝马斯的商谈理性,实际上是对罗尔斯抽象契约理论中契约参加者所应具有的理性的展开。罗尔斯为他的关于正义两原则的契约的参与者设定了四个条件,包括尊重参与者追求自身利益的目的、平等、自由和理性。哈贝马斯在交往行为理论中提出了言语行为有效性的四个要件,包括表达的可领会性、陈述的真实性、表达的真诚性、言说的正当性,这四个方面的要求,被称作交往的理性。而这种交往的理性显然只能在尊重参与者追求自身利益的目的、参与者地位平等以及享有表达自由的前提下才能展开。因此,我们可以说,以交往行为作为其内核的商谈理论,除了要具备哈贝马斯所说的言语有效性的四个要求外,还必须以尊重参与者追求自身利益的目的、参与者地位平等以及享有表达自由作为其基本的条件。若没有这三个条件,商谈理性无法生存。而我所提出的诉审商谈主义,又是以商谈理性作为基本的方法论,因此它的存在以及展开,当然也必须以尊重参与者追求自身利益的目的、参与者地位平等以及享有表达自由作为其基本的条件,且应满足哈贝马斯所说的四个言语行为有效性要求。此外,无论是罗尔斯还是哈贝马斯,他们的理论都将反思作为一种基本的前提。从该两位学者使用"反思"这一语词的语境来看,他们之所谓反思,乃是指站在自我之外的他者立场来对自我的立场和观点进行反思,也就是我们常说的换位思考。通过进一步的考察,我们可以发现,无论是罗尔斯对"无知之幕"的假设,还是哈贝马斯之交往理性的提出,其目的都是为了给契约或者商谈的参与者提供一个可以反思的环境或者条件,以使最后所达成的契约或者商谈所获取的共识,从任何一个参与者的视角来观察都能够获得支持。基于以上的分析,我们可以认为,反思的理性也是商谈能够顺利展开并获取成果的前提条件之一。

我在这里所讨论的诉审商谈的程序构造,就是为诉审商谈主义搭建程序的架构,以使诉审之间的商谈实践能够顺利展开,因此我将尊重参与者追求自身利益的目的、参与者地位平等、参与者具有表达意见的自由、商谈理性和反思的理性,作为诉审商谈程序的基本品格。也即,至少应当具备了上诉几个方面品格的程序,才是诉审商谈的程序。我在这里使用品格一词,是因为我们所建构的程序是否符合上述若干方面的要求,决定了这个程序是否有资格被称作诉审商谈的程序,就好像一个直立行走的动物,只有其具备了人所应具备的品格,才能够被称作人。上诉几个品格中的尊重参与者追求自身利益的目的,以诉讼的视角来看,就是对当事人私权自治的一种尊重,为了表述上的简便,我将之改称为自治,也就是对当事人利益自治的尊重。又,我在这里将自由界定为表达意见的自由,因此其与自治的概念并不重复。由于自由和自治都只能在地位平等的前提下实现,所以平等在这里应当被优先阐述。至于商谈理性和反思理性,我准备将它们都放在理性这一概念下展开。这样,诉审商谈的程序品格就分别是平等、自由、理性和自治。

一、平等

(一) 诉审不平等的事实状态

在罗尔斯和哈贝马斯生活的世界,无论平等还是自由这样的概念,都已经成了国民常识。所以他们在言及平等和自由这样一些概念时,并未进一步展开。就我国来看,虽然在现实的社会和政治生活实践中,人与人之间尚未完全实现平等,但至少在法律这种社会建制的基本框架中,平等和自由已经成了经常性的表述。例如,根据现行《宪法》第 33 条的规定,中华人民共和国公民在法律面前一律平等;根据现行《宪法》第 35 条、36 条和 37 条规定,公民有言论、出版、集会、结社、游行、示威、宗教信仰以及人身自由等。

但以上所谓平等,乃是就法律共同体之成员间关系而言。在私权利和公权力之间,是否也应当使之具有平等地位,则仍然是一个有待讨论的问题。迄今以来的所有法学和政治学著述,都没有将私权利与公权力平等相待。若从传统契约理论的思维展开思考,那么公权力本是来源于具有平等地位之个体的私权利,是个体通过契约将其私权利的一部分让渡与国家,基于此,在私权利与公权力发生冲突时,本应将公民未让渡的私权利置于优先地位。因为个体之所以将部分私的权利让渡与国家,其目的无非是为了保障私权利的实现,公权力不过是保障私权利的工具而已,自应以私权利的保障作为其目标。而从另一方面考虑,即使公权力来源于个体之让渡,但是其目的是为了保护全体社会成员共有的利益,从而也是对每一个体利益的维护,而个体之私权利仅为某一个体私人利益的体现,自然要服从于代表全体社会成员之公共利益的公权力。就以上分析来看,无论执哪一端,私权利与公权力之间都不是一种平等的关系。自由主义强调个体利益,自然追求私权优先;集体主义强调公共利益,自然追求公权力优先。而从人类历史发展的实践来看,公权力从来都是优于私权利的,它是力量庞大的利维坦,纵使公权力行为是错误的,私权利也没有能力来对抗。

诉权与审判权之间的关系,类同于私权利与公权力的关系。所谓诉权,虽为公法上权利,但却是为保护私权而设,是在私权遭受侵害时,或当事人之间就私法上利益发生争议时,请求国家公权力介入,以使遭受侵害的私权得到救济,或者使当事人之间的争议获得解决。而介入私权争议的国家公权力,就是审判权。审判权作为一种公权力,无论是从自由主义的立场观察还是从集体主义的立场观察,都与代表私权的诉权不相平等。从历史的角度来看,审判权在事实上又一直是居于优势地位。而且,就公权力介入私权纷争的原因来看,它也应当是具有更加强势地位的。我们可以想一想,当事人在私权发生争议时,为什么会求助于审判权的介入?其原因无外乎是审判权作为一种公权,有国家力量的保障,可以强制性解决纠纷。因此,从诉权和审判权产生的那个时候开始,它们之间在地位上就是不平等的,诉权的地位天然地弱于审判权,审判权的地位天然地强于诉权——若诉权具有审判权的强制力,则它也不必求助于审判权;若审判权仅具有诉权之力量,恐怕它也没有能力来强制性解决私权之间的纠纷。

(二) 商谈程序对于诉审平等的要求

可是我们想一想,在司法裁判领域的商谈中,当事人和法官当然都扮演着参与者的角色,若只有当事人之间的地位平等,或者在合议制下,同时亦有法官之间的平等,但是却无诉权和审判权之间的平等,那么在当事人和法官之间又怎么可能展开论辩?若缺少了当事人和法官之间的论辩,仅有当事人之间的论辩,那么司法裁判领域的所谓商谈,还能够称得上是商谈吗?法官若没有参加商谈,或者仅仅是当事人之间商谈的主持者,那么由法官所作出的裁判当然还是独白式的裁判。而司法裁判领域的商谈理论,恰恰就是要打破法官独白式的裁判——一种可能仅具有裁判之确定而欠缺裁判之合理可接受性的司法裁判活动。因此商谈理论在司法裁判领域的展开,必然要以诉权和审判权之间的地位平等作为前提。基于诉审平等对于商谈的先决性意义,若要在我国建构成诉审商谈的民事诉讼程序,那么这个程序首先要做到的,是确保进入程序的诉权和审判权,处于平等的地位。

(三)解决问题的思路

根据以上分析,诉权和审判权之间不平等的历史事实与传统观念,与商谈理性对于诉审间平等的理想要求之间,似乎存在着明显的冲突。若这个冲突不能解决,那么诉审商谈的理念将难以真正转化为程序的构造。但是这个问题的解决,也许并没有我们想象的那样难。我们可以先思考这样一个问题,就是审判权的优势地位,一般会以何种样态呈现?经过思考,我们会发现,审判权的优势地位,其体现无非有二:一是指挥程序的展开,二是裁判结果的强制性实现。就程序指挥来看,其在本质上乃是为了确保参与各方对于商谈秩序的遵守,主要是要求当事人各方表达意见的言语行为必须符合正当性的要求。审判权在此一方面的优势地位,若能谨慎把持,则不会影响到商谈各方获得充分表达意见的机会,也不意味着审判权应当具有优于其他商谈参与者的言语上的特权。换言之,审判权指挥诉讼的活动,其在本质上不是就案件的实体问题和程序问题展开商谈的活动,而是一种确保商谈顺利展开的活动。审判权一方面参与商谈,一方面又担负着维持商谈秩序的责任。这两种活动,在观念上是可以分开的。就裁判结果的强制性实现来看,裁判结果乃是商谈的成果,不是商谈本身,因此审判权在商谈结果的实现上的优势地位,已经是在商谈之后了,因此也不应当影响到参与各方在商谈程序进行中对其意见的充分表达。经过以上分析,我们可以得出这样的结论,就是审判权的优势地位不是体现在商谈之中,而是体现在商谈之外,因此我们完全可以在商谈之内实现诉审之间在地位上的平等,而同时又不影响到审判权既有的优势地位。

也许有人还会提出这样一个问题,就是诉权虽然是一种公法上的权力,但乃是私权的代表,而审判权则是公权力的代表,若要求在此二者之间实现平等,那么审判权的权威何在?我认为,审判权之权威体现,无非在于依照程序法的规定正确指挥诉讼,以及做出具有确定性与合理可接

第四章 诉审商谈主义的民事诉讼构造观

受性的裁判,舍此无他。而如前述,在商谈活动中将其置于与诉权平等之地位,并不影响到上述两个目标的实现,相反,该两个目标与商谈活动之间还有着相互成就的关系:审判权对于商谈秩序的正确维护,有助于诉审商谈的顺利展开;而诉审商谈的顺利展开,则有助于具有确定性与合理可接受性之裁判的形成。

通过以上分析,我们为诉审之间在商谈地位上实现平等提供了可能性。但是若要使诉审之间真正能够在平等的地位上展开商谈,还有一个问题需要解决,就是如何防止审判权不当利用其在法庭指挥上的权限,来强化其在商谈活动中的地位,从而使其在商谈活动中获得强势话语权。审判权不当利用其法庭指挥权限来获得不公平的话语权,以及抑制当事人获得公平的话语权,在我国当下的民事审判中已是常态。例如,任意以违反法庭秩序为由或者干脆毫无理由地剥夺当事人表达意见的机会,或者通过法庭指挥的行为,来表达自己的观点,从而使自己的观点披上了强制性的外衣。这样的言语行为,显然违背了言说正当性的要求,因此也是对诉审之间商谈的破坏或者阻碍。但通过具体的程序设计,这一问题是可以解决的,也即,良好的程序设计,可以在审判权指挥诉讼的行为和参与商谈的行为之间设立界限,这个界限当然也是正当程序的重要组成部分。

二、自由

这里所说的自由,是商谈的参与者充分表达意见的自由。因为按照哈贝马斯的观点,商谈者以达成共识为目标的交往行为,除了表达的可领会性和言说的正当性外,还必须符合表达的真实性和表达的真诚性这两个要求,若是参与者没有表达的自由,那么表达的真实性和表达的真诚性就不可能获得满足,共识也就不可能达成。在英国作家奥威尔以前苏联为模板所写的具有政治预言性质的小说《1984》中,和平部的概念所表达的真实意思是战争部,而真理部所表达的真实意思则是宣传部。之所以如此荒唐,是因为在奥威尔所描述的令人窒息的专制独裁统治下,人们不敢或者不愿意说真话,无论统治者还是被统治者,所说出的语言都是谎言。为什么会这样?统治者满口谎言,自然是为了给被统治者洗脑,以维持自己的专制统治;而被统治者不敢说真话,无非是因为他们没有自由,甚至私人的生活也时刻处在被监控的状态。因此，表达的自由对于交往行为而言，是与平等同样重要的条件，因此也应当是诉审商谈之程序的重要品格之一。在诉审商谈的程序构造中，诉权和审判权都应当享有充分表达意见的自由。此一自由在内涵上，至少应当包含独立、开放和宽容这样一些内容。

（一）独立

所谓独立，乃是指行使审判权之法官的独立和代理当事人行使诉权的律师在执业上的独立。在现代西方的法治文明中，司法独立已经成为一种常识。而无论人们对于司法独立做如何的理解和诠释，这种独立的要求最终都将体现为法官在履行审判职责上的独立。若法官在履行职责的时候不独立，而是处在法庭之外的力量的操控之下，他就不能够自由地表达意见，或者他若要自由地表达意见，则会给他带来严重的职业风险。就此来看，在像我国这样高度组织化的司法系统中，法官们距离在法庭上自由表达意见的理想要求，似乎还很遥远。但是诉审商谈主义引导下所建构的合理而精致的程序，将会为他们提供保障，以使他们可以自由地表达意见。除了法官之外，作为当事人代理人的律师，其在履行代理职责的时候，也应当享有独立的地位。这种独立不仅仅是独立于他所代理的当事人，还包括其执业的自由不受管理者的非法干预。就当下我国的情况来看，律师在执业上所受的一些限制，比我们能够想象到的要严重得多。他们首先要宣誓拥护执政党的领导，且在刑事诉讼和民事诉讼中受到一些在法治国家令人无法理解的约束。在民事诉讼中，律师们被禁止代理群体性案件，被禁止代理一些维权类的案件，即使在被允许代理的情况下，他们在调查取证以及向当事人提供法律帮助上也障碍重重。司法行政部门严厉要求律师必须顾大局和讲政治，律师们稍有不慎，就会落入公权力所设的陷阱，或者受到公权力的粗暴对待，时刻面临着执业上的风险。在这种情况下，律师们如何才能够自由地表达其意见呢？

（二）开放

传统的民事诉讼构造观，往往强调程序的封闭性。这种封闭性，一方面是要求程序将庭审进程与法庭之外的联系切断，意图营造出一个不受任何外部干扰的程序环境。程序之外的种种因素，哪怕是有助于纠纷解决的因素，也被禁止进入程序。另一方面是要求法官和当事人必须严格按照程序法的规定展开诉讼行为，不得有任何对于程序的自我诠释和缺陷弥补。没有程序法的许可，严禁法官和当事人从事一些诉讼上的行为。例如，在程序法没有明确规定的情况下，禁止当事人之间达成诉讼契约；程序法没有规定的证据方法，禁止当事人运用等。一般而言，程序具有一定的封闭性有其合理性。因为一方面，如果不能为当事人和法官建构一个封闭的空间，那么当事人行使诉权的行为以及法官行使审判权的行为，就容易受到各种程序之外的因素干扰，从而导致程序法所追求的法官独立公正裁判案件的目标无法实现。另一方面，若允许当事人和法官自由地进行各种非程序法所明确规定的行为，就有可能使得程序所追求的纠纷解决的稳定性、可预期性以及不可逆性等价值功能遭致贬损。但是，程序的封闭应当是有限的和有选择的封闭，那些阻碍程序目标达成的因素，固然应当被排除在程序之外，而那些有助于程序目标达成的因素，则不应当被排除在程序之外。比如，那些有助于案件事实真相之发现或者有助于个案正义实现的因素，例如一些具有地方性的知识，具有行业性的知识，以及当事人和法官的经验与智慧，就应当视纠纷解决的需要，允许其被纳入到程序中来，以期最大可能地促进商谈成果的达成。换言之，程序法所表达的乃是规范的正义，而规范正义之外的正义观以及有关正义的表述，既然与规范的正义一样引导着当事人乃至法官的日常生活实践，那么就应当允许它们也参与商谈，和规范的正义一起，为实现裁判的确定性与合理可接受性的目标做出贡献。

（三）宽容

程序的开放性必然同时要求程序的宽容性。开放意味着当事人的诉讼行为和法官的审判行为与程序法的命令不一定会始终保持一致，但是这种不一致的行为所要追求的目标却与程序所要追求的目标一致。此种情况下，当事人和法官为追求程序目标而做出的偏离程序要求的行为，应当受到容忍。例如，当事人的诉讼请求也许并不准确，但是程序要给其纠正的机会；当事人诉权的要件也许并不齐备，但是程序要给其补足诉权要件的机会；当事人提供的证据方法也许并非程序所明确规定，但只要不是程序所明令禁止的，就应当给予当事人举证和质证的机会；或者当事人因缺乏律师帮助而不了解程序的要求，进而可能有导致失权的风险时，那么程序应当尽量宽容当事人的一些瑕疵诉讼行为，同时法官应当通过阐明义务的履行而给予其充分的指导，使其有机会弥补诉讼上的行为瑕疵。总之，程序应当设立容错机制，允许当事人和法官犯错误；并应当设立纠错机制，不因为当事人和法官行为瑕疵而将其排除在程序之外，或者因此终止程序的进行。对话者不因程序的严苛而动辄得咎，不因一句话或一个动作而遭受不利益，也不因对程序存在误解或者不解而遭受惩罚，这样才能使论辩充分展开，才能促成商谈取得成果，并尽量保证该成果乃是程序所要追求的最佳成果。

三、理性

（一）商谈理性

我在前面考察哈贝马斯的理论时曾经指出，哈贝马斯的交往行为理论，实际上就是对罗尔斯理论中之理性要求的进一步展开，具体而言，就是言语行为的四个有效性要件。或者说，理性的商谈者，他的言语行为应当符合言语行为有效性要件的要求。基于此，诉审商谈程序的理性品格，就是要求这一程序能够促使当事人行使诉权的行为和法官行使审判权的行为，尽量符合言语行为的有效性要件。根据我在前面的介绍，言语行为的有效性要件，包括表达的可领会性、陈述的真实性、表达的真诚性和言说的正当性。下面我将按照上面这四个要件，依序阐述诉审行为之理性要求。

1. 表达的可领会性

关于表达的可领会性，首先当然是要求诉审双方在程序的进行中使用相同的语言和文字。对于具有不同母语的当事人和法官，程序法应当为其提供适当的翻译，而对于不会书写的当事人，除了应当为其提供以言辞方式表达意见的充分机会外，还应当为其提供书写与记录方面的条件。但当事人之间以及当事人和法官之间不能共享某种语言的情形，毕竟是少数。在一般的情况下，当事人和法官会共享某种语言，他们因为共享某种语言，也共享着这种语言所表达的历史和文化。又因为共享着相同的语言和文化，因此也共享着某些思维方式和行为方式。所以在他们之间，无论是言语的表达，还是动作的表达，一般都具有相互的可领会性。例如对一些方言、成语、谚语和歇后语的含义，他们会有着共同的理解和诠释，即使对于一些意义分歧的语词，一般也能够借助于特定的环境或者在表情与动作的辅助下,被交往的对方领会。对于某种动作所要表达的意义,共享文化的当事人和法官之间一般也会有着共同的把握。例如对于汉族人来说,点头意味着同意,而摇头则意味着否定;鞠躬意味着尊敬或者歉意,仰头俯视或者斜视则意味着倨傲或者不屑,如此等等。就此而言,在诉审之间实现表达上的可领会性,并无太大难度。但是,在其他一些更加专业的情形,情况就不一样了。这样的情形,主要体现在对法律语言和经验法则的表达和运用上。

就法律语言的表达和运用方面,我国一些法官在庭审过程中有着使用所谓"法言法语"的偏好。所谓法言法语,并无神秘之处,无非是一些法律规范和法教义学上的概念而已。这些概念在法律领域有着特定的含义,法官熟知,而当事人也许并不了解。这样就会在诉权和审判权之间产生交往上的障碍。于此情形,一方面应给予当事人获得律师帮助的机会,另一方面也应当加强法官的阐明义务,使其用当事人可以理解的语言,来对法律专门术语进行诠释,以使当事人能够充分而准确地把握法官的意义表示。这种阐明上的范围,还应当扩及对法律规范的阐释上,这些法律规范,包括程序法上的规范和实体法上的规范。对于一些程序法上的规范,例如要求当事人的起诉必须符合诉权要件的要求,在当事人不知的情况下,应当令法官予以阐明,使当事人在充分领会后,补足要件,而不是对当事人的瑕疵起诉直接予以驳回。而对于一些实体法上的规范,当事人当然也有可能不知或者误解。例如有的当事人因为不了解实体法上的规范,在提出诉讼请求时,并未言明其规范上的依据,也即不知自己应当主张何种实体法上权利;而在另一些情况下,当事人可能因为误解实体法上的规范意旨,而错误主张了权利。在这样的情况下,法官均应适当阐明,引导当事人在正确理解法律的基础上主张合适的权利,而不应当沿袭法律神秘主义之弊,对当事人诉讼行为上的错误以及因为该错误而可能遭致的不利漠不关心。

就经验法则的表达和运用而言,较之法律规范的言语沟通,存在的问题则更加复杂。经验法则既涉及事实领域,也涉及规范领域,它应当是具有主体间性的一些认识论规则和行为规则。但是,即使是生活在相同文化传统中的人,其不同个体的经历也不完全相同,他们对于世界的认识和选择行动的依据,因此也有不同。就此来看,法官所谓的经验法则,与当事人所说的经验法则,就会存在不同的理解。在这种情况下,法官在运用经验法则推断事实时,就应当慎之又慎。最重要的是,法官所选择的经验法则,应当是当事人所理解和接受的经验法则,且法官对于所选择的经验法则的理解,应当与当事人对于该经验法则的理解,保持一致。否则,法官就是在强迫当事人按照法官的行动选择来决定他的行为方式。近年来,个别民事判决,例如著名的"彭宇案"中法官对于经验法则的表达和运用,在社会上引起了巨大的争议,可以说是法官行使审判权的行为不够理性而致——确切地说,是法官对于经验法则的表达,没有完全符合表达的可领会性的要求,因为对他所表达的经验法则,当事人以及社会公众并没有形成共同的理解。

基于以上的分析,程序法在设计上应当对当事人和法官并且主要是法官的言语行为,明确规定可领会性的要求。

2. 陈述的真实性

当事人和法官陈述的真实性,一直是程序法所追求的目标,尤其在发现事实的领域,就更是如此。证据法上关于举证和质证的一系列安排,例如所谓传闻证据排除规则、最佳证据规则以及相关性规则等,都是对于当事人陈述的真实性要求。关于这一点,已经无须赘述。但是,当事人乃利益相对的双方,他们之间的很多争议,不仅仅涉及利益安排的分歧,也有可能是关于事实认识的分歧。传统的程序构造理论承认当事人之间分歧的存在,且以攻击防御来比喻当事人之间的言语行为,并试图通过当事人之间对抗性的言语行为,来期待事实真相渐渐浮出水面。但是交往行为要求当事人的事实陈述行为,一开始就应当是真实的,至少是当事人认为真实的。因此,诉审商谈的程序构造,应当尽量抑制当事人的虚伪陈述行为,通过对于伪证行为的惩罚,以及对于程序法上诚实信用原则的要求,来促使当事人的陈述真实性。陈述的真实性,也应对法官提出要求,要求法官亦应遵守程序法上的诚实信用原则。据此,除了禁止法官恣意擅断外,更要求法官对于案件事实的认定,遵循证据裁判原则,并有充分说理。在采法官自由心证的情况下,应为自由心证设定要件,包括:须综合全案所有证据资料进行判断,不得断章取义;所有定案证据须经过庭审质辩;推理判断不得违背科学定理、定律、法理及生活常理;判决必须叙明理由,包括对证据采信及不予采信的依据;判决须具有可预测性,是根据法庭调查及法庭辩论可以预测的结果,等等。对于当事人和法官陈述真实性的要求,除了及于事实领域外,还应及于法律领域。例如,对于当事人而言,应禁止其恶意诉讼和诉讼欺诈行为;对于法官而言,应禁止其故意曲解法律,或者故意误导当事人错误选择诉讼行为或者错误处分程序上或实体上利益等。

3. 表达的真诚性

诉讼虽然是为了解决当事人之间的纠纷而展开,但也正是由于双方当事人之间存在利益上的纷争,所以他们相互之间的言语行为往往带有一定的策略性,不仅有可能是不真实的,也有可能是不真诚的。当然,当事人之间也并非不想达成共识,只是每一方都希望对方妥协,而以己方的主张作为共识的基础。若是当事人的言说行为不够真诚,那么就会令法官产生误解,使得最后的裁判不是在各方共识的基础上达成,将会给裁判埋下不确定的风险。在民事诉讼的实践中,除了当事人外,即使是法官这样代表规范正义的参与者,为了能够实现纠纷解决的目的,也有可能会做出策略行为,而使其言语表达行为不够真诚。例如,我国司法实务中经常发生的所谓"以判压调"的现象,就是法官言语行为不真诚的一种表现。尤其在时下强调调解解纷的司法政策要求下,一些法院的调解活动已经发生了异化,法官在解纷的调解目的下,还隐藏着其他的目的,包括迎合执政党的维稳政策、规避裁判风险和职业风险等。这种调解活动的目的异化,使得法官的言语行为也常常带有一定程度的虚伪性。另外,在司法环境不够透明廉洁的情况下,一些影响法官裁判的庭外因素在发挥着实际的作用,而这些因素又不能在裁判文书中体现出来,所以法官往往进行虚伪的说理,导致裁判结果与裁判说理之间欠缺关联性,或者法官在裁判文书中根本就拒绝说理或者故意说理不足。尤其在二审裁判中,二审法官往往没有对案件进行重新审理的诚意,他们虽然对案件也进行了开庭审理,但是对于当事人在二审程序中所表达的意见根本就不愿意听取,而是在走完过场后直接维持原审裁判。这样,不仅二审法官的言语行为不够真诚,实际上整个二审程序都带有很大的虚伪性,或者说这样的二审程序从一开始就是对当事人的一种欺骗,而不是对原审裁判错误的救济。基于这样的认识,在民事诉讼程序的构造中,应当重点强调并保证法官言语行为真诚性的要求,尤其要注意避免使上诉审程序沦为欺骗当事人的谎言。

4. 言说的正当性

所谓言说的正当性,乃是要求当事人和法官之言语行为,都应当符合既有法律的要求,至少不应当违背既有法律规范的禁止性规定。我在前面讨论程序的自由品格时,指出程序应当开放和宽容,但是这种开放和宽容,不应当违背法律规范的禁止性规定。对于当事人之诉讼行为正当性的要求,传统民事诉讼程序已有体现。例如我国现行《民事诉讼法》关于当事人妨碍民事诉讼的行为描述,以及对妨碍民事诉讼的强制措施的规定,都是为了确保当事人行使诉权的行为符合正当性要求。而刑法、法官法以及程序法对于法官行使审判权之行为的一些要求,例如对法官职业道德的要求和对法官枉法裁判的禁止,则是为了确保法官之审判行为符合正当性要求。我国《民事诉讼法》上关于"法官违背程序之裁判可成为上诉或者再审的理由"这样的规定,也是为了促使审判权的运作,符合正当性要求。然而我国当下诉权和审判权各自在司法裁判领域的实践表现,与既有建制性规范的要求并不一致。就诉权而言,拒绝服从确定裁判,不断进行申诉和上访,或者以一些法律所禁止的行为来表达意见,显然与言说正当性的要求不相符合。而就审判权来说,像调解前置和强迫调解、互争管辖或者推诿管辖、随意将应当使用普通程序审理之案件以简易程序进行审理、合议审理流于形式,随意推出一些所谓的改革措施等,都是违背言说正当性要求的表现。基于此,我们在建构诉审商谈的程序时,恐怕需要为保证诉权和审判权在商谈时的言说正当性,提供更多的程序性保障。

(二) 反思理性

我在前面已经指出,对于反思理性,我们可以用换位思考这样的概念来表达其含义。心理学上所谓"移情"概念,大致也能表达这样的含义。根据反思理性的要求,我们的任何观点,若要能够被他人接受,恐怕都应当经受不同立场之他者的视角检验。反思的理性在司法裁判领域具有某种特别的意义。我们知道,当事人相互之间之所以会有争议,就是因为他们站在各自的立场,对于某种利益安排产生了不同的看法。他们对于争议事实和争议应当适用的法律规范,都是站在各自不同的立场来认识和解读。若当事人之间能够相互站在对方的立场来看待问题,也许他们之间的争议就会得到解决。所以反思的理性对于参与司法中商谈的当事人来说,其实非常重要。这是其一。其二,在当事人所代表的诉权和法官所代表的审判权之间的商谈,同样也需要反思理性的介入。在日常的司法实践中,我们常常会遇到这样的情形,就是法官认为他的裁判对于事实的认定和对于规范的适用,都是正确的,是经得起考验的;而当事人却对裁判仍然不满,意欲通过上诉或者再审程序予以改变。我想,在这样的情形下,他们最需要做的,也许就是秉持着反思的理性,各自站在对方的立场上再对裁判进行一次检验。若法官能够站在当事人的立场,以当事人的视角观察问题,也许就能够体会到当事人的切肤之痛,然后会以一种不同的态度来处理纠纷。而当事人若是能够站在法官的立场,以法官的中立视角来看待问题,也许就能够体会到法官的困难处境,从而以一种不同的态度来看待其权益。我们说诉审商谈主义的目的乃是打破法官独白式的裁判传统,这里所说的法官独白,实际上就是法官未能以反思的理性来看待作为裁判对象的争议。为什么诉审商谈主义要强调打破法官的独白,而不是强调当事人的反思,乃是因为法官居中裁判,兼听两造意见,有着不受当事人立场左右的中立地位、专业能力和控制权力,但是对于法官的独裁立场,当事人无法予以强制性改变,他们只能试图说服法官,而无法强制法官站在自己的立场看待问题。所以,诉审商谈主义的程序构造,就需要在反思的理性引导下,建立强制法官站在当事人立场看待问题的规则,以使法官的裁判能够经受住反思理性的检验,并以这种检验来证实裁判不是法官的独白,而是诉审之间商谈的共识性成果。

四、自治

在本节开始部分的阐述中,我以自治来表达尊重商谈的参与者追求自身利益的目的这样一种要求。民事诉讼是解决当事人之间私权纷争的程序,因此首先应当尊重当事人追求自身利益的目的。在诉审商谈的司法活动中,当事人参与到程序中来,其首要的目的,恐怕是维护私权;而要维护私权,还需要程序权利的保障。因此,从尊重当事人追求自身利益的目的出发,诉审商谈的程序首先应当尊重当事人维护私权的目的,进而尊重当事人处分私权的行为。为尊重当事人处分私权的目的,对于当事人为处分私权而对自己程序上权利的处分,当然也应当予以尊重。其次,为了达至维护私权的目的,程序还应当赋予当事人充分的表达意见的机会,并且设定相应的保障机制。在讨论尊重当事人追求自身利益之目的时,应对当事人所追求的利益做较为开放的解释,例如当事人为了维护公共利益而要求进入诉讼程序时,程序不应当以目的错误予以拒绝。就此我们是否可以考虑,只要当事人所追求的利益不损害国家利益、公共利益和第三人利益,程序即应当以宽容的姿态予以接纳?

在尊重当事人追求自身利益之目的时,还要尊重国家设立民事诉讼制度的目的,此一目的乃是程序法之规范目的,应当由法官代为表达。关于民事诉讼目的,各国并不一致,例如英美法系以纠纷解决为民事诉讼的目的,大陆法系之德国传统民事诉讼目的是私权维护,我国民事诉讼目的则以维护私法秩序为主。① 在一般情况下,国家设立民事诉讼的目的,与当事人参与民事诉讼的目的并无冲突。例如民事诉讼制度若以解决纠纷为目的,则纠纷的解决应当在当事人之私权获得维护的基础上达成;若民事诉讼制度以保护私权为目的,则其本身已经与当事人参与诉讼之目的相合;若民事诉讼以维护私法上秩序为目的,则私法本身之目的即为保护当事人私权,维护私法秩序当然同时亦是对当事人私权的维护。但是,在我国的司法实践中,法官在审判案件时,往往还有一些隐藏的目的,例如前曾提及的法官迎合执政党和政府阶段性政策的目的、规避裁判上风险和职业风险的目的等,甚至法官还可能企图通过审判而实现一些违法目的,这些目的当然不可被允许参与到诉审商谈中来。而程序法应当以相应的机制建构,将这些隐藏目的予以隔绝,使之不能影响到诉审间为达致正当目的而进行的商谈。

以上是就诉审商谈程序应当具有的四个基本品格所进行的大略讨论。这些基本的品格,应当像血液一样,沁入到程序规则之中。当然,在整体的程序规则体系中,一些规则对某一种品格体现较为直接明显,另一些规则可能对另外一种品格体现较为明显,而其他一些规则可能只是间接地体现了前述某种或者某些程序品格,或者只有在与其他的程序规则一起结合,方能看出其品格所在。但从总体上看,诉审商谈的程序建构,应当较为周到全面地兼顾平等、自由、理性和自治这四个方面的程序品格。

---

① 参见段厚省:《民事诉讼目的:理论、立法与实践的背离和统一》,载《上海交通大学学报》2007年第4期。

第二节　诉审商谈主义的程序要义

一、程序建制之于诉审商谈的意义

（一）哈贝马斯的观点：程序法为商谈活动提供制度架构[①]

在哈贝马斯的法律商谈理论中，涉及运用性商谈之程序规则的内容，相对较少，也较为简单。他的观点大致如下：首先，法庭程序规则的目的是补偿由以下事实所导致的可错性和判决上的不确定性：合理商谈之高要求交往预设，是只可能被近似地实现的。这样，法律的合法性与实证性之间的张力，在司法裁判领域，首先表现为裁判的正确性与自洽性之间的张力，其次也表现为在论辩程序的理想性要求与由于事实上的调节而出现的种种限制之间的张力。这后一种张力，必须通过法庭程序规则的设计来协调解决。法庭程序的规则将司法判决这样一种实践性活动建制化，目的在于使判决及其论证可以被认为是由一种特殊程序支配的论辩游戏的结果。这样，法律程序与论辩过程就呈现出一种交织状态，但是在这种交织中，设置法律商谈的法庭程序不得干预内在于这些商谈的论辩逻辑——就像我在前面讨论诉审商谈的程序品格时所指出的，诉审商谈的程序设计，应当在法官的法庭指挥行为和参与商谈的行为之间设定界限，二者之间不能混淆，前者不能对后者造成干预。按照哈贝马斯的观点，这样一来，程序法就不能对规范性法律商谈进行调节，而只是在时间向度、社会向度和实质向度上确保受运用性商谈之逻辑支配的自由的交往过程所需要的制度框架。换言之，程序法的规则将不会干预诉审之间的论辩活动，只是为这种论辩活动搭建一个舞台。也可以说，程序法只是对商谈活动的秩序规定，而不是对商谈活动的内容规定。

哈贝马斯所说的时间向度的限制，乃是关于审限和期限的安排。这样一种期限上的安排，可以促使商谈的参与各方能够把握自己言语行为的时间界限，以免商谈活动无限持续下去，而使解决纠纷的目的处于遥遥

[①] 本部分内容主要参见〔德〕哈贝马斯：《在事实与规范之间——关于法律和民主法治国的商谈理论》，童世骏译，三联书店 2003 年版，第 288—290 页。

无期之中。

哈贝马斯所说的社会向度的限制，是关于程序中社会角色的分配，经由这种社会向度的限制，建立起当事人之间的对称性和法官的中立性，并基于这种架构，对参与各方的权利义务进行安排。由于我们之前所指出的法律商谈理论的诠释性，哈贝马斯在这里并不谋求对既有的传统诉讼程序之结构进行改造，而是试图在传统诉讼程序的构造中发现商谈的可能性。因此他在谈到程序法对于商谈活动的社会向度的限制时，认可德国既有的具有一定对抗性的程序构造，认为"审理程序本身（民事诉讼程序尤其甚于刑事诉讼程序）也按竞争的精神设置成追求各自利益的各方的竞赛"。在他看来，即使在重视事实真相的刑事诉讼程序中，"对审理过程参与者的角色定义却仍然使取证过程并不具有合作地探寻真理所特有的那种充分地商谈性结构。"接着，哈贝马斯甚至认为，就像英美法系陪审团审判那样，以特定方式组织的策略性行动的机会，也可以促使人们尽可能说出与明确案情有关的所有事实，这些事实可以作为法庭评价证据的基础，并据此作出法律判决。① 但是，若是从建构性的目的出发来讨论这个问题，我们可以认为，以合作精神取代竞技精神以及鼓励交往行为而抑制策略行为为目的的程序构造，将更有助于共识的达成，也更有助于所达成的关于事实的共识接近真相，有助于所达成的关于规范运用的共识接近正确和自洽。但不管怎么说，哈贝马斯所主张程序法对于商谈的社会向度的限制，是有必要的。

哈贝马斯所谓的程序法对于商谈活动的实质向度的限制，是指程序从制度上划分出一个内部空间，用以在运用性商谈中对理由的自由交换。他认为，程序规则本身并没有把可接受的论据或者论辩的过程标准化，而是为法律商谈提供了一个空间。例如，在主要程序开始之前必须遵守的那些程序对争议对象加以确定，这样使审理过程集中于界限明确的问题上。接着在法律规范与事实相分离的这样一种方法学假设下，通过举证、质证以及证据评价这样的活动，来完成对事实问题的判断。在对事实问题进行判断的同时，于事实与规范间展开诠释学意义上的循环，以使得寻

---

① 〔德〕哈贝马斯：《在事实与规范之间——关于法律和民主法治国的商谈理论》，童世骏译，三联书店2003年版，第289页。

找规范的活动与发现事实的活动同时完成,最后就是对规范适用的判决。按照哈贝马斯的观点,这些活动都是在一个统一的程序内部的空间内完成。当然,在涉及自由心证问题时,哈贝马斯再一次妥协,他认为这样的一种结束商谈的方式也是被诉审商谈的理念所许可的。当然在我看来,以建构性的态度来看待事实认定问题,我们可以要求法官心证形成的整个过程,都向当事人开放,并且随时允许当事人表达意见,从而使法官的心证本身,同时也是商谈各方的共识。这样一种理想并非不可实现,我在后面将继续对这个问题进行探讨。

(二)个人观点:程序法可以并且应当促成交往行为和抑制策略行为

前已指出,哈贝马斯将自己关于司法裁判领域的商谈理论作为对既有程序制度的一种诠释性考察,所以他容忍了传统诉讼程序中不利于商谈的一些规则,且将程序法界定为给商谈活动搭建的一种制度架构,认为这个架构本身并不介入程序的参与者之间具体的商谈活动。而我在本书第三章第三节的讨论中已经指出,若从建构性的目的出发,哈贝马斯的观点有值得商榷之处。也即,程序在商谈活动中并非只能扮演消极的角色,有目的的程序设计,可以通过对参与者交往行为的促成和策略行为的抑制,来促成共识的达成。另外,哈贝马斯对司法裁判领域的商谈程序的讨论,侧重于事实问题的商谈,而未对规范性商谈进行讨论,对程序性商谈更未涉及。实际上在诉讼中,事实性商谈和规范性商谈是同时展开的,关于这一点,哈贝马斯也并未否认,而程序问题当然也可以成为商谈的对象。我的观点是,无论是事实性商谈、规范性商谈还是程序性商谈,在商谈理性引导下的程序设计都可以发挥促成交往行为和抑制策略行为的作用。例如在事实性商谈中,通过证明责任与解明义务、证据交换与证据失权、程序法上之诚实信用义务的要求等一系列制度设计,可以最大限度地促使当事人做出交往行为,而抑制其策略行为。又通过事实上之阐明义务的规定和心证随时公开的要求,可最大限度地促使法官做出交往行为,而抑制其策略行为,以促成诉审之间在事实问题上达成共识。就规范性商谈而言,通过对当事人之讼争一成不变的要求以及法官的法律观点充分阐明义务的要求等制度上的安排,可以最大限度地促使当事人和法官做出交往行为,而抑制他们做出策略行为,以促成诉审之间在规范运用上达成共识。在程序性商谈中,通过对当事人滥用诉权之禁止、审判权之回应义务和法官程序上之阐明义务的规定,可以最大限度地促使当事人和法官在涉及程序问题的商谈时,做出交往行为而抑制策略行为,以使诉审双方就程序问题的商谈能够尽量达成共识,并在共识的基础上决定其行动的方向。在下面的讨论中,我将围绕着程序规则如何促成程序参与者的交往行为并抑制程序参与者的策略行为而展开。

二、诉审商谈的形态划分

哈贝马斯关于司法裁判领域的商谈理论,只涉及在既有程序架构下的实体性商谈,而未涉及对程序本身的商谈。实际上程序问题同样也可以且有必要成为商谈的对象。例如某些纠纷能否进入程序,或者当事人就某一纠纷是否享有诉权,或者涉及当事人适格与否、管辖的正当与否、期间是否经过或期日得否延迟、庭审以合议还是独任制进行、法官是否有须回避之情形、普通程序与简易程序的选择是否适当,凡此种种程序上可能发生争议的情形,均应以诉审商谈而非法官之独白来解决。这是就程序性商谈的可能性与必要性而言。当然,程序性商谈从总体上看较之实体性商谈相对简单一些,且又属于中间性商谈,不具有最终解决实体纠纷的直接目的,不像实体性商谈那样复杂,所以哈贝马斯并没有对程序性商谈有所着墨。但程序性商谈只是相对简单一些,而且这种相对简单是从总体上观察所得出的大致判断。实际上在一些案件中,争议的焦点可能就是程序性问题,例如当事人是否享有诉权、当事人是否适格、受诉法院是否具有管辖权等,这些问题有时候并不比实体问题简单。且在因程序问题而提起的上诉审中,商谈将主要围绕着程序问题而展开,并不太多地涉及实体问题。例如围绕着不予受理、驳回起诉和管辖权异议之裁定所展开的上诉审,就是这样。另外,有时候法院对于某些程序性问题的裁定,实际上也影响到甚至决定着整个案件实体争议的解决。例如关于诉权不存在的裁判,或者关于滥用诉权的裁判,虽然裁判所针对的是程序问题,但是却有着终结整个诉讼的作用。据此,程序性商谈和实体性商谈有着同样重要的意义。

在哈贝马斯的理论中,实体性商谈是其关注的重点,而其对于实体性商谈的关注,又是以事实商谈为中心。因为事实商谈涉及真相的发现问题,具有认识论上的意义,所以德国学者罗伯特·阿列克西又将哈贝马斯的商谈理论称作"真理共识论"①。但无论是在民事诉讼还是刑事诉讼的实践中,事实问题和规范问题总是交织在一起,学理上对于事实问题和规范问题的划分,仅仅是一种观念上的分离。就诉审商谈主义的目的来说,其所要解决的乃是裁判的唯一且自洽性与合理可接受性,也即就特定之案件事实形成唯一正确的裁判。由于裁判是将特定的规范适用于特定的事实的活动,因此,所谓唯一正确的裁判,应包括事实的唯一正确与规范适用的唯一正确。换言之,通过商谈所发现的事实,是确定的与可接受的;通过商谈所寻找的规范,亦是确定的与可接受的。因此,哈贝马斯关于运用性商谈的程序规则的讨论,在内容上包括事实发现和规范寻找的程序规则,而不限于事实领域的程序。实际上哈贝马斯承认事实发现和规范寻找的程序以及程序活动,是一个统一的程序及程序活动,它们只是在观念上可以被分开,哈贝马斯把这称作"方法学分离的假定"②。关于事实发现与规范寻找的统一性或者说重合性与交叉性,我们可以通过大陆法系尤其是德国法系规范出发型的诉讼方法论来做一个简单的说明。

  在大陆法系尤其是德国所形成的规范出发型诉讼中,当事人所主张的具体的事实,必须与他所主张适用的规范在假设部分对于抽象事实的描述相符合,他所主张的规范,才有可能适用于他所主张的事实。换言之,在规范出发型诉讼中,大前提是法律规范,由事实描述和法律效果两个部分组成;小前提是当事人所主张的事实,如果作为小前提的事实,能够被涵摄入大前提所描述的事实中,则小前提中的事实可以产生大前提所命令的法律效果。那么小前提如何确定?是否当事人直接向法院陈述并证明其生活事实主张,即可获得规范所命令的法效果?显然不是这样。当事人所经历的事实,若未与法律规范在事实部分的抽象描述相比对,则仅仅是一种生活事实,尚未与法律规范建立联系。此种情况下,若贸然展开对生活事实的证明活动,则该事实即使被证明是存在的,也不能确定会引起何种法效果。因此,较为便捷的做法,是在展开证明之前,即要求当事人在主张事实的同时,将其认为应当适用于该事实的规范一并主张。

---

① 〔德〕罗伯特·阿列克西:《法律论证理论——作为法律证立理论的理性论辩理论》,舒国滢译,中国法制出版社 2002 年版,第 127 页。
② 〔德〕哈贝马斯:《在事实与规范之间——关于法律和民主法治国的商谈理论》,童世骏译,三联书店 2003 年版,第 288 页。

若法官认为当事人主张的事实与其所主张的规范对于事实的描述在基本特征上一致,则令当事人展开对于事实的证明活动。若是认为当事人主张的事实从一开始就不符合他所主张适用的规范对于事实的描述,则应履行阐明义务,另行寻找可能适用的规范。若是最终确定了可能适用的规范,而在事实的证明过程中,发现该事实与先前所寻找的规范在事实部分的描述渐不相符,则又须展开新一轮寻找法律规范的活动。当新的规范被寻找到时,继续按照该新的规范对于事实特征的描述,展开证明活动。这就是德国民法学者拉伦茨所描述的诠释学意义上的循环。拉伦茨说:"法律适用是一种对向交流的过程,于此,必须在考虑可能适用的法条之下,由'未经加工的案件事实'形成作为陈述之终局的案件事实,同时也必须在考虑终局的案件事实之下,将应予适用的规范内容尽可能精确化。"① 根据以上的分析,发现事实的活动和寻找规范的活动乃是同时或者交错展开,因此关于事实问题的商谈和关于法律问题的商谈,显然也只能是一种交织进行的状态。

但是需要说明的是,民事诉讼与一般的理解活动并不相同。就一般的理解活动观察,在理解者所初步筹划的文本意义与最终确定之文本意义之间,经过多次理解上的循环乃是一种通常现象。随着这种循环的展开,初步筹划的文本意义与文本的最终意义之间不断接近,直到确定文本的最终意义为止。而在民事诉讼中,要求诉讼程序具有公开性、安定性、可预测性和经济性,并且民事诉讼被看作是当事人和法官之间以及当事人之间法律关系的总和,当事人和法官的任何诉讼行为都会引起相应的法律上效果。当事人的诉讼行为和法官的审判行为不仅具有诠释的性质,还具有能够引起诉讼法上法律关系的事实的性质,也即具有语用学上的意义。因此当事人和法官的诉讼行为没有一般理解行为那样自由,既不允许法官和当事人在诉讼程序开始以后的任何阶段隐藏自己对于案件事实和法律问题的理解,也不允许法官和当事人任意变更自己对于事实和法律问题的理解。因此在大陆法系有的国家有讼争一成不变的要求,

---

① 〔德〕卡尔·拉伦茨:《法学方法论》,陈爱娥译,商务印书馆2005年版,第193页。关于司法裁判活动中发生的诠释学意义上的循环,读者可参阅段厚省:《司法中的诠释学循环——发现事实和寻找法律的基本方法》,载《南京师范大学学报(社科版)》2012年第1期。

而普通法的历史上也曾有着禁止诉因合并与诉因分割的要求。① 尤其在规范出发型诉讼中,整个诉讼程序都是围绕着诉讼标的展开,若允许当事人变更诉讼标的,则意味着诉讼程序还要围绕着新的诉讼标的重新展开,法官和原告要寻找新的规范并按照新的规范展开证明活动,被告要按照新的规范对于要件事实的要求来准备答辩。如果是当事人变更诉讼标的,则意味着对被告构成了诉讼上的突袭;如果是法官依职权变更当事人之间的诉讼标的,则意味着是法官对双方当事人构成了裁判上的突袭。因此即使像我国这样允许当事人变更诉讼标的的国家,也将当事人变更诉讼标的的时间限制在举证期限届满之前。② 基于以上分析,在民事诉讼中发生的"理解上的循环"是受到限制的,一旦进入开庭审理程序,一般不允许当事人擅自变更诉讼标的。而事实和规范是支持当事人提出诉讼标的的基础,如果诉讼标的不能变更,则其主张的事实和规范也不能变更。基于此,拉伦茨所描述的裁判中的诠释学循环,其中有关事实的变化,是从"未经加工的案件事实",到"形成为陈述之终局的案件事实",这是事实的进一步精确化和类型化,而不是说当事人事实主张发生了变更;而其中有关规范的变化,是"将应予适用的规范内容尽可能精确化",而不是当事人在循环之后适用了不同的规范。事实上在所有的理解活动中,诠释学循环的结果都应当是所理解的意义的精进而不是变换。③

但是,在个案的裁判活动中,关于事实问题的确定性与合理可接受性,与关于法律问题的确定性以及合理可接受性,在内涵上并不一致,因此二者对于诉审商谈的要求,也有区别。例如关于事实问题,侧重于对真相的寻求,因此事实性商谈更加注重参与者事实陈述的真实性;而规范问题则侧重于法律效果的适用的可接受性,因此规范性商谈更加注重参与者表达的真诚性。所以哈贝马斯将事实性商谈和规范性商谈在观念上进行分离,从方法论上看,还是有其意义的,也是必要的。基于这样的考

---

① 《美国民事诉讼法》,白绿铉译,经济日报出版社1996年版,第74页。
② 见《最高人民法院关于民事诉讼证据的若干规定》第34条第3款:"当事人增加、变更诉讼请求或者提起反诉的,应当在举证期限届满前提出。"不过,在目前有关举证期限的规定已成具文的情况下,此一限制实际上也未能发挥作用。
③ 段厚省、张峰:《证明评价原理——兼及对民事诉讼方法论的探讨》,法律出版社2011年版,第156—158页。

虑,我在这里将规范性商谈和事实性商谈分开考察。

这样,关于司法裁判领域的商谈,在观念上就首先可以分为程序性商谈和实体性商谈两种形态,而无论是程序性商谈还是实体性商谈,又都可以在观念上再细分为事实性商谈和规范性商谈两种形态。也即,在程序性商谈中,涉及有关程序事实的商谈和有关程序规范的商谈;在实体性商谈中,涉及有关实体事实的商谈和有关实体规范的商谈。由于程序性商谈和实体性商谈都是由事实性商谈和规范性商谈构成,而且虽然它们各自所涉及的事实与规范具有性质上的不同,但是各自对于商谈理性的要求却是相同的,所以在下面的讨论中,我将主要按照事实性商谈和规范性商谈这样的分类,来进行分析和阐述。但是,鉴于目前我国当事人在立案阶段时常遭遇的被拒绝受理的困境,我在就事实性商谈和规范性商谈展开分析之前,将会先就立案阶段的程序性商谈做一些简单的讨论。

三、不同商谈形态对言语行为有效性的要求

根据我们在前面的分析,事实性商谈和规范性商谈各自所追求的目标不同,前者追求事实真相的发现,后者追求规范运用的确当。而程序性商谈更有不同,程序性商谈涉及的是程序所规定的秩序本身是否被遵行这样的问题。若商谈参与者的言说行为遵循了正当性要求,则意味着程序规则得到了遵循,否则就是违背了程序规则所设定的秩序。因此程序性商谈追求的是程序法规则的遵行。因此,这三种商谈对于言语行为有效性的要求,在侧重点上并不一样。

(一) 程序性商谈侧重于言说的正当性

如前所述,我之所以要对程序性商谈进行专门的讨论,乃是因为时下之司法实践中突出存在的立案难问题。之所以要就这个问题进行讨论,又因为立案意味着诉审商谈的开始,若是当事人的起诉未获法院响应,则商谈的程序将无法展开,我们所说的实体性商谈或者规范性商谈也就失去了意义。基于此,我主张将立案阶段的程序运用,也纳入到商谈的视野,也即当事人的立案请求是否应当获得法院的支持,也应当通过诉审之间的商谈成果来决定。

立案难的现象一般被认为在行政诉讼领域比较突出,而在民事诉讼领域,同样也存在着立案难的问题。出现这一问题的原因很复杂,其中一

部分原因,是潜在的当事人之间地位不平等以及审判权欠缺独立性,在被告是地方政府、国有企业或者其他强势利益集团时,或者案件可能涉及以上这些主体的利益时,法院往往态度消极,拒绝立案。这是一种情况。第二种情况是,由于法院审判权不够独立,遭遇其他强势权力的干预,对于一些维权类案件或者群体性诉讼案件,拒绝受理。第三种情况是,当事人的诉请是否属于人民法院民事诉讼之裁判权所及范围,或者当事人的诉请虽然在性质上应当列入民事领域,但是其法律依据比较模糊,需要法官运用法律方法论进行规范的寻找方能确定,法官或者法院出于履行职责的惰性或者为了规避可能发生的裁判上风险,而拒绝立案。第四种情况是,法院认为当事人的起诉,有滥用诉权或者恶意诉讼的可能,为避免审判权被当事人恶意利用以达到不正当目的,出于谨慎行使审判权的考虑,而拒绝立案。对于前述第一种和第二种情形,无论学界还是实务界,均持批判态度;而对后两种情形,则还存在分歧。

以我之见,产生前两种情形的根本原因乃是审判权不够独立;而产生后两种情形的原因则在于民事诉讼程序欠缺开放性与宽容性。我在之前讨论诉审商谈的程序品格时,为程序设定了自由的品格,其中就包括对审判权独立的要求,也包括了对程序的开放与宽容的要求。换言之,在符合品格要求的诉审商谈的程序中,前述立案中的问题,不应当存在。依诉审商谈的原理,某一案件是否应当受理,不应当由法院单方决定,而应当由诉权和审判权通过商谈而形成共识。就前述第一种和第二种情形来看,在当事人起诉之时,就应当要求审判权给予积极回应,从而启动诉审商谈的程序,进而要求诉审双方的言语行为必须符合商谈理性的要求,尤其是符合言语行为正当性的要求,那么商谈的结果显然应当是法院予以立案。因此以诉审商谈的视角来看,只要将立案问题纳入程序性商谈,则商谈的程序规则即可具有排除案外干扰因素。就前述后两种情形来看,打破法官独白式的审判权运作方式,更加重要。当事人的起诉是否应当受理,或者其行使诉权的行为是否存在恶意,应当通过程序性商谈来解决,而不应当由审判权单方决定。在将立案纳入程序性商谈后,当事人可获得表达意见的充分机会,审判权也须充分表达其意见,来和诉权进行论辩,只要诉审双方遵循商谈理性和反思理性来充分论辩,则在是否立案的问题上就有着达成共识的极大的可能性。

就当下法院拒绝立案的情况来看,多数情形下是法院欠缺拒绝立案的充分理由,而非当事人欠缺应予立案的理由。此种情况下,一些法院为了规避裁判上的风险,在拒绝立案的时候,更拒绝做出不予受理的裁定。因此从诉审商谈的视角来看,法院拒绝做出不予受理之裁定的行为,显然不符合言语行为正当性的要求。实际上在全部程序性商谈中,其所要解决的问题,几乎都是涉及言语行为正当性的问题。因为程序本身是为商谈活动设定秩序的规则体系,只有当某一方参与者言语行为正当性与否引起对方或者其他各方的质疑时,程序本身才会成为一个问题,从而产生了启动程序性商谈的必要性。既然程序性商谈的目的就是要解决全部商谈活动中言语行为正当性的问题,所以构成程序性商谈本身的言语行为,更要符合正当性的要求。基于此,我们可以认为程序性商谈所侧重的,乃是言语行为正当性的要求,而对其他三个言语行为有效性要件的要求则略低一些。

(二)事实性商谈侧重于陈述的真实性

就事实而言,无论是人的行为还是人的行为之外的事实,进一步说,人的行为无论是意思表示行为还是准民事行为或者事实行为,人的行为之外的事实也无论是状态还是事件,我们都首先假设在当事人的事实主张之外,有一个客观的真相存在,这个客观的真相,可以是当事人主张的事实确实发生过、曾经或者正在或者极有可能(某种危险)发生,也可以是根本未发生或者不会发生。这个真相就是我们要发现的对象。我们所发现的事实,越是接近真相,在此基础上所寻找的规范,也就越是适当,我们据此对于民事责任的适用,就越是准确;我们所发现的事实,越是背离真相,在此基础上所寻找到的规定,越是不适当,我们据此对于民事责任的适用,就越是不准确——或者我们不当扩张了民事责任的范围,或者我们不当缩减了民事责任的范围。因此,我们所要追求的,是所发现的事实尽量接近真相,乃至与真相重合。此种对于真相的追求,是事实发现过程中商谈的基本目的。

而当事人对于事实的主张,却受到其自身利益的制约,因此他的主张行为,可能具有交往行为的特征,也可能具有策略行为的特征,并因此而不具有交往行为所要求的言语行为有效性。他以交往行为所主张的事实以及对于事实的论证,是接近真相的;他以策略行为所主张的事实以及对于事实的论证,则既可能是偏离真相的,也可能是接近真相的。这样,事实发现过程中的商谈机制,就要尽量限制当事人的策略行为,而尽量鼓励当事人的交往行为,并要求参与商谈的法官的行为,必须是交往行为。当然,有的时候法官为了发现真相,也会进行策略行为。例如我们在前面的内容中曾经提到的所罗门王审理案件的例子中,所罗门王的行为就属于策略行为。此类传奇故事在中国民事诉讼史上也有发生。但是在现代社会,尤其在证据裁判的原则下,任何事实的认定,均须有证据的支持,这种明显依赖法官个人智慧的策略行为,对于发现案件事实真相所能够起的作用越来越小。且法官对于当事人展开策略行为,绝大多数情况下也是不符合法官中立与程序正义之要求的。

为了敦促程序参与者尽量展开以理解为取向的交往行为而不是策略行为,对参与者言语有效性的四个要求中(表达的可领会性、陈述的真实性、表达的真诚性、言说的正当性),就尤其强调陈述的真实性,其次才是表达的可领会性、表达的真诚性和言说的正当性。所谓陈述的真实性,在传统证据法学中有着充分的论述,例如对于证据资料真实性的要求,以及对于演绎论证和归纳论证前提真实性的要求,和对于作为事实推理大前提的经验法则的种种要求,也属于对事实性商谈中陈述真实性的要求。当然,传统证据学中对于证据方法的其他一些要求,实际上也体现了对于言语有效性其他方面的要求。例如对于证据方法关联性的要求以及运用演绎论证的事实推理之论证有效性的要求,都体现了对于言语行为有效性中表达的可领会性的要求;又例如非法证据排除规则,就体现了对于言说正当性的要求。但总的来看,事实性商谈对陈述真实性的要求更加突出。

(三) 规范性商谈侧重于表达的真诚性

规范性商谈所要解决的是规范运用的确当性问题。根据我在前面的分析,庭审的参与各方在进行事实发现的同时,也在展开法律规范的寻找。传统民事司法观往往认为,当事人向法官提供事实,而法官向当事人提供法律。但是从我在前面所分析的发现事实与寻找法律一体进行或者交叉展开的实践情形来看,这种观念只能存在于已经过去的法律神秘主义时代。在人类社会进入法治文明时期后,法律规范本身就应当是通过法律共同体成员之间的商谈而产生,是法律共同体成员所给予。而当事人正是来自于法律共同体的成员。因此法律应当是他们所知晓的,而不是由法官垄断的。据此,在庭审过程中,当事人和法官都是寻找法律活动的参与者。尤其在具有规范出发型诉讼传统的国家,要求当事人在起诉之时就确定诉讼标的。在给付之诉,以原告所主张的请求权作为诉讼标的;在形成之诉,以原告所主张的形成诉权作为诉讼标的;在确认之诉,以原告所主张的确认诉权作为诉讼标的。而要确定诉讼标的,首先就必须进行初步的法律寻找。因此当事人在起诉之时,就已经完成了初步的法律寻找,之后的庭审活动不过是对当事人之事实主张与规范主张的检验与纠正而已。

在诉审商谈的程序中,法官乃是规范正义的代表,而当事人则是各自利益的代表。他们在规范性商谈中,一方面可能对本案事实应当适用何种规范发生争议,一方面可能对同一规范的意义应当如何理解产生分歧。所谓规范适用的确当性,不同于事实发现的真实性。因为就事实而言,我们总是假设有一个真相静静地待在那里,等待我们的接近;而就规范而言,却没有一个绝对正确的标准立在那里,作为指引我们前进的目标。诉讼程序的参与各方,甚至诉讼之外的不同成员之间,对于规范适用的确当性,都有不同的标准。对于特定的事实,适用何种规范来做出裁决,在商谈之外,并没有一个唯一的答案。也即,商谈的目的并不是使所寻找到的规范以及对于规范的适用,接近某个已经存在的答案,而是通过正当的商谈程序所形成的方案,就被认为是唯一正确的答案。也即对于作为商谈之结果的规范适用的方案,并没有外在的评价标准,商谈程序的正当性,即是对商谈结果正当性的最为有力的证明,也是评价商谈结果正确与否的唯一标准。也可以说,诉讼中的法律问题与事实问题不同,它不是真与伪的问题,而是适当性与可接受性的问题。为确保这种共识符合各方关于正义的认识,就需要商谈的参与者充分表达其意见,有着达成共识的真诚性。

但是,当事人双方或者多方之所以进入诉讼,就意味着他们在利益上是存在冲突的,且在规范适用上也是缺乏共识的。而法官作为规范正义的代表,要坚持法律共同体通过法律规范所表达的正义,因此他也不应当仅从当事人任何一方的利益出发来思考规范适用问题。这样一来,商谈的参与各方在商谈的开始之时,并没有共识存在。但是,达成共识又是他们商谈的目标,因此各方虽然应当有着达成共识的真诚性,但是还需要有着将这种真诚付诸实践的决心和能力。在此情况下,反思的理性就体现出其实践的价值了。也就是说,商谈各方都应当暂时离开自己原有的立场,而站在其他各方的立场来反思自己的观点,这样就更容易理解其他各方的感受,从而使自己关于规范适用的观点向其他各方靠拢,最终使得共识得以达成。这种反思的理性需要各方都有达成共识的诚意,因此在反思理性引导下的言语行为,最能体现表达的真诚性。基于以上的分析,我们可以说在规范性商谈中,表达的真诚性更为重要。当然,言语行为有效性的其他要件也是不可或缺的,只是其在规范性商谈中的重要性,要稍稍靠后一些。

四、交往行为的促成与策略行为的制止

(一)既有之程序法理:诉讼上突袭与裁判上突袭的禁止理论

根据我在前面的分析,诉审商谈的程序构造可以最大可能地促使参与者做出旨在达成共识的交往行为,而制止阻碍达成共识的策略行为。其实既有的民事诉讼法理,并非没有促成交往行为和制止策略行为的理论,像诉讼上突袭和裁判上突袭的理论,就是有着促成交往行为而制止策略行为的功效。

1. 诉讼上突袭的禁止

民事诉讼是当事人在实体利益上发生纷争时,一方诉至法院请求以裁判强制解决所引起的诉讼,因此,民事诉讼当事人之间存在利益上的冲突乃是必然。由于这种利益上的冲突,传统民事诉讼学理认为当事人在诉讼中是一种对抗的关系。过去我们在观察英美法系民事诉讼时,常常说他们是对抗制的诉讼,事实上他们自己也是以此自诩。基于此,学理常常将当事人间的你来我往的论辩行为,称作攻击与防御。基于此种对抗关系,当事人在诉讼中不是采以理解为导向的交往行为,而是采以达到满足自身利益为目的的策略行为,似乎是一种必然。因此传统学理对此并不反对,而且还倾向于给予积极的评价。他们认为,当事人之间具有对抗性的攻击防御活动,可以将各自的观点以及证据资料展现无遗,法官站在中立的立场,可以从双方当事人的攻击防御活动中获得充分的事实和法律上的资料,使其能够做出相对公正的裁判。换言之,他们的观点是,正是因为当事人之间的对抗,才使得法官获得充分的裁判资料成为可能。

这一点在我之前讨论的哈贝马斯的观点中也有体现。当然，支持当事人采取策略行为的观点，也强调当事人地位的平等和攻防机会的平等，强调当事人在攻击防御上的"武器平等"。

但是，实践中承认并允许当事人采取策略行为，并非如学理一厢情愿认为的那样能够促进真相的发现，进而促进裁判的公正。例如学理上所谓当事人之间的诉讼突袭行为，对于程序的顺利进行，所起的作用主要是消极的，是阻碍真相发现的。所谓诉讼上的突袭，就是一方当事人在开庭前故意隐藏自己的"武器"，并在庭审中拿出来给予对方突然的袭击，使得对方缺乏足够的时间和机会来进行对抗的准备，因而败下阵来。此种情况下，法官所认定的事实就可能是偏离真相的，因而所做出的裁判就可能是缺乏实质公正的。诉讼上的突袭，主要发生在采集中审理制的情形。在不采集中审理制的情况下，一方突袭对方时，法官可以另行给予对方准备机会，并通过再一次开庭来给予对方反驳的机会。所以，在不采集中审理制的情形，诉讼上的突袭并无意义，即使是采证据随时提出主义，也不一定会在当事人之间形成不公。但是，近年来除了英美法系国家外，大陆法系的德国和日本等，也逐渐改采集中审理制，而诉讼上的突袭，恰恰是以集中审理作为其发挥作用的制度背景。

为解决诉讼上的突袭问题，一直采集中审理制的英美法系民事诉讼，尤其以美国为例，是要求当事人在开庭审理前的准备程序阶段，必须进行证据交换，同时给予当事人进行证据发现的权利和机会，规定未经交换的证据，不得在开庭审理中作为攻防的武器。此种做法，虽然不是以诉审商谈主义作为其引导，但是在本质上却与诉审商谈主义的理念相符。因为如前所述，在诉审商谈主义的理念下，是要鼓励当事人多采以理解为取向的交往行为，而抑制当事人采策略行为的动机和机会。因此，在程序的设计上，抑制乃至禁止诉讼上的突袭乃是其必然的选择。

我国最高人民法院在《关于民事诉讼证据若干问题的规定》第33条中，规定了举证期限的要求，在第37条中对证据交换问题也作了规定。这两个条文的规定是对域外制度的借鉴，目的在于抑制当事人进行诉讼上突袭的机会。另外，该《规定》第34条中，对当事人增加、变更诉讼请求和提起反诉的时间也作了规定，要求必须在举证期间届满前作出。此一规定显然也有着促进当事人之间商谈、抑制当事人采取策略行为的意义。但是,上述《规定》第37条对于证据交换的要求,是按照案件难易程度区别对待的。对于一般案件,要求须经当事人申请证据交换,法院才组织证据交换,而且即使当事人申请,法院也只是"可以组织当事人在开庭审理前交换证据"。而对于"证据较多或者复杂疑难"的案件,该条则要求法院"应当组织当事人在答辩期届满后、开庭审理前交换证据"。因此,我国对于审前证据交换的规定是不彻底的。若从诉审商谈主义的理念出发,应当规定对于全部案件,均应组织证据交换,以抑制当事人进行诉讼上突袭的机会。同时规定,若没有组织证据交换而径行开庭的,则应当根据当事人申请,给予当事人充分的准备机会。

当然,以上是就集中审理制而言,若未采集中审理制,或采证据随时提出主义,则当事人即使采此类策略行为,也未必会成功突袭对方当事人。就我国的情况来看,在比如涉及身份关系、相邻关系等传统民事案件中,一直未采集中审理制,《最高人民法院关于民事诉讼证据的若干规定》中有关举证时限和证据交换的要求,当然难以贯彻,实际上适用举证时限和证据交换的必要性也因此不是十分突出。而在一些涉及合同、知识产权以及商事纠纷中,举证时限和证据交换的进行要好一些,但绝大多数情况下,法院对于这些案件,所采行的也是交叉审理制,因此举证时限和证据交换的规定,执行的也不是非常严格。当然,在交叉审理的情况下,由于多采证据随时提出主义,所以当事人之间相互突袭的风险也大大降低。但是这样做的代价是诉讼程序在时间向度上的松弛,也即诉讼效率的降低。

2. 裁判上突袭的禁止

所谓裁判上的突袭,是指法官心证不公开,在裁判中认定的事实以及所采之规范,与当事人根据庭审全部情况所能够预测的可能结果大相径庭,从而造成对于当事人的突袭。例如当事人所争执的焦点,法官在裁判中未予关注,而当事人未能充分论辩的事实或者主张,却成为法官裁判的主要依据或者主要内容;又如当事人充分主张的证据资料,法官未予考虑,而当事人未予主张或者未予关注的证据资料,却成为法官认定事实的依据;再或者作为法官事实推理大前提的经验法则,违背常识常理,所认定之事实结论,与当事人的预测完全不同,如此等等,不一而足。关于裁判上的突袭问题,在我国台湾地区学者邱联恭教授的著述中有所阐述。①

在我国既往的民事诉讼实践中,当事人的诉权一向不受重视,法官的审判权在诉讼程序上占绝对优势,当事人的诉讼请求以及支持其诉讼请求的事实主张乃至支持事实主张的诉讼资料,均不能约束法官的审判行为。法官随意变更当事人诉讼请求以及事实理由的情形比比皆是。例如在因合同履行过程中发生争议,当事人以违约为由提起诉讼,而法官若发现合同存在无效情形,即不经告知当事人并充分听取当事人意见,而径以合同无效做出裁判(当然,在目前的司法实践中,为了使裁判尽量吸收当事人不满,避免所谓涉法涉诉上访,一些法官在遇到类似情形时,已经尝试以阐明权的行使,就合同是否无效的问题与当事人进行沟通)。还有其他一些裁判上突袭的情形。例如,在不当得利请求权与他类请求权竞合时,当事人未选择不当得利返还请求权起诉,例如以违约或者其他请求权受到损害提起诉讼,而法院却未经当事人同意,亦未给予当事人充分的表达意见之机会,径行以不当得利返还请求权做出裁判。又例如二审法院未经当事人同意,亦未告知当事人,擅自变更当事人主张的诉讼标的和事实理由,做出终审裁判。例如一审以违约为由做出裁判,而二审却未经当事人同意,改以合同无效做出裁判。再例如一审以民间借贷之欠款返还为由做出裁判,而二审却改以不当得利返还为由做出裁判。甚至还有二审将一审未予调查的事实,直接采认作为裁判的依据,或者以一审适用法律错误为由,未经开庭,直接改判。如此等等,不一而足,已成常态。

以上种种裁判上突袭情形,在民事审判方式改革后,最高人民法院也有关注。在肖扬时期的民事审判方式改革中,较多借鉴西方法治发达国家民事诉讼制度和法理,也曾试图有所改变。例如,《最高人民法院关于民事诉讼证据的若干规定》第 35 条规定:"诉讼过程中,当事人主张的法律关系的性质或者民事行为的效力与人民法院根据案件事实做出的认定不一致的,不受本规定第 34 条规定的限制,人民法院应当告知当事人可以变更诉讼请求。当事人变更诉讼请求的,人民法院应当重新指定举证期限。"本条要求法官在对于当事人诉讼请求以及事实主张有不同看法之

---

① 邱联恭:《心证公开论——着重于阐述心证公开之目的与方法》,载台湾地区民事诉讼法研究会编:《民事诉讼法之研讨(七)》,台湾三民书局 1998 年版,第 191—294 页。

时,应当将心证向当事人公开,显然有着减少诉讼上突袭的效果,也更加尊重当事人诉权。此外,民事审判方式改革后,最高人民法院要求在法庭调查结束后,法官应当进行庭审小结,总结争点,告知当事人围绕争点展开辩论。此种总结争点并告知当事人的做法,虽然其目的在于使此后的辩论围绕争点展开,以提高诉讼效率,但在客观上也有着公开法官心证,减少针对当事人之裁判上突袭的效果——通过庭审小结,当事人知晓法官对于争点的理解,从而此后的辩论就可以围绕着争点来说服法官,以使裁判所认定之事实与作为当事人攻防中心的事实不至于发生背离。除此以外,肖扬时期的最高人民法院也曾经试图推动裁判文书说理完善,此也可算是心证公开的一种努力。此种努力表明,之前的人民法院,即使在作为程序结果之裁判文书中,都没有公开其心证形成之过程和法律论证过程。而且,此种有限改革的效果如何也有待商榷。因为即使裁判文书中完善了说理过程,其对于之前发生的裁判上突袭亦无救济效果。

3. 制止诉讼突袭和裁判上突袭的程序法理

如前所述,在既有程序法理论中,虽然未有涉及对诉审商谈主义的充分认识,但是其围绕着诉讼上突袭的禁止和裁判上突袭的禁止所建构的一系列具体程序法理,已经具有促成当事人和法官之交往行为和抑制其策略行为效果。针对当事人诉讼突袭的程序法理包括:关于当事人证明责任与解明义务的法理,关于证据交换与证据失权的法理,关于讼争一成不变的法理,关于争点效或禁反言的法理等。至于针对法官裁判上突袭的程序法理则包括关于法官职权探知的法理,关于阐明权或阐明义务的法理,关于证据裁判的法理,关于心证公开的法理和关于自由心证要件化的法理[①]等。以上这些有助于促成当事人和法官做出交往行为,而抑制其做出策略行为的程序法理,因为既有的程序法理论都有阐述,本书不再赘述。

(二) 诉审商谈主义下的新展开

到目前为止,传统民事诉讼程序法理所重点关注的,主要是促成当事人的交往行为和制止当事人的策略行为等,这方面的讨论已经比较充分。但是,在涉及法官交往行为的促成和策略行为的制止时,既有的程序法理论虽然也有较多讨论,但是讨论得还不够充分。因此我在这里准备着重

---

① 参见段厚省:《证明评价影响因素分析》,法律出版社 2009 年版,第 149—151 页。

讨论的,是关于诉审商谈主义下之法官审判行为的规制问题。对于前述程序法理论已有较多讨论的涉及法官交往行为的促成和策略行为制止的法理,这里无须重复,我只讨论两个在我国民事诉讼法学界尚未获得充分讨论的观点,分别是关于法官心证随时公开义务的观点和关于法官法律观点充分阐明义务的观点。

1. 法官心证随时公开义务

法官之心证,乃是对当事人主张的事实所形成的一种信赖状态,因此在诉审商谈主义概念下所讨论的心证公开,属于事实性商谈的范围,基于此,其对于法官心证公开行为的要求,侧重于满足陈述的真实性要件。前已指出,关于法官心证公开原则,已是自由心证的证明评价模式下既有的程序法理。但是,既有的心证公开法理,对于心证公开的要求是零散的,不连贯的,也是不完整的,且其要求主要体现在裁判文书对于事实认定的过程及理由的公开。这样的公开,作为一种事后的公开,只具有对裁判所认定的事实进行证成的作用,以及供当事人、上级法院乃至社会公众进行评价的功能,而不具有适时预防事实认定错误的功能。当然,事后的公开对于法官也会形成一定的压力,使其在形成心证时更加谨慎,以免所认定的事实被上诉审推翻,或者遭受来自法庭之外的社会舆论的否定性评价。但是这样的谨慎,仍然是对法官自我的一种要求,事实的认定过程和认定结果仍然摆脱不了法官独白的性质。当事人所陈述的事实主张以及所提供的证据资料,仅仅被作为法官形成心证的一种资料看待,当事人的主体性被忽视,不具有真正的参与商谈的性质。从诉审商谈主义的要求出发,在认定事实的过程中,法官应当随时公开其对于事实的看法,而当事人也应当有充分的机会对法官所公开的看法提出质疑,进行论辩。这样,事实认定的过程才具有商谈的性质。而且,这样做不仅仅具有诉审商谈主义的逻辑必然性,也因为法官心证公开的时机被提前,其对事实所形成的中间看法随时准备接受当事人的监督和质疑,因此所形成的最终心证发生错误的可能性被大大降低。进而,基于事实认定错误而引起上诉审或再审的可能性也大大降低。

从证明活动的应然样态来看,心证的随时公开也是符合证明活动基本规律的。假设当事人提出某种请求权,法官在与当事人进行商谈之后,确定以该请求权作为诉讼标的,然后继续下一步的商谈活动,以解析出该请求权的构成要件,并确定将该请求权的构成要件作为本案实体上的证明对象。接下来,即对该请求权之要件事实的证明责任进行分配,然后要求承担证明责任的当事人对该等要件事实逐一展开证明。若是对方当事人握有可以证成或者证伪该等要件事实的证据资料,则依解明义务的法理要求其提供。在对任何一个构成要件证明完成后,法官均要判断当事人的证明程度是否达到法律对于证明度或者证明标准的要求。这种判断的结果,即为法官的临时心证。若法官认为其中任何一个要件不能达到证明标准,则应公开其心证,并接受当事人的质疑,允许当事人补充其观点;若经充分商谈后仍然不能认为当事人的证明成功,则应结束全部证明活动,进而结束案件的审理活动,做出驳回当事人诉讼请求的判决。若法官认为当事人对排在前面的构成要件事实的证明符合证明度或者证明标准的要求,也应公开其临时心证,接受另一方当事人的质疑,允许其补充观点。若经充分商谈后推翻该临时心证,或者法官陷入心证平衡状态,则应结束全部证明活动,进而结束案件的审理活动,做出驳回当事人诉讼请求的判决。若该临时心证公开后,经继续展开的充分商谈,仍然维持了该心证,则应要求承担证明责任的当事人继续对下一个构成要件展开证明;然后就是新一轮的公开临时心证,就公开的心证展开进一步商谈,确定该心证成立与否。如此这般,经过对各该构成要件事实逐一证明、公开临时心证、对临时心证展开进一步的充分商谈等,直到全部构成要件事实被认定成立,法官才能形成最终心证,做出当事人所主张的全部要件事实成立的事实判断,并在此基础上进行确当的规范适用。在此过程中,若对方当事人提出相反事实,还涉及对相反事实的证明,形成并公开临时心证,对临时心证展开进一步的充分商谈等类似的过程,然后才能形成最终心证。在原告所主张的请求权的全部构成要件事实被最终认定为成立后,若对方当事人主张有抗辩权,则对于抗辩权之构成要件事实,也须经过相同的证明,形成并公开临时心证,对临时心证展开进一步的充分商谈以及形成最终心证的过程。

就以上所分析的证明活动的应然样态来看,法官随时公开其临时心证,乃是事实发现过程的必然要求。即使不是采诉审商谈主义的民事诉讼构造观,对法官谨慎裁判的要求,也意味着心证的随时公开。在诉审商谈主义的构造观下,要求法官所认定的每一事实都必须是诉审双方充分商谈的结果,因此更要求法官采心证随时公开主义。基于此,在诉审商谈主义之诉讼构造观下,有必要明确提出并认真建构心证随时公开主义的程序法理,以使法官的心证能够随时呈现于当事人面前并接受当事人的质疑和论辩要求,从而确保法官之最终心证,乃是诉审各方充分商谈的结果。提出心证随时公开主义的法理,或者说令法官充分践行心证随时公开的义务,不仅有助于法官最终所认定的事实最接近真相,最能为当事人所接受,而且由于法官的心证形成过程始终保持透明和公开,并随时接受当事人的质疑和论辩,从而法庭辩论终结之时,亦是作为裁判之基础的事实确定之时。如此即可一改传统民事诉讼中所谓合议庭秘密合议的暗箱操作,使得秘密合议制因失去任何法治的价值而从此消除,进而可在最大程度上抑制法官的恣意擅断。更重要的,是可以排除法庭之外的非正当性因素对于法官认定事实活动的干扰,确保法官之事实认定活动,真正是独立和公正的,真正是符合自由心证之"自由"二字所要求的。当然,这里的自由,乃是作为诉审商谈之程序品格的自由。

2. 法官法律观点充分阐明义务

与心证随时公开主义相对应的,是法官的法律观点充分阐明义务,前者在事实性商谈领域内展开,后者在规范性商谈的领域内展开。但是,如我之前所指出的,事实性商谈和规范性商谈仅仅在观念上可以分开,而在实践中则是同时或者交叉进行的。我在前面讨论法官的裁判上突袭时,曾经将法官擅自变更诉讼标的行为作为适例之一。若是为法官设定法律观点充分阐明义务,则此种规范适用领域的裁判上突袭,将不会发生。

我在前面分析规范性商谈与事实性商谈之实践上统一展开的情形时,曾以规范出发型诉讼为例考察了在事实与规范之间所发生的诠释学意义上的循环问题。其实在事实出发型诉讼中,在事实与规范间也同样发生着类似诠释学意义上的循环。只不过在规范出发型诉讼,是先从规范出发开始循环;而在事实出发型诉讼,则先从事实出发开始循环。具体来说,在规范出发型的诉讼中,法官首先须将当事人所主张之具体事实,与其所初步寻找到的规范所描述之抽象要件事实,进行比较,若发现初步相合,方能令当事人对于其所描述之事实,依规范对于要件事实之要求,展开证明。若在开始即发现当事人所主张之事实,与初步寻找到的规范所描述之事实,相去甚远,则要么令当事人变更请求权(须程序法上允许请求权变更),要么驳回当事人诉讼请求。根本无进一步展开证明之必要。在认为当事人主张的事实与规范描述之抽象要件事实初步相合后,随着当事人证明的展开,法官即开始其"在大前提与生活事实间之眼光的往返流转"过程。随着此种比较的不断展开,当事人所主张之事实与规范所描述之抽象要件事实间契合与否,逐渐明朗,直至法官认为二者间是否相合已经可以确定,裁判之基础亦随之成熟。而在事实出发型诉讼中,是在事实既定的前提下,法官展开规范的寻找。其通过类型化思考后,可初步确定当事人主张之事实应当归属于何种法律调整领域,例如属于契约上问题,还是属于物权领域之问题,或者属于侵权法调整之领域,或者属于人格法、身份法、知识产权法乃至婚姻继承法所调整之领域。接下来法官的眼光又回到事实,经过更加详细之检视后,再在所确定的法律领域内寻找可适用于该事实的规范群落。然后再回到事实问题上进一步详细分析,最后根据事实与已寻找到的规范群落中具体条文所描述的抽象要件事实相合之程度,确定最终应当适用的规范。①

在以上描述的规范出发型诉讼和事实出发型诉讼中所发生的诠释学意义上的循环,并非由法官单独完成,而是由法官和当事人共同完成。法官在事实与规范间进行比对时,须给予当事人就事实与规范间联系充分表达意见的机会,并允许当事人对于法官找法之结果提出质疑或进行论辩,以使事实与规范间诠释学循环之最终结果,乃是当事人与法官商谈的成果。这样看来,诠释学意义上的循环运动,不仅发生于事实与规范之间,还发生于当事人和法官之间。基于此,法官在每一轮循环之成果出现之后,即应向当事人阐明其对于规范适用的观点,然后当事人充分表达其意见;若二者间未能达成共识,则应进入下一轮循环,诉审之间再行论辩,如此反复进行,直到诉审之间就规范适用问题达成共识。为此,法官每有关于规范适用之观点,即应随时向当事人阐明,以使诉审之间的商谈即时展开;而当事人亦应将自己有关规范适用之观点,随时向法官声明。就当事人而言,因纠纷事涉自己利益,所以无需督促,即有着将法律观点向法官声明的充分动机。而法官则有不同,在审判的历史上,法官若不是神灵

---

① 参见段厚省:《司法中的诠释学循环——发现事实与寻找法律的基本方法》,载《南京师范大学学报(社科版)》2012年第1期。

的代表,便是世俗权力的代表,其权威性一向不容置疑。即使在采规范主义的法治时代,法官因程序法上对其有着消极中立的要求,唯恐公开其法律观点威胁其超然中立地位,因此对于法律观点的公开,态度极其谨慎保守,倾向于高高在上,除为法庭指挥之必要外,对于内心所思往往闭口不言。以为司法权威之外观就是表情呆板,类若木鸡;又以为司法权威之内涵就是独裁专断,追求司法神秘主义。此种传统司法观念实大谬也。像这样的司法神秘主义,除了能够维持法官形式上的中立地位外,对事实发现和规范寻找曾有任何积极意义吗?既不能使所发现的事实更加接近真相,也不能使所适用之规范更加接近确当。因此,在诉审商谈主义的程序构造观下,应彻底打破司法神秘主义,为法官设定法律观点充分且随时阐明义务。此一义务将与心证随时公开主义一起,促进法官言语表达的真实性和真诚性,进而使裁判所认定的事实和所适用的规范都是诉审商谈的成果,是当事人和法官的共识,因而裁判也会实现兼顾确定性与合理可接受性的理想。且法官法律观点充分阐明义务与随时阐明义务,与心证随时公开主义一样,有打破合议庭秘密合议这种暗箱操作式裁判的功能。因为规范适用是当事人和法官之间商谈的结果,因此在法庭辩论结束后,关于事实认定和规范适用的共识已经形成并固定,庭后合议已无任何必要,从而排除了庭外之非正当性因素对于裁判的干扰。

五、作为商谈成果的可预测性裁判

之前我在讨论哈贝马斯关于司法裁判领域的商谈理论时,曾经提到,哈贝马斯在结束他的论述时指出:"……而法庭的法律商谈则结束于一个程序法的真空,因而判决的做出就仅仅取决于法官的职业能力:'关于取证的结果,法庭根据其得自整个审理过程的自由信念而做出决定'(《刑事诉讼法》第261条)。"[①]我因此指出,哈贝马斯关于司法中的商谈法理

---

① 〔德〕哈贝马斯:《在事实与规范之间——关于法律和民主法治国的商谈理论》,童世骏译,三联书店2003年版,第290页。此处哈贝马斯所援引的德国《刑事诉讼法》第261条的规定,可能是因为翻译的问题,与其他文献中的表述并不一致。例如,李昌珂翻译的1995年出版的《德国刑事诉讼法典》中,第261条的表述是:"对证据调查的结果,由法庭根据它在审理的全过程中建立起来的内心确信而决定。因此,哈贝马斯所援引的第261条中的"自由信念",就是李昌珂译文中的"内心确信",这也是证据法学领域的通常理解。参见《德国刑事诉讼法典》,李昌珂译,中国政法大学出版社1995年出版。

的论证是不完善的——他认为商谈不是因取得有效的成果而结束,而是结束于一个"程序法上的真空",也就是法官自由心证下的内心确信。但是,根据我在前面对心证随时公开主义的讨论,最终的事实,不仅仅是法官内心确信的事实,也是当事人接受的事实——当法官公开其最后的心证后,当事人再也提不出更多的意见。基于心证随时公开主义,法官最后所采认的事实,乃是诉审商谈的必然成果,并非法官综合庭审全部资料的内心独白。因此,在心证随时公开主义下,不存在所谓程序上的真空。而根据我在前面关于法官之法律观点充分阐明义务的讨论,则裁判所适用的规范,也是诉审商谈的必然成果,因此也非法官独白的结果。在这种情况下,当诉审之间的商谈活动完成后,裁判的结果已然形成,因此不等裁判公布,当事人已可预测乃至知晓裁判的内容。也即,在通过诉审间商谈而完成事实与规范间诠释学意义上的循环时,事实之认定和规范之适用即被固定——所谓规范适用方案的最终固定,表现为当法官在公开最终心证的同时,公开其规范适用的最终方案,而当事人对法官最终心证以及规范适用的最终方案,均提不出任何新的意见——基于此,事实问题和法律问题,均是随着诉审商谈的程序展开而得到解决,法庭之合议已在诉审商谈过程中以公开透明的方式完成——合议庭成员随时公开其心证和法律观点,因此庭后秘密合议这种司法神秘主义的产物已无任何必要。如此也就可以消除法庭合议这种程序上的黑箱,保持民事诉讼程序的全程公开,保证裁判文书上所涉及的全部事实问题和法律问题,都是诉审之间商谈的结果,从而消除法官恣意擅断以及法庭外非正当因素干扰裁判结果的任何机会,使法官能够摆脱组织的桎梏和传统司法场域的约束,真正实现依法公正裁判。因而诉审商谈的程序构造,乃是最能够保证程序公正和实体公正的程序构造。

第五章
诉审商谈主义的中国境遇

第一节 既有程序建制与诉审商谈主义

通过本书前四章的阐述，我已经在本体论的意义上初步建构了诉审商谈主义的民事诉讼构造观。我在建构这一民事诉讼构造观时所追求的价值目标和所遵循的研究路径，也都体现在本书前四章的论述之中。这一章所要探讨的，是在我国当下的时空境遇中，这一理想的具有纯粹性质的民事诉讼构造观是否能够寻找到它生存的土壤。我们需要考察的内容主要分为两个方面：一个方面是，我国当下时空环境中既有的一些特殊因素将会对诉审商谈主义的民事诉讼构造观产生什么样的影响；另一个方面是，诉审商谈主义作为一种理想的民事诉讼构造观，又将如何反作用于这些特殊因素。由于本书篇幅所限，我在这里不可能就诉审商谈主义与我国当下时空环境中各种直接和间接因素之间的作用关系进行详尽的考察，只能选择其中一些比较突出的和直接的因素来进行分析。通过对我国当下司法实践的观察和思考，我认为，如果要在我国确立诉审商谈主义的民事诉讼构造观，首先需要直面的，是我国当下既有的民事诉讼程序建制、人民法院高度组织化以及司法场域资本交易化这三个现实因素。以下我分别就诉审商谈主义与上述三个因素之间的作用关系，进行讨论。

民事诉讼乃是一种具有高度实践性的活动，若我们建构出来的具有纯粹性质的诉审商谈主义的民事诉讼构造观，既不能见容于中国当下的程序建制，又不能改造中国当下的程序建制，则它的实践价值就无法体现。如欠缺了实践价值，这一理论就失去了意义。但我的分析将指出，之于我国当下的程序建制和司法实践，我们不仅可以从诠释学的视角在其中寻找到一些有利于商谈的情境,而且还可以在诉审商谈的理想引导下来改造既有的程序建制和司法实践,从而创造出向理想状态更加靠近一些的言谈情境,以使诉审之间能够展开尽量充分的商谈。

一、既有程序建制的构造变迁

我国既有的民事诉讼程序建制,并非在诉审商谈主义的理念下展开其构造。从我国民事诉讼建制史来看,我国的民事诉讼程序,最先属于高度职权主义的构造,之后经历了一个职权主义逐渐淡化,当事人主义逐渐增强的变迁过程。

1982年通过的《民事诉讼法(试行)》在第2条规定:"中华人民共和国民事诉讼法的任务,是保证人民法院查明事实,分清是非,正确适用法律,及时审理民事案件,确认民事权利义务关系,制裁民事违法行为,保护国家、集体和个人的权益,教育公民自觉遵守法律。"此条虽然自称是对民事诉讼任务的规定,但就其内容来看,仅是针对审判权运作的目的而作的规定,并未对当事人的诉权目的有所涉及,因此可以说其所秉持的是典型的法官独白式的诉讼构造观。虽然该法在第5条规定:"人民法院审理民事案件,必须以事实为根据,以法律为准绳;对于诉讼当事人在适用法律上一律平等;保障诉讼当事人平等地行使诉讼权利";在第10条规定:"民事诉讼当事人有权对争议的问题进行辩论。"但其所表达的,乃是当事人之间的地位平等和论辩机会,而不涉及诉权与审判权之间的论辩问题。

至1991年,新通过的《民事诉讼法》关于"民事诉讼任务"的规定有了重要改变。该法第2条规定:"中华人民共和国民事诉讼法的任务,是保护当事人行使诉讼权利,保证人民法院查明事实,分清是非,正确适用法律,及时审理民事案件,确认民事权利义务关系,制裁民事违法行为,保护当事人的合法权益,教育公民自觉遵守法律,维护社会秩序、经济秩序,保障社会主义建设事业顺利进行。"我们可以看出,上述条款的重要改变之一,是将"保护当事人行使诉讼权利",作为民事诉讼法的首要任务规定了下来。这是1982年《民事诉讼法(试行)》所没有的。这样的改变意味着民事诉讼在任务上从完全忽视当事人的诉讼权利,转变为不仅开始重视当事人的诉讼权利,而且将保护当事人的诉讼权利摆在了首位。相应的,该法在第 8 条规定:"民事诉讼当事人有平等的诉讼权利。人民法院审理民事案件,应当保障和便利当事人行使诉讼权利,对当事人在适用法律上一律平等",进一步突出了当事人之间在诉讼权利上的平等。另外,在关于法院调解的内容上,1982 年的《民事诉讼法(试行)》第 6 条规定:"人民法院审理民事案件,应当着重进行调解;调解无效的,应当及时判决";而 1991 年《民事诉讼法》则在第 9 条规定:"人民法院审理民事案件,应当根据自愿和合法的原则进行调解;调解不成的,应当及时判决。"从着重调解到根据自愿与合法的原则进行调解,也反映出诉权地位的不断提高。2012 年通过的民事诉讼法修正案,一方面要求法院对于当事人的起诉,必须给予回应,从而进一步提高了诉权的地位;另一方面又在总则中增加了当事人诚信原则,同时规定检察机关有权对当事人的诉讼行为进行监督,反映出在诉权地位不断提高的同时,立法者对于当事人滥用诉权的担忧。

在上述立法变迁期间,自 20 世纪 90 年代开始的民事审判方式改革,在司法实践的层面上继续改变着我国司法实务界的民事诉讼构造观。从总体上看,这种以审判方式改革为名义的变化,呈现出不断淡化原有的较强的职权主义诉讼构造观,而向当事人主义诉讼构造观靠拢的趋势,而且这种趋势一直延续到肖扬担任最高人民法院院长的整个两届任期。但是,对于当下既有的民事诉讼程序构造,到底是职权主义仍然偏多一些,还是当事人主义已经占有优势,或是在法官职权和当事人诉权之间已经形成了某种平衡,根据我在本书第一章中对既有各种民事诉讼构造观的考察,学界认识并不一致。而且,对于未来我国民事诉讼构造应采何种取向,学者们之间也有分歧。

二、民事审判方式改革中的商谈因素

1998 年,最高人民法院发布《关于民事经济审判方式改革问题的若干规定》(以下简称《改革规定》),内容包括关于当事人举证和法院调查收集证据问题、关于做好庭前必要准备及时开庭审理问题、关于改进庭审方式问题、关于对证据的审核和认定问题、关于加强合议庭和独任审判员职责问题以及关于第二审程序中的有关问题等。其中改革色彩较浓的举措有多项。首先,规定了一些具有促进当事人间交往行为的举措,这些举措除了对民事诉讼法原有的关于当事人陈述、当事人辩论和举证责任规定的进一步强调和细化外,还增加了两项具有一定突破性的举措,分别是关于证据交换和解明义务的规定。前者体现在第 5 条第 7 项中,该项规定:"案情比较复杂、证据材料较多的案件,可以组织当事人交换证据";后者体现在第 30 条中,该条规定:"有证据证明持有证据的一方当事人无正当理由拒不提供,如果对方当事人主张该证据的内容不利于证据持有人,可以推定该主张成立。"其次,《改革规定》中的一些内容还涉及一些促进诉权和审判权之间展开交往行为的举措,这些规定包括举证告知、争点归纳、庭审小结以及庭审总结等。其具体内容是:(1)在第 2 条规定:"人民法院在送达受理案件通知书和应诉通知书时,应当告知当事人围绕自己的主张提供证据"。(2)在第 8 条第 5 项规定:"在法庭陈述结束和法庭调查开始前,审判长或者独任审判员归纳本案争议焦点或者法庭调查重点,并征求当事人的意见";第 14 条规定:"法庭决定再次开庭的,审判长或者独任审判员对本次开庭情况应当进行小结,指出庭审已经确认的证据,并指明下次开庭调查的重点"。(3)在第 16 条规定:"法庭调查结束前,审判长或者独任审判员应当就法庭调查认定的事实和当事人争议的问题进行归纳总结"。以上规定,具有明显地促进法官履行阐明义务和进行心证公开的意义。此外,《改革规定》第 12 条关于认证的规定,"经过庭审质证的证据,能够当即认定的,应当当即认定;当即不能认定的,可以休庭合议后再予以认定;合议之后认为需要继续举证或者进行鉴定、勘验等工作的,可以在下次开庭质证后认定。未经庭审质证的证据,不能作为定案的根据",也具有促进当事人和法官做出交往行为,而抑制其策略行为的意义。但是,以上规定,主要限于事实发现方面,关于法律适用问题,未有任何促进当事人之间或者诉审之间展开交往行为的较为明确的要求。相反,《改革规定》还严禁法官与当事人之间进行法律适用方面的交流,例如其在第 19 条明确规定:"法庭辩论时,审判人员不得对案件性质、是非责任发表意见,不得与当事人辩论。"可见,这一轮的民事审判方式改革主要限于事实发现领域,而未涉及法律适用的领域。换言之,关于法律的适用,仍然被视为属于法官专享的特权,属于法官独白的领域,不准当事人有所置喙。

此种主要限于事实发现领域的民事审判方式改革持续进行着。2001

年,最高人民法院颁布的《关于民事诉讼证据的若干规定》(以下简称《证据规定》),实际上是对1998年《改革规定》精神的延续。较之《改革规定》,《证据规定》除了进一步细化其举措外,还增加规定了举证时限(第33条)和证据失权(第34条)制度,并对《民事诉讼法》第125条第1款规定的"新的证据"之范围做了严格限制(第41条),此在促进当事人之交往行为而抑制其策略行为方面,具有重要意义。在促进法官之交往行为方面,《证据规定》也有更新的举措,主要是在明确了法官可以通过自由心证来判断事实的同时,对法官提出了心证公开的要求。例如,《证据规定》在第64条规定:"审判人员应当依照法定程序全面、客观地审核证据,依据法律的规定,遵循法官职业道德,运用逻辑推理和日常生活经验,对证据有无证明力和证明力大小独立进行判断,并公开判断的理由和结果"。结合《证据规定》第79条的要求来理解,也就是:"人民法院应当在裁判文书中阐明证据是否采纳的理由。对当事人无争议的证据,是否采纳的理由可以不在裁判文书中表述",似乎前述心证公开,只能是在裁判文书中的公开。而若结合《改革规定》第12条对法官认证问题的要求来理解,前述《证据规定》第64条要求的心证公开,似乎也应当包括庭审过程中的公开。《改革规定》第12条规定的内容是:"经过庭审质证的证据,能够当即认定的,应当当即认定;当即不能认定的,可以休庭合议后再予以认定;合议之后认为需要继续举证或者进行鉴定、勘验等工作的,可以在下次开庭质证后认定。未经庭审质证的证据,不能作为定案的根据。"结合以上条文来理解,既然要求法官必须公开证据有无证明力和证明力大小的判断,而又允许法官当庭认证,那么法官在当庭认证的时候,当然要公开其关于证据有无证明力和证明力大小的判断,因此法官之心证公开,应当包括庭审过程中的公开。

以上所列《证据规定》的若干举措,仍然属于事实发现的领域。但是在规范适用领域,《证据规定》也开始有所涉及。这主要体现在《证据规定》第35条的内容中。该条规定:"诉讼过程中,当事人主张的法律关系的性质或者民事行为的效力与人民法院根据案件事实做出的认定不一致的,不受本规定第三十四条规定(关于举证时限的规定——作者注)的限制,人民法院应当告知当事人可以变更诉讼请求。当事人变更诉讼请求的,人民法院应当重新指定举证期限。"这一规定意味着当法官对于案件所应适用的法律规范,与当事人的观点不一致时,有义务将其法律观点向当事人进行阐明。此一规定虽然没有明确当事人可就法官所公开的法律观点进行论辩,但是也没有对当事人的论辩可能予以禁止。换言之,若是法官公开其法律观点后,当事人不是顺应法官要求变更其原有的法律观点,而是据理力争,则其基于理由的充分性而改变法官的法律观点,并非没有可能。如此,则规范适用领域的论辩,已渐显雏形。

根据以上分析,民事审判方式改革已经给既有的民事诉讼程序建制带来了某些商谈性因素。这些商谈性的因素,主要还集中在事实发现领域,且目的在于促进当事人之间商谈的因素居多,促进诉审之间商谈的因素较少。但是不管怎么说,这些商谈性因素的存在,使得在既有程序建制内展开实践性质的商谈,有了一些可能。

三、既有程序建制内的商谈空间

民事诉讼本来就是当事人之间在某些民事权益上发生纷争而诉至法院才引起的程序活动,当事人之间纷争的存在,意味着仅靠当事人之间的商谈已经无法达成共识,因此才诉求审判权的介入,以强制性地解决纷争。这就使得诉讼中的商谈看起来似乎存在一些天然的障碍。首先,当事人是因为相互之间的商谈无法达成共识,才诉求审判权的介入,如果在审判权介入后,仍然要求当事人之间继续展开商谈,在共识的基础上解决争议,那么审判权介入的意义何在?其次,当事人将纷争提交给法院,其目的就是要求审判权以其强制力来对纷争做一个决断,若是要求审判权也加入商谈,则审判权的强制性体现在何处?但是,通过诉讼解决纠纷,意味着是通过将法律规范适用于纷争事实,来使纠纷获得解决。将规范适用于纷争事实,则意味着所发现的事实应当尽量接近真相,所寻找的规范,应当尽量准确。而当事人之间以及当事人和法官之间的论辩,比起法官的独白来说,显然更有利于案件事实的发现,也更有利于法律规范的寻找。道理很简单,就是"真理愈辩愈明":充分的论辩可以为参与者提供充分的信息作为判断的基础。此为其一。其二,如我们之前所讨论的,民事裁判不仅要实现其在规范领域的确定性、唯一且自洽性,还要实现合理可接受性,否则民事判决难以产生吸收当事人乃至社会不满情绪的功效,纷争也难以得到真正的化解。由于立法语言的高度抽象性和具体个案事实的特殊性,即使在发现真相的基础上,关于法律的适用都有可能存在着不同的理解,而在作为裁判基础的事实可能偏离真相的情况下所进行的规范适用,就更有可能在当事人之间以及诉审之间产生分歧。基于此,在通过商谈而达成的共识基础上所进行的裁判,则能够使其合理可接受性最大化,也即裁判吸收不满的功效最大化。关于这一点,我在第三章第三节提出诉审商谈主义时,已经进行了详细的讨论。而根据我在本节稍前一点的分析,我国民事诉讼程序既有建制,已经内含着一些有利于商谈的因素。因此,在既有程序建制内展开商谈,不是没有可能,只是商谈的程度不一定充分而已。

根据我在前面的分析,既有程序建制在促进当事人交往行为和抑制当事人策略行为方面,是采较为积极态度的。事实上传统民事诉讼,无论形成其建制的历史、文化、政治、经济、社会甚至地理因素为何,也无论其目前所具有的程序构造特征为何,在致力于促进当事人交往行为和抑制其策略行为方面,一直是不遗余力的。与此相应的传统民事诉讼法理也是这样。只是在关于审判权是否也需要介入商谈这一问题上,传统民事诉讼程序建制和程序法理,在态度上较为保守。换言之,传统民事诉讼关于交往理性的需求是单向的,仅对当事人提出交往理性的要求,而没有对法官提出交往理性的要求。其中的原因,无非是诉审之间在地位上的不平等。人类在遭遇自身不能解决的困境时,往往试图寻找身外的超人类力量。他们先是向神求助,因此有了神判。神既然是超人类的力量,那么作为人的当事人和作为法官的神之间的地位当然是不平等的。之后,当神灵被世俗的权威取代后,世俗的权威既然是权威,他在主持诉讼时自然具有高于作为普通人的当事人的地位。即使在进入现代法治文明后,法官因为代表着法律共同体的整体意志,其在地位上也被认为高于代表个人利益的当事人。因此,直到当下,诉审平等的观念也仍然难以被接受。但是,我们所说的诉审之间的商谈,并不是简单地要求审判权去权威化,而是要求在程序法所划定的空间内,在事实的发现和规范的寻找方面,审判权和诉权应当以同样的理性来充分表达其意见,以论辩的方式来取得共识。诉讼既然是当事人说服法官的过程,那么这种说服和回应,当然是以诉审之间取得共识为目的,因此在性质上也是一种交往行为。基于此,为什么对当事人提出交往理性的要求,而对法官却不做相同的要求呢?

交往乃是双方的互动,若只有当事人一方具有交往理性,法官可以不具有交往理性,那么达成共识的过程必然是困难重重的。反之,若对法官也提出交往理性的要求,则达成共识的可能性就会大大增加。而且在我看来,在基于交往理性而达成的共识的基础上进行裁判,只会增加而不会减损裁判的权威,因为在共识的基础上所做出的裁判,才是最具有可接受性的裁判,也就是我们通常所说的当事人心服口服的裁判。因此,对法官提出交往理性的要求,是符合民事诉讼的解纷目的和认识规律的。

因此,我们看到,传统民事诉讼中忽略法官交往理性的情况在逐渐改变。现代程序法的建制和程序法理对法官也提出了交往理性的要求,例如对于法官阐明义务的要求,对于法官心证公开的要求,虽然主要限于事实发现领域,但是至少证明事实发现领域的诉审商谈已经具有实践上的可能性。基于此,我们可以最大限度地利用现有程序建制的空间,使诉审之间先在事实性商谈方面有所作为。就我在前面分析的既有程序建制对于法官阐明义务和心证公开的要求来看,《改革规定》中规定的法官的争点归纳是允许当事人进行论辩的,而庭审小结、庭审总结和当庭认证则没有明确许可当事人论辩。但是《改革规定》也没有明确禁止当事人对庭审小结、庭审总结和当庭认证提出异议,这意味着在庭审小结、庭审总结和当庭认证问题上,是有着展开诉审商谈的实践空间的。庭审小结、庭审总结和当庭认证等对于法官的要求,虽然还不是对心证随时公开主义的践行,但是其对法官心证公开的要求已经提前至法庭调查阶段。此一阶段围绕着庭审小结、庭审总结和当庭认证而展开的诉审之间的商谈,显然有利于案件事实的发现,也有利于诉审之间在作为裁判之基础的事实问题上达成共识。这是就在既有程序建制内展开事实性商谈的实践可能性而言。

在规范性商谈方面,如前所述,虽然《改革规定》严禁法官参与当事人之间的辩论,但是《证据规定》第35条的规定,已经提供了要求法官阐明其法律观点并接受当事人异议的可能性。目前至少在这一点上,存在着进行规范性商谈的可能性。这是其一。其二,我在前面分析诉审商谈主义的程序要义时曾经指出,事实性商谈和规范性商谈只是在观念上可以分开,在实践的层面,二者乃是交叉进行或者同时进行的。这样,事实性商谈的展开,必然要对规范适用的领域产生影响。例如,在进行事实性商谈时,主要围绕着规范之构成要件事实存在与否而进行,而所谓规范构成要件,其前提是规范的确定。因此在展开事实性商谈前,须对将要适用的规范进行寻找。而在初步确定了规范后,又要在事实和规范间展开诠释学意义上的循环运动。如此一来,要将事实问题和规范问题在实践上完全分开是不可能的。这样一来,事实性商谈活动必然要延伸至规范领域。因此,即使程序在建制上还不承认规范性商谈,但规范性商谈却在实践中不可避免地进行着。

根据以上的分析,我们可以看出,在我国既有程序建制的空间内展开一定程度的诉审商谈运动,不仅是可能的,也是正在实践着的事实和发展的趋势。

四、以诉审商谈主义改造既有程序建制

我在前面的分析所得出的结论是,我国既有的程序建制已经具有一部分商谈因素,因此在既有程序建制内可以展开一定程度的诉审商谈的实践。但是上述结论也仅仅表明在我国既有的民事诉讼程序建制及其实践中存在一定的商谈因素,而不是说既有的程序建制已经为诉审之间的商谈提供了接近理想的言谈情境。因此,在这里讨论能否在诉审商谈主义的构造观下改造既有的程序建制,使得未来的民事诉讼程序建制能够为诉审之间的商谈提供一个接近理想的言谈情境,还是有其实践意义的。我们在这里要讨论的,主要是在诉审商谈主义的程序构造观下改造既有程序建制的可能性和必要性问题。就可能性来说,我们在之前的考察中发现既有程序建制及其实践中已经存在一定的商谈因素,这说明诉审商谈主义的程序构造观并非空中楼阁,而是有着现实的基础。同时也说明,既有的程序建制及其实践是向诉审商谈主义的构造观开放的,因此是有着向理想的诉审商谈主义构造观靠近之可能性的。就以诉审商谈主义的程序构造观来改造既有程序建制的必要性来说,既然当下的程序构造及其实践还没有为诉审之间的商谈提供接近理想的言谈情境,则要充分实践诉审商谈主义的程序构造观,就需要对既有的程序构造及其实践进行改造。因此改造一说,不仅具有可能性,也具有必要性。

根据我们之前的分析,传统民事诉讼程序在敦促当事人做出交往行为方面一直是不遗余力的,而它们在法官是否也应当践行商谈理性方面,则态度保守。因此我在这里所说的改造,恐怕主要应当围绕着如何敦促

法官践行交往理性而展开。根据我在第四章第二节的分析,涉及敦促法官践行交往理性,目前需要做的,主要有三点:

第一,在程序性商谈方面,主要是立案阶段,应为当事人提供商谈的机会,要求必须进行立案登记,并给予当事人登记证明和收件清单。若是法官拒绝立案,必须做出裁定,并进行充分说理,以使当事人获得通过上诉审展开商谈的机会。我们欣慰地看到,最新修订过的民事诉讼法第123条,已经对此有所体现。

第二,在事实性商谈方面,为法官设定心证随时公开义务。为此,应在民事诉讼法总则中将心证随时公开主义列为基本原则之一,并且在审判程序中设定具体程序规则:一是在当事人陈述结束后,要求法官通过庭审小结公开其对双方当事人关于事实问题的争议焦点的看法,并给予当事人异议机会,展开此一阶段的诉审商谈。关于这一点,《改革规定》中已有要求,因此无论在观念上还是实践中,都已没有障碍,下一步要做的无非是将其列入民事诉讼法中而已。二是在法庭调查阶段,法官对于任何证据方法和具体事实所形成的心证,应当随时向当事人公开,并给予当事人异议机会,展开法庭调查过程中的诉审商谈;在法庭调查结束后,法官再做庭审小结,将关于证据方法和全部事实的心证公开,仍然给予当事人异议机会,完成法庭调查阶段的诉审商谈。三是在事实审之法庭辩论阶段,法官亦须随时公开其关于事实的新看法,并与当事人展开商谈;在法庭辩论结束后,法官应就其全部关于事实的心证予以公开,并给予当事人展开诉审商谈的机会。在《改革规定》中,法官被严禁介入法庭辩论。但是我们可以就此追问:当事人之间展开法庭辩论的目的是什么?当事人进行法庭辩论的目的乃是说服法官,而不是说服对方。如果法官因为听取当事人辩论意见后形成新的关于事实问题的心证,而又不向当事人公开,则当事人就失去了在事实问题上说服法官的最后机会。如此一来,法庭辩论的价值就遭到了减损。因此,法官在此一阶段,仍有必要公开心证,并接受当事人的商谈要求。在事实审法庭辩论结束后,诉审之间在本级程序关于事实问题的商谈,就全部结束。但是结束的前提,乃是诉审之间通过之前的不断商谈,已经形成了关于事实问题的共识。

第三,在规范性商谈方面,为法官设定法律观点充分阐明义务。此一要求,也应当列入民事诉讼法的基本原则之中。然后在诉讼程序与非讼程序的具体建构中,再设相应的程序规则。一是在立案阶段,立案法官应当公开其对当事人之诉请的法律性质的认识,给予当事人异议的机会,展开诉审之间的商谈,最后在共识的基础上确定诉讼标的。二是在当事人陈述结束后,法官应公开其对于当事人双方争议的诉讼标的的看法,并给予当事人异议机会,展开诉审之间的商谈,允许当事人就诉讼标的或者具体诉讼请求再做最后的变更(此后即应坚持讼争一成不变原则,不再允许当事人变更诉讼标的和具体诉请)。三是在法庭辩论阶段,法官形成任何关于本案规范适用方面的观点,均应随时向当事人公开,以便引导当事人集中关注辩论的焦点。关于要求此一阶段法官法律观点公开的理由,与前述要求法官在此一阶段随时公开其心证的理由相同。在法庭辩论结束后,法官则应将其关于规范适用的全部观点向当事人充分阐明,并给予当事人异议机会,接受当事人商谈的要求,并通过商谈达成关于规范适用的共识。

通过以上的程序安排,相信绝大部分案件可以在共识的基础上做出裁判,从而其裁判也是最能够满足唯一正确性与合理可接受性的裁判,进而是最能够吸收当事人不满,真正达到"案结事了"之解纷目的的裁判。

目前,民事诉讼法已经完成新一轮的修订。此轮修订争议颇多,学界对立法机关公布的修订案褒贬不一。在最新修订的民事诉讼法中,当事人的诉权地位有所提高,这主要体现在要求法院对当事人的起诉必需给予明确回应的条文中。诉权在整个民事诉讼构造中地位的提高,当然有助于诉审之间商谈的展开。此外,修订后的《民事诉讼法》在第13条第1款明确要求:"民事诉讼应当遵循诚实信用原则"。该条在第2款规定的是当事人的处分权利。从法解释学的角度理解,这里的诚实信用原则,主要是对当事人行使诉权的要求,例如防止滥用诉权,进行恶意诉讼或者诉讼欺诈的行为。基于此,我们可以说新的民事诉讼法对于当事人之言语行为,正式提出了陈述的真实性和表达的真诚性要求,这当然有助于诉审商谈的顺利展开。因此我们可以说,最新修订的民事诉讼法,虽然没有明确以诉审商谈主义作为其修订之要旨,但是基于民事诉讼行为本身所具有的商谈性质,民事诉讼法的修订却不可避免地向着促进诉审商谈的方向趋近。而且,根据张卫平教授的解释,诚信原则不仅应当适用于当事人,同样也应当适用于法官的诉讼行为。① 若我们承认张卫平教授的理解是准确的,那么可以说民事诉讼法关于诚实信用原则的规定,也对法官在民事诉讼中的言语行为提出了陈述真实性和表达真诚性的要求。这样就更能体现出今次修订的民事诉讼法正在不自觉地向着诉审商谈主义的构造理想靠近。当然,我们目前还看不出修订后的民事诉讼法有更多的进一步促进诉审商谈的举措,而且在修订理由中,我们也没有看到有关诉审商谈主义的思想。这说明,目前一轮的修订,主要还是沿着传统程序建制的既有构造观展开。但无论如何,从我之前的分析可以看出,我国民事诉讼法在制度的建构上,正在朝着诉审商谈主义的理念靠拢。我希望在可以预见到的将来,经过学界和实务界的共同努力,无论在程序建制中还是在诉讼实践中,诉权和审判权各自都能够获得更大的自由空间,且其相互之间能够进一步趋于平等并臻于理性,从而使诉审商谈主义能够由理想化为现实。

第二节 人民法院高度组织化与诉审商谈主义

一、人民法院的高度组织化②

(一)公共组织理论的基本观点

公共组织理论是有关政府部门的组织及其运作的基本原理和方法。作为地球上的一种动物,人类是带着生理上的本能需求降临到这个世上的。人类不能离开外部资源而生存,因而需要生产,需要改造生存环境。在强大的自然力量面前,个人因渺小而能力有限。要进行能动的生产,就需要分工与协作。此种分工与协作,就带有组织的性质。因此我们可以说,从进化成社会性动物开始,人类就进入了漫长的组织化生活。最初的组织依据血缘和伦理关系进行构造,此后则又加入地缘关系的因素。由人组成的组织随着人类社会的发展而不断大型化、复杂化。从人类社会

---

① 张卫平:《民事诉讼中的诚实信用原则》,载《人民法院报》2012 年 9 月 12 日,http://civilprocedurelaw.cn/html/jcll_1180_2732.html,2012 年 10 月 14 日浏览。
② 关于人民法院高度组织化的观点,我在《证明评价原理——兼及对民事诉讼方法论的探讨》(段厚省、张峰著,法律出版社 2011 年版)一书之第二章第三节中已有阐述,这里是对本人观点的再次重申。

的发展来看,最初的组织由于带有血缘和伦理的关系,在组织内部天然地形成了不平等的等级结构。而在社会治理日益复杂化、进入国家状态的时候,在短暂地经过一段原始民主社会后,即开始了漫长的不平等的社会。在此期间,社会公共组织内部等级日趋森严,官僚体制日趋复杂与精致。公共组织不仅牢牢控制着社会公共事务,即使在私人生活领域,人们也无时无处不感觉到公共组织的存在。此种状态一直延续到现代民主社会。现代民主社会只是改变了人们参与公共生活的方式,却并没有将人们从组织中解放出来,只不过建构公共组织的理念依据,从血缘关系转化成了契约关系而已。

进入资本主义社会后,社会组织日益分化为公共组织和私营组织两大主要形态。私营组织以利润最大化为其目的,在组织构造和运作的理念上以技术、控制、效率等工具性价值优先。而公共组织在构造和运作的理念上则产生了分歧。公共组织从其最初的起源来看,即是工具理性的产物,技术、控制、效率这样的价值一直是其追求的理念。建基于价值理性的组织,多限于宗教性组织。但是在现代民主社会,对于公共组织来说,除了上述建基于工具理性的价值外,建基于价值理性的自由与正义、公平与参与等价值,也无可避免地摆在其面前:是像私营组织一样优先考虑工具理性,还是像现代民主政治所标榜的那样,优先考虑价值理性? 此二种选择,均存在趋避冲突,且是多重冲突。① 这种抉择上的难题,一直是现代公共组织理论和公共行政理论争论不休的话题。那些有关公共组织和公共行政的理论,不是各持一端,便是试图调和,此外无他。②

---

① 抉择上的困难在心理学上被称作心理冲突。心理冲突可以简单分为四类:(1)双趋冲突,指在两个有利的选项中择其一的困难,也即在"鱼和熊掌不可兼得"时,如何进行选择的冲突。(2)双避冲突,指在两个不利的选项中进行选择的困难。例如在"要么下油锅,要么跳火坑"的情形下的选择困难。(3)趋—避冲突,指在待选项利弊兼有的情形下进行选择时的困难。(4)多重冲突,指上述几类冲突交织在一起的情形,包括双重趋避—冲突的情形。参见〔美〕Dennis Coon、John O. Mitterer 著:《心理学导论——思想与行为的认识之路》(第11版),郑刚等译,中国轻工业出版社2008年版,第575—578页。这里所描述的冲突,虽然是从心理学的角度进行的观察,但是其原理具有一定的普适性。在国家政制和社会治理方面,也常常会遇到此类抉择上的困难。

② 参见〔美〕罗伯特·B. 登哈特:《公共组织理论》(第3版),扶松茂、丁力译,中国人民大学出版社2003年版。

（二）作为一种公共组织的法院

上述有关公共组织的理论,研究的对象主要是公共行政部门。但是,法院作为执行审判权的机关,又何尝不是国家治理组织化的结果？国家权力本是统一的,为了能够使国家权力得到践行,才划分为不同的权力。法治发达国家最为普遍的做法,是依孟德斯鸠三权分立的思想,将国家权力划分为行政、立法和司法三种,分别由不同的部门行使,并通过制度的安排,在它们之间形成制衡。此种分权与制衡的制度安排,显然是国家治理组织化的一种形态。而执行这三种国家权力的立法、行政和司法机关,既然是机关而不是个人,那么其自身也是一种组织。由于它们执行的是国家权力,服务对象是全体国民,因此在性质上均属公共组织。这三种组织,各有其不同的内部结构和运作方式,所追求的价值理念也有区别。立法机关专司法律制定和其他两机关首脑或主要成员的任命,因此其在价值理念上,强调对国家整体利益的追求和对国内不同利益集团之间的需求平衡。基于此,立法机关在运作方式上,主要体现为代表不同立场的议员之间的对话与商讨。行政机关是国家法律和政策的执行机关,在价值理念上追求迅速、准确地执行法律和政策,最大可能的使法律和政策的目标得以实现。因此其在运作方式上,往往以精致复杂的官僚科层制为基本特征,强调权威与服从。法院是对行政机关执行法律的行为和私人之间遵行法律的行为进行评价并作出最终决断的机关,在法院拥有违宪审查权的国家,它还要对立法机关的行为进行评价和作出最终决断。基于此种特殊职责,法院将真相和正义作为其最高价值。在运作方式上,强调精英主义,要求以法院名义主持审判的法官,须能深刻体会和把握所处社会阶段的正义理念,灵敏捕捉和协调所处社会阶段的各种价值观念,并使诉讼程序本身符合正义要求。因此,立法机关和行政机关主要遵循工具理性,而法院则往往坚守价值理性。

基于此,理想状态下的法院,在组织结构上与立法机关及行政机关有着显著不同。第一,法院内部不应以官僚科层制作为其纵向结构,法官之间不应存在纵向的权威—服从的关系。法官仅服从自己所理解和感受到的社会正义理念,此外再没有令他屈服的权威。第二,法官之间在横向上应是相互独立的关系,任何法官对其他法官所作裁判应当尊重。虽然在同一个合议庭内,由于合议争执的可能而不得不采多数决方式裁判案件,但是少数观点不得被强行压制,仍然可以自由表达。第三,对于法院来说,在正义面前,效率应当退居其次。在具体案件中,对于如何裁判,法官应当有充分时间思考。为了追求正义而导致效率低下可能会使司法救济变得昂贵,但即使如此,此种昂贵的正义也应坚守。第四,法官应有独立思想和自由精神,任何其他个人或者组织,均不得干预法院的独立地位,更不得对承审法官施加压力。

(三)人民法院的组织结构

我国人民法院则有所不同。2006年修订的《人民法院组织法》第3条规定:"人民法院的任务是审判刑事案件和民事案件,并且通过审判活动,惩办一切犯罪分子,解决民事纠纷,以保卫无产阶级专政制度,维护社会主义法制和社会秩序,保护社会主义的全民所有的财产、劳动群众集体所有的财产,保护公民私人所有的合法财产,保护公民的人身权利、民主权利和其他权利,保障国家的社会主义革命和社会主义建设事业的顺利进行。人民法院用它的全部活动教育公民忠于社会主义祖国,自觉地遵守宪法和法律。"基于此,我国的法院乃是依工具理性,为达成"无产阶级专政"的目标而设置。在这一点上与其他国家机关无异。在法院前冠有"人民"二字,也足以说明我国法院与其他国家法院的不同。我国所谓"人民",与一般理解之人民在含义上并不相同。其本是一政治上用语,与"敌人"相对。既然是"人民"的法院,则对于作为人民对立面的"敌人"就难有正义而言。而在多数情况下,被当作"敌人"者,也具有我国国民身份。此即意味着,在一国之内,对于不同的国民,法院可以并且必须给予不同的待遇。

以下我分别就法院内部各级组织形态进行分析。法院在其内部,从高到低,又分为三级组织:法院、审判庭与合议庭(或者独任法官)。审判庭可视为法院的次级组织,合议庭又是次于审判庭的一级组织。在三个层次的组织中,合议庭(独任法官)直接主持诉讼程序,面对当事人,审判庭一级与法院一级组织与当事人的距离渐次拉开。以下根据它们与当事人的距离,从合议庭开始,依次试做分析。

第一,关于合议庭。合议庭是承审具体案件的审判组织。除独任法官外,合议庭是当事人在诉讼程序中有机会直接面对并就案件事实问题与法律问题与之交流的唯一的审判组织。其他如庭一级的庭长和庭务会以及院一级的院长和审判委员会,都不是当事人能够通过诉讼程序来与之直接交流的主体。审判庭一级组织和院一级组织在裁判形成中可能发挥着决定性的作用,但它们对于当事人来说是隐形的,既不出现在诉讼程序中,亦不体现于裁判文书中。因此对于当事人来说,独任法官与合议庭就代表着法院,他们的一言一行,均被视为法院的态度。

在过去,合议庭是为了承审具体案件而临时设立的组织,在这一组织中,设有审判长一人,以主持庭审。进行合议时,采少数服从多数制,为避免合议平衡,合议庭成员设为单数。但依制度规定,审判长不仅有主持庭审职责,并且有将案件经层层报告提请审判委员会讨论的权力。此种权力的赋予,遂使审判长成为合议庭中权威。假设在审理某一具体案件中,审判长的观点属于少数派,他根据制度的安排可以拒绝服从多数,而申请将案件提交审判委员会讨论。在审判委员会那里,审判长可以据理力争,以求裁判依自己观点做出。合议庭中其他成员则无此权力,若其观点属于少数派,即须服从多数观点,不得坚持。或者他虽然坚持自己观点,但只能予以保留,不影响裁判依多数观点做出。这是制度上就合议庭中权威—服从关系的安排。此种安排,使得合议庭议事已经不纯粹依循少数服从多数的原则,而掺入民主集中的成分,集中的权力在审判长身上。

以上是就临时合议庭而言。民事审判方式改革后,各地法院采行固定合议庭制度。据此,合议庭不再是根据承审具体案件的需要临时组成,而是事先就按照专业分工组成相对固定的合议庭。属于某合议庭专业分工领域内的案件,专由该合议庭审理。此时,已不再是合议庭随案件走,而是案件随合议庭走。此种固定合议庭,仍然设审判长一人,其职责未变。但是审判长已不是临时指定,而是常设职位。此一职位的固定,意味着审判长的权威亦被长期固定,其结果是进一步强化了审判长的权威,并使合议庭内其他成员的地位更加弱化。合议庭议事规则中集中的成分更大。

当然,由于担任审判长职务的法官,一般都是较为资深的法官,所以其权威并不仅仅由职位带来。但因专业娴熟而带来的权威是不具有强制性的,容许其他法官挑战。而因职位带来的权威,则有一定的强制性,一般不容挑战。如此一来,案件审理裁判的过程及其结果,就更加依赖于审判长的审判经验和法律功底,合议庭内其他成员对于审判长的制衡作用也相应地进一步减弱,沦为审判长在审判活动中的助理和顾问。从而制度上所设定的合议庭成员平等投票的多数决机制事实上已经失灵,合议制掺入了审判长独任的成分。即使合议庭其他成员也可能是专业上的权威,但是此种权威不构成对审判长依制度所形成的权威的挑战,亦不可能打破审判长一人独大的局面。

但是,在合议庭内,案件也可能由不同的成员作为主要的承审法官。当审判长不担任具体案件的承审法官时,他虽然在程序上仍然是该案件合议庭的审判长,但一般会更加尊重具体承审法官的意见。不过这并不意味着审判长的权威受到挑战或者审判长的权力受到了制约。审判长在必要时仍然可以排除承审法官的意见,使案件裁判依自己的观点做出。最高人民法院于 2010 年 1 月 11 日发布了《关于进一步加强合议庭职责的若干规定》(以下简称《若干规定》)第 3 条规定:"承办法官履行下列职责:(1)主持或者指导审判辅助人员进行庭前调解、证据交换等庭前准备工作;(2)拟定庭审提纲,制作阅卷笔录;(3)协助审判长组织法庭审理活动;(4)在规定期限内及时制作审理报告;(5)案件需要提交审判委员会讨论的,受审判长指派向审判委员会汇报案件;(6)制作裁判文书提交合议庭审核;(7)办理有关审判的其他事项。"从中可以看出,就制度安排而言,承办法官主要是协助审判长进行庭审活动,案件处理的最终决策权仍然保留在审判长手中。

第二,关于审判庭。审判庭是高于合议庭而次于法院的一级组织,主要是根据审判活动专业化的需要而在法院内部建构的二级组织形态。此一级组织的首长是庭长,庭长之下又设有数量不等的副庭长,分别对庭内某一方面的事务负责。在采行固定合议庭制度后,审判庭内又根据业务需要分为数量不等的合议庭。

审判庭虽然按照审判业务来划分,但是作为一级组织,必然存在管理问题,包括案件管理和行政性管理。这些事务与审判活动一起,均由庭长负总责,庭长则向分管副院长和院长负责。由庭长负总责,意味着庭长在审判业务和行政性事务两个方面,均有决定性发言权。亦即,在具体案件审理和裁判方面,庭长具有决定权或者于法定情形下请求分管副院长或院长提请审判委员会讨论之权;在庭内法官晋升、副庭长和审判长之任命方面,则具有建议权。此种建议权意义极大,因为院长或者分管副院长多是从庭长那里获得对各庭内法官的认识,庭长的建议往往左右着他们在法官晋升和相关职务任命方面的决策。由此,庭长即成为审判庭这一级组织中最具权威者。其权威一是来源于对审判活动的干预权,二是来自对法官晋升的建议权。前一种权力,使得庭长可以直接干预法官的司法裁判活动,后一种权力,使得庭长可以间接干预法官的司法裁判活动。

　　庭长直接干预法官的司法裁判活动,可以通过多种方式。第一,对于重要案件,或者属于庭长业务上娴熟之案件,庭长可以参加合议庭,并依制度上安排直接担任审判长。以审判长之身份主持庭审活动,并做出具有结论性的判断。若合议庭其他成员有不同意见且为多数,庭长可行使审判长之职权,依制度上安排,层层提请审判委员会讨论决定。或者,庭长不以审判长身份,而以庭长身份直接决定司法裁判之结果。第二,庭长在不担任合议庭审判长时,可以通过审判庭内议事机制来干预案件。此类议事机制就是庭务会讨论案件机制。此种议事机制,一般也依循民主集中制的原则运作。也即庭务会成员可以各自表达意见,依多数意见来做出决策,但是庭长具有最终的决定权。对于主审法官或者庭长认为疑难复杂之案件,其审判过程于实质上均可延伸至庭务会,并在会议上做出相关结论。前述最高人民法院于2010年1月11日发布的《若干规定》第7条规定:"除提交审判委员会讨论的案件外,合议庭对评议意见一致或者形成多数意见的案件,依法作出判决或者裁定。下列案件可以由审判长提请院长或者庭长决定组织相关审判人员共同讨论,合议庭成员应当参加:(1)重大、疑难、复杂或者新类型的案件;(2)合议庭在事实认定或法律适用上有重大分歧的案件;(3)合议庭意见与本院或上级法院以往同类型案件的裁判有可能不一致的案件;(4)当事人反映强烈的群体性纠纷案件;(5)经审判长提请且院长或者庭长认为确有必要讨论的其他案件。"这样看来,审判庭内对于案件进行讨论的机制已经正式被最高人民法院承认并且制度化。虽然该条同时规定"上述案件的讨论意见供合议庭参考,不影响合议庭依法作出裁判",但是合议庭对于庭务会的意见又怎么可能予以拒绝呢?第三,庭长在制度安排上一般有签发案件之权。也即对于庭内全部案件或者部分被认为重要的案件,其裁判在做出之前,须报请庭长审查同意。例如二审应改判的案件,一般须庭长签字同意,以示慎重。第四,极端情形下,庭长可以强行干预独任法官或者合议庭对具体案件的审判活动,直接改变独任法官或合议庭对于具体案件的裁判意见。①

此外,副庭长在审判庭内的权威虽然低于庭长,但其基于相应职位所获得的权威,对其分管领域内之案件审判活动,亦有着相当的影响力。

审判庭内这种权威—服从的关系,是整个法院权威—服从关系的缩影,其本身也是法院权威—服从型组织构造的一个部分。因此庭长或副庭长对于具体案件审判活动之干预,兼有利弊。庭长与院长不同,院长有时候由党政领导岗位转任而来,不一定具有法律专业知识和审判经验,而庭长往往成长于法院内部,且一般具有丰富的审判业务经验,或者被认为具有较为深厚的法律功底。因此在审判庭中,庭长往往同时还是审判业务上的权威。此种情形下,其对具体案件审判活动的干预,有可能促进案件裁判更加公正,而庭长若不当运用其权威,则难免弊生。

第三,关于法院。在法院一级,由制度上看,有权力干预审判活动的,有院长和审判委员会。但依制度上安排,院长对审判活动的干预,是将案件依法提交审判委员会讨论。因此在制度上,法院一级具有干预审判活动职责的组织,是审判委员会。当然,院长作为法院权力核心,对法院全部审判活动负责,其对审判活动的干预,自然也是不可避免。基于类似理由,副院长作为院长助手,也对各自分管领域内的审判活动负责,因此也有干预审判活动的机会。

首先,就审判委员会来看,其在制度安排上乃是法院内最具权威

---

① 笔者在基层法院调研时就曾发现有此情形。

之组织,依《人民法院组织法》第 10 条的规定,"审判委员会的任务是总结审判经验,讨论重大的或者疑难的案件和其他有关审判工作的问题。"因此,审判委员会有权对任何案件的审判活动进行干预,干预范围可以是事实发现问题,也可以是法律寻找问题,还可以是相关程序问题。但是,作为法院内一个次级组织,审判委员会不是主动对个案审判活动进行干预。一般情况下,在案件审理遇到重大或者疑难问题时,经承审法官上报至庭长,再由庭长或者庭长经召开庭务会决定,再上报至院长或者分管副院长,由院长或者分管副院长签字提交审判委员会进行讨论。在此一层层上报的过程中,有关问题会经层层审查,若能在某一级得到解决,便不会再上审判委员会。因此最后提交审判委员会讨论的,一般情况下确是重大或者疑难案件。

依《人民法院组织法》第 10 条的规定,地方各级人民法院审判委员会委员,由院长提请本级人民代表大会常务委员会任免;最高人民法院审判委员会委员,由最高人民法院院长提请全国人民代表大会常务委员会任免。因此审判委员会成员,在法律上具有专门地位。被任命为审判委员会委员的法官,多数确是熟谙法律且富有审判经验者,因此在被任命为审判委员会委员之前,已经在法院内取得相应的权威地位。在被任命为审判委员会委员后,又进一步增加了新的权威(例如本来具有行政领导权力序列中的权威,在被任命为审判委员会委员后,又具有了法律业务方面的权威),或者进一步巩固了既有权威(主要是法律专业方面的权威)。审判委员会委员的权威,主要体现在法律业务方面。一般情况下,具有审判委员会委员头衔者,在法院内都较受尊重。其对于个案在事实发现和法律寻找方面所提意见,承审法官均须重视。

审判委员会成员之间在制度上是平等的,有着同样的表达意见的机会。但是在他们之间,实际权威和影响力的大小存在差异。行政级别较高者,因其在权力序列上的权威,而在审判委员会成员中拥有更高的权威;年长且德高望重者,因资历上的权威,也会在审判委员会成员中拥有较大的影响力;虽然年轻但是法律专业娴熟,审判经验丰富,或者拥有较高学历或相关荣誉称号,因其拥有较多的符号资本,也可能在审判委员会中形成自己的影响力。此外,那些在未来有较大机会拥有更多权力资本者,也会给审判委员会带来不同的权威格局。

在审判委员会成员中,最具权威者莫过院长了。依《人民法院组织法》第 10 条的规定,审判委员会议事采民主集中制。所谓民主集中制,也即审判委员会成员可以对案件自由发表看法,出现争议时,依多数意见决定,无法形成多数意见时,由院长决定。据此,院长在审判委员会中占据决定性位置。这意味着,在某一级法院内,院长不仅是行政权力上的权威,也是审判业务上的权威。他在审判业务方面的权威是法定的,不是自然形成的,因此也是不容挑战的。即使有因审判业务娴熟而自然形成的权威加入审判委员会,也不得对抗院长在重大疑难案件上的观点,哪怕院长是从行政或党务部门调来的根本不懂法律的人。但是通常情况下,院长在审判委员会讨论案件时,并不会随意动用其权威。主要原因是审判委员会成员在讨论案件时,大多情况下能够形成比较统一的意见或者形成多数意见,院长因此较少有机会动用其权威。在审判委员会成员未能形成多数意见时,院长也不一定会凭其权威地位单独提出与众不同的意见,而是表达出其对某一种意见的倾向性,以其权威来引导一致意见的形成。或者院长利用其主持审判委员会的优势,首先发言,或明或暗地表达其观点,出于对院长在行政权力上权威的尊重,其他成员有可能跟随附和,从而以院长的观点为核心形成多数意见或者一致意见。

审判委员会成员各自的权威,在不同问题上会有不同的影响力。提交审判委员会讨论的案件,可能存在法律上的疑难问题,也可能存在事实上的疑难问题。对于法律上的疑难问题,包括程序法律和实体法律上的疑难问题,那些有着良好法律素养或者熟谙法律和政策并有着娴熟的纠纷处理经验的成员,会发挥更大的影响力。而对于事实上的疑难问题,则更加依赖于审判委员会成员的生活经验和参加审判工作的资历。因此那些被认为有着丰富的事实判断经验和深厚资历的成员,会发挥更大的影响力。但是这只是相对而言。因为对一般生活事件存在与否的判断,直接承审案件的法官应该更具优势。而且,被当做疑难问题提交审判委员会讨论的事实问题,多数与法律掺杂在一起。例如对于意思表示真实性以及意思表示内容的判断,或者对于主观心理状态的判断,需要结合法律对于构成要件的规定,娴熟运用诠释学方法,方能做出较为妥当的判断。在作出某种判断后,如何进行充分说理,也需要较高的法律素养。此种情形下,审判委员会中那些受过严格法律方法论训练的学院派成员,应能发挥更大的作用。

实践中的情形往往要更加复杂。一方面,在审判委员会讨论的案件中,事实问题和法律问题往往交织不清;另一方面,审判委员会成员来自不同的审判庭,在法律专业分工日益细微的今天,他们往往只熟悉某一方面的法律知识,若讨论的问题不在其专长之内,他的能力无法支持其在短暂的会议时间内提出比承审法官更有价值的观点。但好在实践中提交审判委员会讨论的案件,往往是合议庭或者审判庭无法形成较统一意见的案件,在汇报案件时,承审法官往往将不同意见分别列出,审判委员会成员只需要对其中一种意见做出选择。在两种哪怕是更多意见中进行选择,比提出自己独立的意见要容易很多。这样,在审判委员会成员听起来更加合理的意见,一般就会成为他们支持的意见。事实上很多法官愿意或者主动提出将案件提交审判委员会讨论,目的也正在于此。当其在复数的选择前无法决断时,或者其中任何一种选择都难以充分说理时,将案件提交审判委员会进行讨论并作出选择,就将裁判存在错误的风险,转由审判委员会集体承担。实践中审判委员会在法官心目中并不像一些学者们所认为的那样令人生厌,其原因主要就在这里。

其次,就人民法院的院长和副院长来看,他们作为法院这一公共组织内部的最高权威,即使不通过审判委员会,也能够对本院内的审判活动施加影响。院长本来就对全院审判活动负有总责,但就制度上的安排而言,院长主要是对法院审判活动进行宏观政策上的贯彻。其对于个案审判活动的干预,制度上的途径有二,一是将案件提交审判委员会讨论,二是直接加入合议庭担任审判长。关于院长将案件提交审判委员会并主持审判委员会进行讨论,我在前面已经做了分析。而院长直接加入合议庭担任审判长的案件,一般是院长认为重大、复杂、社会影响较大或者具有某种先例价值的案件。院长的加入意味着法院在事实发现和法律寻找上的慎重态度,或者院长希望将自己的观点直接在审判过程中体现出来。当然,如果是按照法院内部管理制度上的规定,院长每年要例行参加审理若干数量的案件,则又另当别论了。

实践中院长还可以通过其他一些途径干预个案审判。其中比较常见的是对案件审判活动发出批示,对承审法官或者合议庭提出某种方面的要求。院长对个案审判活动进行批示，原因复杂。有时候是因为案件本身重大、复杂或者社会影响较大或者属于所谓的新类型案件，需要慎重处理，或者在审判效率以及法律适用上有所要求；有时候是因为院长受到了其他一些因素的干扰，需要对案件审判活动进行相应的控制。院长的批示有时候很明确，主要是对政策要求的强调，或者是对承审法官谨慎认真等态度上的要求，也有直接就案件审理效率或者法律适用提出要求的，例如要求从重、从快判处等。但是在多数情况下，院长的批示是模糊而微妙的，需要接受批示者细心琢磨，以求发现院长倾向性观点。分管副院长作为次级权威，在自己所分管的领域内，也具有相应的权威，从而可以利用此一权威地位，对个案的审判活动进行干预。其对个案审判活动的干预，和院长相似，一般也是通过直接参加合议庭、听取案件汇报和做出批示以及建议将案件提交审判委员会讨论来实现，只是其干预的范围限制在分管领域。

　　院长和分管副院长对于个案审判活动的干预，除了参加合议庭外，其他方式的干预，所起的作用主要是消极的，仅在特别情况下有其积极意义。因为此种情形下院长和副院长并未直接参加庭审，对案件资料信息的了解不够全面，据此所形成的对案件事实认定和法律适用方面的倾向性很难保证正确。而且在很多情况下，院长和副院长的干预压力和干预动机，往往来自一方当事人社会关系网络的运作，干预之目的是使裁判偏向一方，从而完全违背司法权独立公正的理念。即使院长或者副院长参加合议庭担任审判长直接主持庭审，由于其基于权力资本所形成的权威，合议庭其他成员也很难有勇气提出与其相左之观点，从而合议机制失灵，裁判往往依其一人之意见做成。

　　此外，院长和副院长对于个案审判活动的干预，不是法定程序的组成部分，而且多是在双方或者一方当事人不知情的情况下进行，易构成对当事人裁判上突袭。之所以说是突袭，一方面是对于此种干预，当事人既不知情，也难以发表其意见；另一方面是因为此种干预的结果，往往与当事人依据诉讼资料和法定程序所能合理预测之结果相距甚远。此种突袭，使得审判权的运作不受诉讼程序约束，亦不受辩论主义约束，而是一种暗箱操作，亦即遵循的是无法见光之"潜规则"。诉讼程序表面的公开性和公正性，与裁判结果形成的秘密性与不公正性之间，存在强烈反差。作为显规则之正当程序,不仅化为具文,更似欺骗当事人之谎言。因此院长或副院长对于个案审判活动之非程序性干预,必然会对司法权威造成无可挽回之损害,亦从根本上破坏公众对于法治的信心。

(四) 作为组织成员的法官

在法院这样的公共组织中,法官乃是最为基础的成员。他们对于自己身处的法院这样的公共组织既有依赖,也有服从。

首先,作为组织成员的法官,对于自己所身处的组织有着固有的依赖。我国法律职业与大陆法系其他国家有些相似,也即习法者一旦进入某种行业,便基本上不会再有横向上的变动。例如一旦进入法院,可能就会在法院里工作一辈子。一旦进入检察院,可能就会在检察院工作一辈子。一旦从事律师行业,则最大的可能也是一直做一名律师。期间所发生的变化,主要是职务或者职级的逐级晋升,这体现为在行业内的纵向变迁。在横向上,法官、检察官或者律师之间很少发生职务上的交流。这与英美法系区别很大。在英美法系,法律职业是对法官、检察官、律师以及政府或者企业法律职位的统称,一个人最初从事了某种法律职业,并不代表他未来将固定在这种法律职业中。在律师、检察官和法官之间,会发生频繁的流动。资深的律师或者检察官,有可能因其资历和成绩而被任命为法官。用美国学者的话说,就是在英美法系,法律职业是 legal profession,而在大陆法系,则是 legal professions。

法律职业上的相对稳定乃至固定,较之法律职业的高度流动性,就不同的法治模式来说,其优劣如何,难以评价。但是,对于法官来说,法律职业的稳定乃至固定,则意味着他对所属法院的依赖性增强。在法律职业比较稳定或者说固定的情况下,当习法者进入法院并且准备终身从事法官职业的时候,他会更加慎重对待乃至敬畏法院这一公共组织的内部行为规则。因为他要终身从事这一职业,不大可能因为不满法院内的一些管理制度以及行为惯例而离开法院,因此他要强迫自己接受这些制度和惯例,逐渐适应这些制度和惯例,以至于最后偏爱上这些制度和惯例,直到自己无法离开这些制度和惯例。法官们从进入法院工作的那一天开始,对于法院的依赖性逐年增强。法官对法院依赖性愈强,愈是珍惜自己在法院的职位;愈是珍惜自己在法院的职位,又愈趋向于维护法院的利益和法官们的共同利益。此种心理趋向,使得法官在审理和裁判的时候,首先考虑的不是充分保障当事人的程序权利和实体权利,而是维护法院的组织利益和因为依附于法院而给自己带来的成员利益。若依法或者依真相裁判不利于法院组织利益的维护或者不利于法官成员利益的维护,法官即有可能背离法律或者真相进行裁判。

其次,在制度安排上,法官作为组织的成员,也必须服从组织的决策。法院作为一种公共组织,有着自己的目标和任务,为了实现其目标和任务,需要作为组织成员的法官以及辅助人员相互配合,听从统一的安排和调遣,不得偏离组织的目标和任务,或者妨碍组织目标和组织任务的实现。

鉴于法院这一公共组织的特殊性,我国《法官法》在第7条规定:"法官应当履行下列义务:(1)严格遵守宪法和法律;(2)审判案件必须以事实为根据,以法律为准绳,秉公办案,不得徇私枉法;(3)依法保障诉讼参与人的诉讼权利;(4)维护国家利益、公共利益,维护自然人、法人和其他组织的合法权益;(5)清正廉明,忠于职守,遵守纪律,恪守职业道德;(6)保守国家秘密和审判工作秘密;(7)接受法律监督和人民群众监督。"同时在第32条规定"法官不得有下列行为:(1)散布有损国家声誉的言论,参加非法组织,参加旨在反对国家的集会、游行、示威等活动,参加罢工;(2)贪污受贿;(3)徇私枉法;(4)刑讯逼供;(5)隐瞒证据或者伪造证据;(6)泄露国家秘密或者审判工作秘密;(7)滥用职权,侵犯自然人、法人或者其他组织的合法权益;(8)玩忽职守,造成错案或者给当事人造成严重损失;(9)拖延办案,贻误工作;(10)利用职权为自己或者他人谋取私利;(11)从事营利性的经营活动;(12)私自会见当事人及其代理人,接受当事人及其代理人的请客送礼;(13)其他违法乱纪的行为。"这些有关法官行为规范以及法院内部组织管理制度等方面的规定,要求法官必须无条件服从。因此作为组织成员,法官首先必须按照组织规定的行为规范行事。

在具体的审判活动中,法官作为组织成员,还须做到另外两种服从:一是对执政党中央或者最高人民法院随时出台的司法政策的服从;二是对处于组织内更高阶层因此也拥有更大权力者的服从。就执政党中央或者最高人民法院的司法政策来看,其对于司法活动总体上的要求,不一定符合个案正义的需要,有时候还会与个案正义产生冲突。例如"严打"的刑事政策下,对某些刑事案件从重从快裁判的要求,未必能够促进个案真相的发现和法律适用的正确,相反却有可能使得个案在真相未明的情况下就被裁判,而且对法律的适用也未必最为恰当。又例如在鼓励调解的民事司法政策下,一些本来可以通过裁判顺利解决的案件,也被要求尽量以调解结案,最后反倒造成纠纷解决效率的低下和当事人合法权益保障的弱化。就在组织内部居于高阶因而拥有更多权力的成员也就是大小不等的领导们来看,其权威非来源于法律专业方面的能力,因此他们对个案处理所做出的指示,未必会促进个案正义的实现,有时候反而会使得个案裁判偏离正义。但法官作为法院的成员,则必须服从。

一方面,组织的基本规则是权威与服从的关系。下级成员必须服从上级成员的意志,否则就违背了组织管理的基本制度,违背了组织成员的行动规范。组织成员因此会受到相应的惩罚。另一方面,即使在内部管理规则的设计上,允许法官拒绝其上级领导的意志,但是由于其上级领导掌握着他在法院中的命运,他基于对法院这个公共组织的依赖,也不得不依领导的意志行事。例如依立法上规定,独任法官以及合议庭有权对案件做出裁判,但若庭长或者院长以非法律允许的方式,直接或者间接地、明示或者暗示地表达其对于案件的观点,则独任法官或者合议庭法官往往须按照庭长或者院长的观点进行裁判。

二、人民法院高度组织化对诉审商谈的阻碍

诉审商谈主义的目的,在于打破法官独白式的裁判,使裁判建立在当事人和法官充分商谈的基础上,进而使裁判的结果是当事人和法官经过充分商谈后所形成的对于个案正义的共识。为此,我在第四章第一节提出诉审商谈的程序应当具有平等、自由、理性和自治这四种品格,以确保商谈的程序能够真正获得展开,并确保裁判的内容是诉审之间商谈的结果。在阐述程序的自由品格时,我曾指出,在诉审商谈的程序构造中,诉权和审判权都应当享有充分表达意见的自由。此一自由在内涵上,至少应当包含独立、开放和宽容这样一些内容,而其中独立之要求又应当排在首位。因为若参与法官在履行职责的时候不独立,而是处在法庭之外的力量操控之下,他就不能够自由地表达意见,或者他若要自由地表达意见,则会给他带来严重的职业风险。而在法庭审判活动中,参与庭审的正

是作为个体的法官,哪怕是合议庭审理,依制度的安排,各合议庭成员也应当能够独立地发表意见和做出判断。只有参与庭审的法官能够充分地表达意见,其在内心关于案件事实问题的判断和关于案件法律问题的观点才能够向当事人公开展示,从而当事人也可以有针对性地发表意见,如此才是诉审商谈的应然状态。但是在人民法院高度组织化的情形下,诉审商谈活动至少会在以下三个方面发生扭曲和变形:

第一,虽然参与商谈的法官能够自由地表达意见,但是他却没有决定案件的最终权力,决定案件裁判的是法院这样整个的一个公共组织,甚至决定案件裁判的是比法院更高的执政党的社会治理组织。如此一来,法官向当事人表达的意见,就不一定代表组织的意见,因此也是对裁判的结果不具有决定意义的意见。但当事人却只能够与参与庭审的法官展开商谈。这意味着此时所发生的商谈,并非真正意义上的诉审商谈——道理很简单,与当事人进行商谈的法官,不能完全代表审判权,审判权是由整个组织享有的,个体的法官甚至合议庭的观点随时都有不被组织承认的风险。换言之,人民法院的高度组织化有使诉讼商谈虚伪化的风险,而在诉审商谈虚伪化后,经过这种虚伪的商谈所产生的裁判仍然是独白式的裁判——不是法官的独白,而是组织的独白。也即,人民法院高度组织化的现实,使得参与庭审的法官欠缺独立地位,其言语行为不具有真诚性,使得商谈活动完全或部分地沦为走过场。

第二,假设参与商谈的法官被要求表达组织的意见,也就是他的意见有可能与组织的意见保持一致。在此情况下,至少从表面上看,组织是作为一个整体来行使审判权并与当事人展开商谈。但是这种商谈已经偏离理想的诉审商谈的状态。在理想的状态下,无论是审判权还是诉权的意见,都在法庭上公开和即时地表达。但是人民法院作为一个组织,它的意见有着组织所要求的产生机制和表达机制。因此组织的意见不可能即时形成,也就不可能对诉权所表达的意见作出及时的反馈。如此一来,诉审商谈的程序效率必然要降低。此为其一。其二,组织的判断是在参与庭审的法官向组织转述的庭审信息的基础上形成,而这种经过转述的信息是不完全的,是经过过滤的。因为参与庭审的法官只是将他认为是疑难的和复杂的问题向组织汇报,而过滤掉他认为是简单的或者不重要的问题。组织在这种不完全的信息基础上所形成的意见,就有可能是对诉权所表达的意见的不够准确的回馈。这样就阻碍了诉审之间的共识顺利达成,或者使诉审之间所达成的共识实际上是虚伪的共识。因此人民法院作为公共组织所固有的意见形成和表达机制中存在的弊端,有可能使展开商谈所必须的言语行为有效性要求中的陈述的真实性之要求落空,从而使商谈的结果偏离诉审双方所真正追求的目标。

这种因为承办法官向组织所转述之信息的不够充分和不够准确而导致虚伪共识或者商谈的目的落空,主要表现在事实性商谈中。在事实性商谈中,法官作为力求发现事实的一方,乃是因为其通过直接参加庭审来听取法庭辩论的全部意旨,考量法庭出现的全部证据资料的基础上,形成其关于事实认定的心证。有时候,直觉和经验在心证形成过程中也会发挥重要的作用。但是,组织作为一个由个体成员组成的机关,很难用一般的发现事实的规律去要求它,去约束它。凡是未直接参加庭审却参与事实判断的组织成员,其对于事实的认识都是建立在由承办法官转述的间接信息的基础上。他们所获取的信息既然是不充分的甚至不准确的,那么他们对于事实的判断也很难说是准确的。且若参与判断事实的不同的组织成员形成的心证不一样,那么最后被组织所表达的事实判断,很可能就是组织成员相互妥协的一个结果,或者是组织结构中居于上端者的判断。无论如何,这种判断结果都与证据法所要追求的目标不一致。这是就事实性商谈而言。即使是在规范性商谈中,也会发生类似的问题。由于其他组织成员或者组织机关乃是在承办法官转述的事实的基础上来探讨规范的适用问题,那么他们在事实信息不充分或者不真实的基础上所作出的规范适用的结论,也未必是最为符合个案庭审中所应发现的事实的。

第三,组织化必然是以官僚科层制的方式生存,因此在组织成员之间存在着阶层划分,居于上一阶层的组织成员可以通过其所掌握的权力来支配下级成员的行为。在人民法院高度组织化的情形,像院长、副院长、庭长、副庭长等,都可以运用其在组织中的地位,来对具体承办案件的法官发出指示,或者直接改变承办法官的决定。这些能够左右承办法官意志的组织成员,当他不是具体个案庭审的参与者时,本来是不应当有机会与诉权对话的,因为他们并非个案审判权的行使者。但是,由于他们的地位,却可以隐在幕后对享有对话机会的承办法官发号施令,干预正常的诉审商谈活动。如果他们的干预出于对理性商谈的促进,那么这种干预对商谈的消极影响会小一些甚至没有消极影响,如果他们的干预是对正常商谈活动的干扰,那这种干扰就可能会破坏正常的商谈进程,阻碍共识的达成。法院内部科层制固然潜藏着破坏商谈的风险,而整个中国社会治理体制的高度组织化,更是时刻潜藏着阻碍诉审之间正常商谈的风险。由于审判权不够独立,以至于一些法院之外的权力拥有者也可以随时干预审判活动。这种干预往往通过法院内部的科层制安排来实现。这种潜藏在组织化的司法场域中甚至法院之外的更大的社会场域中的对于诉审商谈的干预,实质上是使商谈理性中所要求的表达的真诚性甚至表达的合法性这种要件遭到破坏,从而导致商谈无法在理性中展开,甚至根本无法展开商谈。就我国的司法现状来看,像这样的事情我们见到的已经太多了。

三、诉审商谈主义对人民法院高度组织化的消解

承认人民法院的高度组织化将会成为诉审商谈的阻碍性因素,并不意味着我们在人民法院的高度组织化面前无能为力,任由商谈的理念自生自灭。相反,根据商谈理性来设计的程序本身,具有对抗法院的组织化弊端、保障诉审商谈可以顺利展开的内在潜质。

我在之前曾经对理想状态下的法院做过如下这样的描述:法院内部不应以官僚科层制作为其纵向结构,法官之间不应存在纵向的权威—服从的关系;法官之间在横向上应是相互独立的关系,任何法官对其他法官所作裁判应当尊重,不得因观点不同而说三道四;对于法院来说,在正义面前,效率应当退居其次;法官虽身处闹市,但应有独立思想和自由精神。任何其他个人或者组织,均不得干预法院的独立地位,更不得对承审法官施加压力,等等。我对理想状态之法院的描述,并非虚无缥缈的臆想。实际上这样的法院正是法治发达国家所一直追求的目标,且他们也在很大程度上实现了这一目标。我这样说所要表达的意思是,审判机关的高度组织化,并非法治发达国家均有的状态,而是法治不发达的国家——也许主要是我国——的一种特例。而这种特例又与法治的目标根本相悖。这意味着,审判机关的高度组织化,既是应当被否定的,也是有可能被否定的。在当前无法直接否定人民法院高度组织化的情况下,我们完全可以

通过对诉讼程序的合理设计,来消除人民法院高度组织化对于诉审商谈所带来的障碍。而我之所以如此充满信心,一个重要的原因就是,我国的民事诉讼程序设计,在很大程度上乃是或者不得不是对域外法治发达国家之制度与经验的借鉴,而我们所借鉴来的这些制度和经验,恰又在事实上对审判机关高度组织化持有否定的立场。换言之,我国的民事诉讼程序与人民法院的高度组织化,并非水乳交融的关系,在更大程度上也许是一种相互否定的关系。在这种相互否定的态势下,我们若是将制度建设的重点和目标放在法院的高度组织化一侧,则民事诉讼程序所秉持的理念和目标就会被阻碍甚至否定;反过来,若是我们将制度建设的重点和目标放在民事诉讼程序一侧,则法院高度组织化所欲追求的目标也有可能被阻碍或者否定。因此,若我们下决心在诉审商谈的理念下来建构民事诉讼程序,那么这种程序本身必将能够抵制和消解既有的法院高度组织化的现状可能给诉审商谈带来的阻碍。

为达到上述目的,我们可以分两步来走。第一步是将既有民事诉讼程序中已经内涵的商谈的因素充分挖掘和发挥;第二步是在诉审商谈所应具有的程序品格的引领下,不断完善民事诉讼程序。关于以上两步措施所要采取的具体内容,我在本章第一节都已有所阐述,读者可以回顾本章第一节第二、三、四部分的内容,这里不再重复阐述。因为既有的民事诉讼程序中潜藏着抵制法院高度组织化的因素,我们若将当下之民事诉讼程序制度中既有的商谈因素充分发掘,并将民事审判方式改革举措中所具有的商谈因素发挥到最大化,那么即使不对民事诉讼程序制度作更大的变革,我们也可以在很大程度上消解掉人民法院高度组织化对诉审商谈的消极影响。当然,这需要法官们敢于担当,愿意选择站在民事诉讼程序一侧,而不是站在人民法院高度组织化一侧。当然,如果我们能够进入前述第二步措施,通过对民事诉讼法的修订和完善来使民事诉讼程序真正具备平等、自由、理性和自治的品格,那么不仅人民法院高度组织化对于诉审商谈的阻碍会得到完全消解,而且人民法院高度组织化的事实本身也将会被改变。

关于诉审商谈主义的程序构造对人民法院高度组织化的消解机制,实际上本书第四章第一节在讨论程序的品格时已经有所阐述,这里有必要再次重申的是:如果我们真正建构起诉审商谈的民事诉讼程序,那么裁判就必须以当事人和法官在庭审过程中通过商谈所达成的关于个案正义的共识为基础,一切不是通过诉审之间商谈所达成的共识的观点,都不应当成为裁判的内容。无论是审委会的观点,还是院长、庭长的观点,如果未经诉审双方的论辩和商谈并成为诉审之间的共识,都不应当作为裁判的基础。如此一来,以人民法院高度组织化为背景的来自于法庭之外的指示和干预,就将因为不是诉审商谈的共识性成果而被排除在裁判之外。换言之,诉审商谈的程序构造所具有的基本品格,天然地具有排除来自庭外之干扰的功能。基于此,我们可以得出这样一种结论,就是诉审商谈的程序构造乃是最具实践性的消除对程序正义之体制性干扰的制度安排。

第三节　司法场域的资本交易与诉审商谈主义

一、司法场域的资本交易[①]

(一) 场域与资本交易理论

法国社会学家皮埃尔·布迪厄提出的社会实践理论认为,各种社会关系连接起来,构成了形式多样的场域。各种社会要素通过在场域中占有不同的位置而在场域中发挥作用。位置是场域中各种社会关系网络的网结,不同的位置含有不同的资源,社会成员或者社会团体因为占有不同的位置而拥有不同的社会资源和权力资本。不同的社会资源和权力资本是场域变化和运动的原动力。[②] 布迪厄认为场域中存在的权力资本包括经济资本、文化资本、社会资本以及符号资本等。社会行动者在场域中占据不同位置,就会掌握不同的资本。不同形态的资本之间可以相互转化。换言之,处在场域中的社会行动者,可以通过对某种形态资本的掌握,换取其他形态的资本。在场域中,社会行动者所掌握的资本,决定其行动选

---

① 关于司法场域的资本交易问题,我在《证明评价原理——兼及对民事诉讼方法论的探讨》(段厚省、张峰著,法律出版社 2011 年版)一书之第二章第四节中已经有所阐述,这里是对本人观点的再次重申。

② 刘少杰主编:《国外社会学理论》,高等教育出版社 2006 年版(2008 年重印本),第 347—351 页。

择。社会行动者在场域中形成行为惯习。惯习首先是在特定场域中建构起来的某种规定性,此种规定性又不断地被内化到社会行动者的身体之中,从外在规定性转化为内在规定性,从而形成为社会行动者的行为惯习。人们在进行具体的社会实践活动时,面对时间上的紧迫性,他所采取的行动,往往未经充分地逻辑推理,而凭感觉直接采取行动。布迪厄将此种前逻辑的、非推论的感觉称作"实践感",而实践感的基础是惯习。① 基于此,布迪厄提出了"惯习×资本+场域=实践"这样一个公式。②

（二）生活在司法场域的法官

布迪厄的社会实践公式,具有一定的普适性,尤其适合用于分析我国特定国情现状下的官场生态。公共组织本身就是一种场域,法官作为法院这种公共组织的成员,也是生活在法院这种特定的场域之中。作为一种场域,法院也是由权力资本、社会资本、经济资本和符号资本编织而成的网络。法院中的每一个成员,都在这个网络中占有属于自己的位置。根据其所处位置的资本状况,形成自己的行为惯习,并以惯习来指导自己的审判行为。

首先,司法场域中的特定位置所拥有的资本具有不均衡性,但是这种不均衡性本身蕴含着趋向均衡性的势能。

法官们在法院这一特定的场域中所占有的位置并不相同。总的来看,位置较高者,拥有的各类资本也较多,位置较低者,拥有的各类资本也较少。但这并不具有绝对性。在不同的位置上,权力资本、社会资本、经济资本以及符号资本的分布并不均衡。例如院长拥有最多的权力资本,但是其未必拥有高学历之类的符号资本。而一个普通法官拥有的权力资本非常少,但是却可能拥有博士文凭或者"优秀法官"荣誉称号这样的符号资本。或者,一个普通的法官虽然缺乏权力资本以及符号资本,但是却由于来自富裕家庭而拥有较多的经济资本。因此,在法院中的特定位置,资本的分布并非天然均衡。但是,这种不均衡的本身,孕育着均衡的趋向性。对于法官来说,某一种特定的资本,随着其在量上的增加,所能

---

① 刘少杰主编:《国外社会学理论》,高等教育出版社2006年版(2008年重印本),第353页。
② 侯钧生:《西方社会学理论教程》,南开大学出版社2001年版,第361页。转引自张心向:《在规范与事实之间——社会学视域下的刑法运作实践研究》,法律出版社2008年版,第26页。

给他带来的边际效用在减少。反之,越是在数量上较少的资本,能够给他带来的边际效用也较高。因此,已经拥有较多的某一种资本的法官,其追逐该种资本的动力会降低,此种动力会转移到对其拥有的较少的资本的追逐上。其结果是,居于某一位置的法官,他已经拥有的较多的资本,增加较慢或者停止增加;而其拥有的较少的资本,在其积极的追逐下,增长较快。此消彼长的结果,是特定位置的法官所拥有的不同种类的资本,在量上趋向均衡。此种趋向,使得资本的流动以及不同资本间的交易存在可能。

其次,在司法场域中,处于不同位置的法官有可能具有不同的资本偏好。

在法院的场域中,资本均衡性的趋向并非绝对。特定位置的法官,可能具有不同的资本偏好。有的法官偏好权力资本,有的法官偏好经济资本,有的法官偏好社会资本,有的法官则可能会偏好符号资本。偏好权力资本的法官,会将职务上的晋升作为其首要追求,而对于其他资本,例如经济资本的缺乏,则可以忍耐。他在职务上的晋升以及权力的扩大,给他心理上带来的成就感,可以在一定程度上消弥他由于生活简朴所产生的不满情绪。偏好社会资本的法官,则可能对法院在组织层面的关怀以及法院外社交网络的扩大更感兴趣。偏好经济资本的法官,则会将物质财富的增加作为其首要的追求目标,而对职位的升迁以及文凭的获取不感兴趣。偏好符号资本的法官,则可能更加注重文凭以及荣誉称号所能够给他带来的良好的社会评价,并且更加注重同事的尊重。例如一些法官为了能够攻读博士学位,可以放弃一部分经济上的收入,甚至有可能暂时放弃职位上的升迁。法官的资本偏好,与资本均衡性的趋动相反,所导致的结果是资本从均衡向不均衡的趋动,或者是加剧资本的不均衡性。此种相反的趋势,也会导致资本的流动以及不同资本之间的交易。

最后,各种不同资本之间的交易,可以发生在司法场域之内,也可能发生在司法场域之外,这主要表现为司法场域内的资本与场域外的资本之间所展开的交易。

法院内的资本之间的交易,可能会有多种表现形式。其中最为常见的,是权力资本和其他资本之间的交易。例如下级法官为了能够获得职级或职务上的晋升,可能会向掌握其晋升机会的领导输送物质利益。在领导想要获得符号资本的情况下,他也可能代领导去撰写理论文章、学位论文,或者支持领导获得某种荣誉。最为常见的,可能是按照领导的意志裁判案件。为领导通过案件裁判从法院外的场域获得其他资本做铺垫。法院内的资本交易,还可能体现在符号资本和权力资本之间的交易。例如领导掌握了权力资本,可以决定荣誉称号的归属,或者可以为下级法官获得荣誉称号提供机会,那么下级法官也可能为了获取荣誉称号,向领导提供经济资本,或者依领导意志裁判案件。这是其一。

其二,法院作为一种开放性场域,和法院之外的场域也保持着资本的交流。从法官个体来看,围绕着他所在的位置而形成的场域,往往也是跨越法院内外的。因此,法院之内的资本,和法院之外的资本,也在进行着交易。最常见的交易,同样也是权力资本和他类资本的交易。例如,法院的领导或者承审法官,为了从法院外获得经济资本,可能会与其所掌握的权力资本进行交易。就承审法官来看,他可能以手中掌握的审判权,来直接从当事人那里换取经济利益。就承审法官之外的院长或者庭长来看,他可以运用手中掌握的控制法官岗位以及法官晋升的权力,或者法律以及内部制度赋予的通过法定方式干预案件裁判的权力(院长将案件提交审判委员会讨论的权力,庭长召集庭务会讨论案件的权力,院长或者庭长审批案件的权力等),来影响或者左右案件的裁判结果,从法院之外获取经济利益。权力资本不仅可以换取经济资本,也可以换取社会资本和符号资本等。权力资本换取社会资本的情形很普遍。掌握审判权的法官,是很多人交往的对象,法官们可以据此积累大量的人脉。这些人脉在必要时可为法官提供方便。至于权力资本和符号资本之间的交易,主要表现为审判权和各种不同的学历或学位之间的交易。权力资本之间甚至也可以进行交易。例如掌握审判权的法院院长,可以通过在具体案件裁判上配合立法部门、行政部门或者执政党机关的意志,来换取这些部门或者机关对他的支持。

总的来看,由于法院是一种公共组织,其中最为重要的资本,是权力资本。因此权力资本在法院内部和法院之外的场域中发挥着基础性的作用。法官们其他资本的获取,往往与其所掌握的权力资本有关。并且,拥有权力资本越多,所能够获取的其他资本也就越多,反之则不一定。例如,院长在法院中拥有最多的权力资本,因此其社会资本、经济资本以及符号资本也较多。而拥有较多符号资本的人,例如拥有较高学历的法官,却不一定在职务上有相应的升迁。

二、司法场域资本交易对诉审商谈的阻碍

(一) 资本交易引导下的法官行为

法官手中所掌握的权力资本,就是审判权。但审判权与其他资本之间的交易,并非是将审判权移至交易对方,而是使审判权运作的过程及其结果满足交易对方的要求。如此一来,审判权的运作就不是正常展开,而是以扭曲的形式表现出来;或者虽然审判权的运作在表面上符合制度的要求,但其真实的目的却与制度设定的目的相悖。此种审判权运作的扭曲,以及审判权运作的目的异化,在程序与实体两个方面均有体现。

在程序的方面,审判权运作的扭曲,其显性表现就是法官故意曲解程序规范,使得诉讼程序的展开与制度设定的程序明显不相符合。例如,在立案阶段不顾当事人异议强行争管辖、在开庭的时候滥用缺席审判或者按撤诉处理的制度、无故或者找借口拒绝当事人有关法院调查取证的申请或者滥用调查取证的职权、任意剥夺一方当事人表达意见的机会或者使双方当事人表达意见的机会明显不平等、违反法律规定强行采用证据资料或者拒绝采用证据资料、拒绝通过阐明义务的履行公开心证以对当事人进行裁判上突袭等,均是审判权运作被扭曲的体现。在实体方面,审判权扭曲运作的结果,一是恣意擅断,曲解事实;二是曲解实体法律的基本涵义或者基本精神,或者刻意违背法律方法论的基本原则,做出明显偏向于一方当事人的裁判。如此等等,样态之多,难以穷尽。

而审判权运作的目的异化,是法官对于审判权的行使,非为实现制度上所设定之目的,而是为了满足资本交易对方的要求。例如,在进行民事调解活动时,其目的是为了迎合执政党的"维稳"政策,而非为了解决纠纷。地方法院对某些案件的审理,其目的是为了迎合地方政府的要求,而不是平等维护双方当事人程序及实体上权利。又例如某些法官,虽然在表面上给予双方当事人充分的意见表达机会,但是在裁判时,却刻意对一方当事人的某些主张或者证据资料视而不见,而对另一方当事人的主张和证据资料予以充分注意。有的法官甚至代一方当事人进行主张和辩论,或者使裁判文书的说理几乎成了一方当事人的代理词。此种情形,其

背后必然存在着审判权与其他资本之间的交易。

（二）资本交易对诉审商谈的阻碍

因司法场域内的资本交易而导致的审判权的目的异化及运作扭曲，显然是背离民事诉讼目的和民事诉讼通常法理的，其在当下所导致的后果无非是民事诉讼程序机制的失灵。但是民事诉讼程序法乃是一种显性的规则，司法场域的资本交易所导致的审判权目的异化和运作扭曲，多数是以一种伪装的形式出现，也就是在表面上，从事资本交易的法院内部不同成员包括与法官进行交易的当事人，其行为在表面上还没有表现出对民事诉讼程序规则完全地和公然地违背，而主要表现为对显性的民事诉讼程序规则的选择性适用，或者通过对显性的民事诉讼程序规则故意的扭曲性解释，来使其看起来并没有被公然违反。以诉审商谈主义的视角观察，这种基于资本交易而产生的审判权的扭曲运作，主要是使商谈理性中表达的真诚性要求落空。换言之，法官在使用某一种言语方式进行表达时，他实际上所要追求的目的并不是当事人从表达方式之表面所理解的目的，而是在追求某种被刻意隐藏起来的目的。也即，法官与当事人进行对话的目的，并非追求对个案处理的共识性正义，而是在追求某种偏离正义的目的。有时候，法官或者拒绝与当事人对话和论辩，或者强制性地将自己的意见强加给当事人或者其他法官，或者虽然在表面上与庭审各参与主体商谈，但是却拒绝以商谈所可能达成的共识作为裁判的基础。不管从事资本交易的法官选择以上哪一种行为路径，都将构成对诉审商谈的实质性障碍。

三、诉审商谈主义对司法场域资本交易的消解

反过来，诉审商谈主义也可以积极地消解司法场域的资本交易。试想，若我们能够构造一个诉审商谈的民事诉讼程序，要求裁判所依据的事实以及所适用的法律，必须以诉审之间在庭审中通过充分商谈而达成的共识为基础，那么偏离共识的裁判就将被认定为非法的裁判。而在为追求共识所展开的商谈活动中，法官基于资本诱惑而提出的任何关于程序问题和实体问题的意见以及关于事实问题和法律问题的意见，都将面临着当事人的合法质疑。如果法官不能为其意见提供充分的合法性支持，那么他的意见将不能够说服当事人，从而不能成为诉审之共识，因此也将无法对裁判的结果产生影响。因为诉审商谈主义剥夺了法官独白的权力,他已经不能使自己的观点强制性地成为裁判的基础。既然法官在资本引诱下的观点无法对裁判发生影响,那就意味着资本交易无法顺利完成,就有可能迫使资本拥有者放弃交易。进而,当具有交易动机的资本拥有者看不到交易成功的希望时,他从一开始就会放弃交易的动机。因此诉审商谈主义的践行,不仅会阻碍资本交易结果的实现,也会通过这种阻碍而迫使资本拥有者从一开始就放弃交易的欲望,而从根本上消解了司法场域内资本交易的痼疾,根除司法腐败。

当然,以诉审商谈主义来消除司法场域内的资本交易,需要当事人能够获得充分的法律帮助,一方面保证自己的言语行为符合商谈理性的要求,具有表达的可领会性、陈述的真实性、表达的真诚性并符合言语行为合法性的要求;另一方面也使其具有与法官进行论辩的能力,尤其具有判断法官言语行为真实性、真诚性与合法性的能力,如此才能阻击法官虚伪的或者违法的言语行为,迫使法官的言语行为符合商谈理性的要求,进而迫使法官彻底放弃资本交易。当然,这需要通过对民事诉讼周边制度的建设来予以解决。

参考文献

一、著作

1. 刘敏:《裁判请求权研究——民事诉讼的宪法思考》,北京,中国人民大学出版社 2003 年版。
2. 季卫东:《法律程序的意义——对中国法制建设的另一种思考》,北京,中国法制出版社 2004 年版。
3. 孙笑侠:《程序的法理》,北京,商务印书馆 2005 年版。
4. 张卫平:《转换的逻辑——民事诉讼体制转型分析》,北京,法律出版社 2007 年版。
5. 刘少杰:《国外社会学理论》,北京,高等教育出版社 2006 年版。
6. 张文显:《二十世纪西方法哲学思潮研究》,北京,法律出版社 1996 年版。
7. 陈兴良:《刑法哲学》,北京,中国政法大学出版社 1997 年版。
8. 徐国栋:《民法哲学》,北京,中国法制出版社 2009 年版。
9. 肖建国:《民事诉讼程序价值论》,北京,中国人民大学出版社 2000 年版。
10. 陈波:《逻辑学十五讲》,北京,北京大学出版社 2008 年版。
11. 陈桂明:《诉讼公正与程序保障——民事诉讼程序之优化》,北京,中国法制出版社 1996 年版。
12. 张卫平:《民事诉讼法教程》,北京,法律出版社 1998 年版。
13. 汤维建:《民事诉讼法学》,北京,北京大学出版社 2008 年版。
14. 王福华:《民事诉讼专题研究》,北京,中国法制出版社 2007 年版。
15. 陈乐民:《欧洲文明十五讲》,北京大学出版社 2008 年版。
16. 陈修斋:《欧洲哲学史上的经验主义和理性主义》,北京,人民出版社 1986 年版。
17. 任骋:《民间图腾禁忌》,北京,中国社会出版社 2009 年版。

18. 赵明:《正义的历史映像》,北京,法律出版社2007年版。
19. 高鸿钧:《商谈法哲学与民主法治国——〈在事实与规范之间〉阅读》,北京,清华大学出版社2007年版。
20. 赵祥禄:《正义理论的方法论基础》,北京,中央编译出版社2007年版。
21. 白绿铉:《美国民事诉讼法》,北京,经济日报出版社1996年版。
22. 段厚省:《证明评价原理——兼及对民事诉讼方法论的探讨》,北京,法律出版社2011年版。
23. 段厚省:《证明评价影响因素分析》,北京,法律出版社2009年版。
24. 《德国刑事诉讼法典》,李昌珂译,北京,中国政法大学出版社1995年版。
25. 〔美〕约翰·V.奥尔特:《正当法律程序简史》,杨明成、陈霜玲译,北京,商务印书馆2006年版。
26. 〔日〕谷口安平:《程序的正义与诉讼》,王亚新、刘荣军译,北京,中国政法大学出版社1996年版。
27. 〔英〕卡尔·波普尔:《开放社会及其敌人》第二卷,郑一明等译,北京,中国社会科学出版社1999年版。
28. 〔英〕卡尔·波普尔:《历史决定论的贫困》,杜汝楫、邱仁宗译,上海,上海人民出版社2009年版。
29. 〔英〕布莱恩·麦基:《哲学的故事》,季桂保译,北京,三联书店2009年版。
30. 〔德〕爱德蒙德·胡塞尔:《逻辑研究》,倪梁康译,上海,上海译文出版社2006年版。
31. 张汝伦:《德国哲学十论》,上海,复旦大学出版社2004年版。
32. 〔美〕富勒:《法律的道德性》,郑戈译,北京,商务印书馆2010年版。
33. 〔英〕罗素:《西方哲学史(上卷)》,北京,商务印书馆2007年版。
34. 〔英〕罗素:《西方哲学史(下卷)》,北京,商务印书馆2007年版。
35. 〔德〕罗伯特·阿列克西:《法律论证理论——作为法律证立理论的理性论辩理论》,舒国滢译,北京,中国法制出版社2002年版。
36. 〔日〕中村宗雄、中村英郎:《诉讼法学方法论——中村民事诉讼理论精要》,陈刚、段文波译,北京,中国法制出版社2009年版。
37. 〔英〕休谟:《人类理解研究》,关文运译,北京,商务印书馆2010年版。
38. 〔英〕休谟:《人性论》(节选本),关文运译,北京,商务印书馆2003年版。
39. 〔英〕霍布斯:《利维坦》,黎思复、黎廷弼译,北京,商务印书馆2008年版。
40. 〔法〕卢梭:《社会契约论》,北京,商务印书馆2010年版。
41. 〔奥〕凯尔森:《纯粹法理论》,张书友译,北京,中国法制出版社2008年版。
42. 〔英〕约翰·奥斯丁:《法理学的范围》,刘星译,北京,中国法制出版社2002

年版。

43. 〔英〕哈特:《法律的概念》,许家馨、李冠宜译,北京,法律出版社2006年版。
44. 〔英〕培根:《新工具》,许宝骙译,北京,商务印书馆2010年版。
45. 〔德〕费尔巴哈:《宗教的本质》,王太庆译,北京,商务印书馆2010年版。
46. 〔日〕穗积陈重:《法律进化论》,黄尊三等译,北京,中国政法大学出版社1997年版。
47. 〔古希腊〕色诺芬:《回忆苏格拉底》,吴永泉译,北京,商务印书馆1984年版。
48. 〔意〕登特列夫:《自然法——法律哲学导论》,李日章等译,北京,新星出版社2008年版。
49. 〔美〕兰博约:《对抗制刑事诉讼的起源》,王志强译,上海,复旦大学出版社2010年版。
50. 〔美〕博登海默:《法理学:法律哲学与方法》,邓正来译,北京,中国政法大学出版社1999年版。
51. 〔美〕罗纳德·德沃金:《身披法袍的正义》,周林刚、翟志勇译,北京,北京大学出版社2010年版。
52. 〔美〕朱迪丝·N.施克莱:《守法主义》,彭亚楠译,北京,中国政法大学出版社2005年版。
53. 〔美〕约翰·罗尔斯:《正义论》,何怀宏等译,北京,中国社会科学出版社1988年版。
54. 〔德〕哈贝马斯:《交往行为理论·第一卷:行为合理性与社会合理性》,曹卫东译,上海,上海人民出版社2004年版。
55. 〔德〕哈贝马斯:《在事实与规范之间——关于法律和民主法治国的商谈理论》,童世骏译,北京,三联书店2003年版。
56. 〔德〕哈贝马斯:《交往与社会进化》,张博树译,重庆,重庆出版社1989年版。
57. 〔德〕汉斯—格奥尔格·伽达默尔:《诠释学I:真理与方法》,洪汉鼎译,北京,商务印书馆2007年版。
58. 〔美〕德沃金:《法律帝国》,李常青译,北京,中国大百科全书出版社1996年版。
59. 〔德〕卡尔·拉伦茨:《法学方法论》,陈爱娥译,北京,商务印书馆2005年版。

二、论文

1. 韩波:《民事诉讼模式论:争鸣与选择》,载《当代法学》2009年第5期。
2. 何文燕:《论民事诉讼模式选择与审判方式改革》,载中国法学会诉讼法学研究会编:《诉讼法理论与实践(1996年卷)》,北京,中国政法大学出版社1997年版。

3. 赵刚、刘学在:《从法律文化背景看我国民事诉讼模式的选择》,载《武汉大学学报(哲学社会科学版)》1999年第2期。

4. 江伟、刘荣军:《民事诉讼中当事人与法院的作用分担——兼论民事诉讼模式》,载《法学家》1999年第3期。

5. 王韶华:《试析民事诉讼中超职权主义现象》,载《中外法学》1991年第2期。

6. 田平安:《我国民事诉讼构筑模式初探》,载《中外法学》1994年第5期。

7. 张卫平:《民事诉讼基本模式:转换与选择之根据》,载《现代法学》1996年第6期。

8. 张卫平:《民事诉讼基本模式的基本类型及划分依据》,载中国法学会诉讼法学研究会编:《诉讼法理论与实践(1996年卷)》,北京,中国政法大学出版社1997年版。

9. 张卫平:《当事人主义与职权主义——两种民事诉讼基本模式的比较分析》,载《外国法学研究》1993年第1期。

10. 张卫平:《大陆法系民事诉讼与英美法系民事诉讼——两种诉讼体制的比较分析(上)》,载《法学评论》1996年第4期。

11. 李浩:《法官素质与民事诉讼模式的选择》,载《法学研究》1998年第3期。

12. 陈刚、翁晓斌:《民事诉讼制度目的》,载《南京大学法学评论》1997年春季号。

13. 张珉:《协同主义的民事审前程序探析》,载《西南政法大学学报》2004年第5期。

14. 张珉:《试论辩论主义的新发展——协同主义》,载《新疆社会科学》2004年第6期。

15. 张珉:《协同主义诉讼模式:我国民事诉讼模式的新选择》,载《国家检察官学院学报》2005年第6期。

16. 张珉:《论和谐主义诉讼模式下的民事证据收集制度》,载《华中师范大学学报(人文社科版)》2009年第1期。

17. 唐力:《辩论主义的嬗变与协同主义的兴起》,载《现代法学》2005年第6期。

18. 唐力:《对话与沟通:民事诉讼构造之法理分析》,载《法学研究》2005年第1期。

19. 肖建华:《构建协同主义的民事诉讼模式》,载《政法论坛》2006年第5期。

20. 肖建华、李志丰:《从辩论主义到协同主义》,载《北京科技大学学报(社会科学版)》2006年第3期。

21. 吴杰:《辩论主义与协同主义的思辨——以德、日民事诉讼为中心》,载《法律科学》2008年第1期。

22. 吴杰:《协同主义诉讼模式与和谐司法机制的建构——以释明权为中心的展开》,载《江苏行政学院学报》2009年第2期。

23. 奚伟:《协同主义民事诉讼模式的建立与和谐司法的实现——以证据收集为中心》,载《河北法学》2008年第3期。

24. 熊跃敏、周静:《诉讼程序运行中当事人与法院的作用分担论略——以协同进行主义为视角》,载《江海学刊》2009年第3期。

25. 郭美松:《论人事诉讼中辩论主义与职权探知主义的协同模式》,载《甘肃政法学院学报》2010年第3期。

26. 吴如巧、姜洁:《民事诉讼主体结构模型观——以诉讼模式为视角的分析》,载《重庆社会科学》2006年第6期。

27. 孙永军:《协同主义的追问与我国民事诉讼的未来》,载《河北法学》2009年第3期。

28. 黄松有:《建立和谐主义民事诉讼模式初探》,载《人民司法》2007年5月上半月刊。

29. 黄松有:《和谐主义诉讼模式:理论基础与制度构建》,载《法学研究》2007年第4期。

30. 牟肖媛、刘江:《和谐主义诉讼模式与民事程序法和实体法的关系——中国民事诉讼法学研究会2007年年会综述》,载《华东政法大学学报》2007年第4期。

31. 王福华:《民事诉讼协同主义:在理想和现实之间》,载《现代法学》2006年第6期。

32. 段厚省:《民事诉讼目的:理论、立法与实践的背离和统一》,载《上海交通大学学报》2007年第4期。

33. 段厚省:《司法中的诠释学循环——发现事实和寻找法律的基本方法》,载《南京师范大学学报(社科版)》2012年第1期。

34. 邱联恭:《心证公开论——着重于阐述心证公开之目的与方法》,载台湾地区民事诉讼法研究会编:《民事诉讼法之研讨(七)》,台湾三民书局1998年版。

致谢

在复旦大学法学院和北京大学出版社的支持下,尤其是在北京大学出版社李铎老师的帮助下,本书得以出版。对于他们的支持和帮助,作者谨致谢忱!